大学生

思想政治教育导读

（第三版）

吕 志 主编

华南理工大学出版社
SOUTH CHINA UNIVERSITY OF TECHNOLOGY PRESS
·广州·

图书在版编目（CIP）数据

大学生思想政治教育导读/吕志主编. —3 版. —广州：华南理工大学出版社，2023. 8
ISBN 978－7－5623－7385－8

Ⅰ. ①大… Ⅱ. ①吕… Ⅲ. ①大学生－思想政治教育－中国－学习参考资料 Ⅳ. ①G641

中国国家版本馆 CIP 数据核字（2023）第 126937 号

Daxuesheng Sixiang Zhengzhi Jiaoyu Daodu（Disan Ban）
大学生思想政治教育导读（第三版）
吕 志 主编

出 版 人：柯 宁
出版发行：华南理工大学出版社
（广州五山华南理工大学 17 号楼，邮编 510640）
http：//hg. cb. scut. edu. cn E-mail：scutc13@ scut. edu. cn
营销部电话：020－87113487 87111048（传真）
责任编辑：黄冰莹
责任校对：盛美珍
印 刷 者：佛山市浩文彩色印刷有限公司
开 本：787mm×1092mm 1/16 **印张**：13. 5 **字数**：328 千
版 次：2023 年 8 月第 3 版 **印次**：2023 年 8 月第 1 次印刷
定 价：39. 00 元

编 委 会

主　编：吕　志

副主编：蒋一娴　李　军　王文彦

编　委（按姓氏笔画顺序）

文　涵　刘　梅　李　智　邹春梅

陈　明　陈姣娣　钟育雄　徐　达

殷卫滨　蔡　蓉　黎绮云

前　言

形势与政策教育是高校学生思想政治教育的重要内容。“形势与政策”课是我国高校思想政治理论课的重要组成部分，是大学生的一门必修课，是对当代大学生进行形势与政策教育的主渠道和主阵地之一，也是贯彻党的路线方针政策的重要途径。它在大学生思想政治教育中担负着重要使命，具有不可替代的重要作用。

进入新时代，国际、国内形势发生着深刻变化。一方面世界正经历百年未有之大变局；另一方面我国进入“十四五”时期，开启全面建设社会主义现代化国家新征程，开始向第二个百年奋斗目标进军。面对迅速变化、纷繁复杂的国际国内局势，要教育引导大学生切实关心分析天下大事——形势，自觉学习理解并执行党和国家制定的各种因应之策——政策，正确认识新时代中国特色社会主义，全面客观认识当代中国、看待外部世界；正确认识时代责任和历史使命，用中国梦激扬青春梦，勇做走在时代前列的奋进者、开拓者。对大学生进行形势与政策教育，有利于大学生认清国内外形势，全面准确地理解党的路线方针政策；有利于激发大学生的爱国热情，增强民族自信心和责任感；有利于大学生认真学习贯彻党的二十大精神，深刻领悟“两个确立”的决定性意义，树牢“四个意识”，坚定“四个自信”，做到“两个维护”，在以习近平同志为核心的党中央领导下，坚定走中国特色社会主义道路的信心和决心，进而积极投身到改革开放和中国式现代化建设的伟大事业中，这正是我们编写本书的初衷。

本书以习近平新时代中国特色社会主义思想为统领，以《教育部关于加强新时代高校“形势与政策”课建设的若干意见》（教社科〔2018〕1号）为依据，根据中宣部、教育部下发的《高校“形势与政策”课教学要点》，紧紧围绕中央有关文件精神，结合当前国际、国内形势热点组织编写，具体介绍了当前国内外政治经济形势、国际关系、国内外热点事件，阐明了我国政府的基本原则、基本立场和应对策略；同时，紧密结合新时代大学生的知识水平及个性特点，兼顾高校其他思想政治理论课所涉及的知识体系，力求做到内容的科学性、时效性、生动性，力求达到知识传递与思想深邃双重效果，让大学生了解世情、纵观国情、贴近社情，通过对各类纷繁复杂的信息进行正确筛选和准确解读，为大学生认识社会、学习知识、增强能力、提升素质、铸魂固本，实现个人全面发展提供丰富的精神食粮。

本书是广州城市理工学院“形势与政策”课程教学团队长期进行教学改革和实践探索的劳动结晶，体现了教师的守正创新勇气和敬业奉献精神，也反映了学生对课程教学“活起来”的迫切要求。在编写过程中，本书坚持以习近平新时代中国特色社会主义思想为指导，按照“理论武装时效性强、释疑解惑针对性强、教育引导综合性强”的要求，紧紧把握大学生的思想动态，聚焦大学生关注的社会热点，从大学生世界观、人生观、价值观形成发展变化的特点出发，以理论阐释为先导，做好形势分析和政策解读，为大学生答疑解惑，帮助大学生认清国际国内形势。走进新时代，面对新情况、新问题，“形势与政策”课教学既要回应社会热点、学生思想困惑，突出思想引导的针对性，同时也要贯彻落实党的路线方针政策，突出对学生的价值引领，确保教育方向的正确性。“形势与政策”课程只有将人类社会发展规律、教育教学规律和大学生成长成才规律有机结合，才能有助于大学生全面、正确、准确地把握形势，认识规律，实现自身全面协调发展，这正是编写本书的价值。

本书由广州城市理工学院教学团队合作编写完成。其中吕志负责本书策划统筹、审稿、定稿；吕志、莫岳云、孟风英、李军、王文彦、蒋一娴集体讨论，拟定大纲并组织编写；吕志编写前言部分；吕志、王文彦撰写绪论部分；邹春梅编写专题一；殷卫滨编写专题二；文涵、李智编写专题三；蔡蓉、陈姣娣编写专题四；王文彦编写专题五；陈明编写专题六；蒋一娴编写专题七；刘梅、钟育雄编写专题八；黎绮云编写专题九；徐达编写专题十。广州城市理工学院的党政领导、教务处对本书的编写工作给予大力支持，在此致以衷心感谢！

在本书的编写过程中，我们参考了有关专家学者和同行们的相关文献资料，引用了一些相关网站、论著、教材和报刊的有关资料，在此向有关作者和相关网站表示诚挚的谢意。由于水平所限，以及对有关问题的探索还有待进一步深入，本书难免有疏漏或不妥之处，敬请各位专家学者和广大读者提出宝贵意见，给予批评指正。

编者
2023 年 7 月

目　录

绪论　学习形势与政策　明确目标和任务

形势与政策课程是高等学校学生思想政治教育的重要内容，是对大学生进行国内国际形势与党的路线、方针、政策教育的主渠道、主阵地，是每个大学生的必修课程。“形势与政策”课是理论武装时效性、释疑解惑针对性、教育引导综合性都很强的一门高校思想政治理论课，是系统介绍当今国际、国内时事发展的态势，系统学习党和国家的基本路线和基本政策的思想政治教育课程，在大学生思想政治教育中担负着重要的使命，具有不可替代的作用。

一、形势与政策课程概要

“形势与政策”课是教育部规定的高校本科学生的必修课程，是对学生进行马克思主义形势观、政策观教育的主渠道，是高校思想政治理论教育课程体系的重要组成部分。《新时代学校思想政治理论课改革创新实施方案》指出，“形势与政策”课主要讲授党的理论创新最新成果，新时代坚持和发展中国特色社会主义的生动实践，马克思主义形势观政策观、党的路线方针政策、基本国情、国内外形势及其热点难点等，帮助学生准确理解当代中国马克思主义，深刻领会党和国家事业取得的历史性成就、面临的历史性机遇和挑战，引导大学生正确认识世界和中国发展大势，正确认识中国特色和国际比较，正确认识时代责任和历史使命，正确认识远大抱负和脚踏实地。

“形势与政策”课能够帮助学生掌握形势与政策问题的基本理论和基础知识，掌握党的路线方针政策的基本内容，了解中国特色社会主义进程中不断完善的政策体系；能够培养学生正确分析形势和理解政策的能力，特别是对国内外重大事件、敏感问题、社会热点难点疑点问题的思考、分析和判断能力；能够引导大学生将对形势与政策的认识统一到对党和国家的科学判断和正确决策上，树立正确的世界观、人生观和价值观。

二、形势与政策课程的主要内容

根据《教育部关于加强新时代高校“形势与政策”课建设的若干意见》，形势与政策课程要紧密围绕学习贯彻习近平新时代中国特色社会主义思想，让学生深刻领悟“两个确立”的决定性意义，增强“四个意识”、坚定“四个自信”、做到“两个维护”。教师要重点讲授党的理论创新最新成果，重点讲授新时代坚持和发展中国特色社会主义的生动实践，着重进行新时代我国改革开放和社会主义现代化建设的形势、任务和发展成就教育；进行党和国家重大方针政策、重大活动和重要改革措施教育；进行当前国际形势与国际关系状况、发展趋势和我国对外政策、世界重大事件及我国政府的原则立场教育；进行马克思主义的形势观、政策观教育。要讲授好习近平新时代中国特色社会主义思想主题教育专题，讲授好以全国“两会精神”凝聚振兴力量专题，讲授好绘就宜居宜业和美乡村专题，讲授好新时代民营经济健康发展高质量发展专题，讲授好“一带一路”十年的成就与世界意义专题，讲授好新时代全方位推进中国特色的大国外交，讲授好聚焦亚运盛会、聚焦人工智能新引擎，以及建设海洋强国等专题。在本书的编写过程中，我们始终怀着强烈的责任感，及时把握国内外社会、经济发展的形势与热点，紧密结合新时代大学生的知识水平和个性特点，力求讲授专题内容的科学性、时效性和生动性，期待能为大学生学习和掌握国内、国际基本形势，认识和理解国家相关政策提供帮助。学习和掌握形势与政策课要围绕以下内容进行有针对性的讲授：

（1）基本理论。基本理论就是马克思主义的形势观和方法论。马克思主义、毛泽东思想、邓小平理论、“三个代表”重要思想、科学发展观、习近平新时代中国特色社会主义思想，以及党的路线、方针、政策等内容都是基本理论的重要组成部分。要坚持以习近平新时代中国特色社会主义思想为指导。习近平新时代中国特色社会主义思想是当代中国马克思主义、21 世纪马克思主义，是中华文化和中国精神的时代精华，实现了马克思主义中国化新的飞跃，是全党全国人民为实现中华民族伟大复兴而奋斗的行动指南，必须长期坚持并不断发展。要深刻理解习近平新时代中国特色社会主义思想的核心要义、精神实质、丰富内涵、实践要求，展现新气象、激发新作为，着眼培养担当民族复兴大任的时代新人，着力培养爱国之情、砥砺强国之志、实践报国之行，坚定信念，使之化为自觉行动。

（2）形势政策教育。分为国内形势与政策教育、国际形势与政策教育两个部分。国内形势包括我国现阶段的现实状况和发展趋势、党和国家的重大决策和活动、国内经济形势、政治形势、社会形势、思想文化和科技教育的发展形势、国内发生的重大政治事件和热点问题的分析和解读等。这部分内容要求大学生认识中国的基本国策，国内经济、政治、文化和社会发展纲领，党的路线、方针、政策的制定与实施，中国发展战略及其发展规划，实施的政策、措施与方法等。

国际形势是指世界各国之间关系的总体状况和态势，包括世界发展的时代主题、国际经济形势、政治格局、科技发展的新特点、重大国际事件及我国政府的立场、世界经济走向、大国关系、中国与周边国家关系和地区热点问题的分析与解读。这部分内容要求大学生认识中国现在所处的国际环境，党和政府对国际形势及世界重大事件的基本立场，中国对外交往的方针、政策，处理重大国际事件的基本主张，中国在国际经济、政治舞台上的重要地位和作用等。

（3）时事政治热点专题教育。国内外时事政治热点问题是形势与政策教育的重要组成部分，其内容具有很强的时效性，与当前国内外正在发生的时事热点密切相关，面对现实，时时更新。通过向大学生介绍国际国内的政治经济热点问题，增强他们的政治见识；通过组织大学生参与丰富多彩的时事热点探讨活动，提高他们对时事热点的分析判断能力；通过引导大学生全面客观认识时事政治，提高他们判断政治活动的敏锐性和参与政治生活的积极性。

要深入开展形势政策教育，帮助学生树立正确的历史观、大局观、角色观，了解世界正经历百年未有之大变局，我国仍处于发展的重要战略机遇期，引导人们清醒地认识国际国内形势发展变化，做好我们自己的事情。要发扬斗争精神，增强斗争本领，引导学生充分认识伟大斗争的长期性、复杂性、艰巨性，敢于直面风险挑战，以坚忍不拔的意志和无私无畏的勇气战胜前进道路上的一切艰难险阻，在进行伟大斗争中更好地弘扬爱国主义精神。

三、形势与政策课程的学习方法

（一）基本要求

（1）把握新时代。坚持用习近平新时代中国特色社会主义思想铸魂育人，领悟“两个确立”的决定性意义，增强“四个意识”，坚定“四个自信”，做到“两个维护”，将学习贯彻习近平新时代中国特色社会主义思想主题教育体现在形势与政策课程目标、课程设置和课程教材内容中，实现全覆盖、贯穿全过程。

（2）明确指导思想。高举中国特色社会主义伟大旗帜，以马克思列宁主义、毛泽东思想、邓小平理论、“三个代表”重要思想、科学发展观、习近平新时代中国特色社会主义思想为指导，全面贯彻党的教育方针，落实立德树人根本任务，培养德智体美劳全面发展的中国特色社会主义合格建设者和可靠接班人，培养堪当民族复兴大任的时代新人。

（3）突出创新性。实现课程目标、课程设置、课程教材内容的有效贯通，优化教材内容，创新教学方法，在改进中加强、在创新中提高。

（4）增强针对性。遵循思想政治工作规律、教书育人规律、学生成长规律，进一步增强形势与政策课的思想性、理论性、针对性。

（5）坚持形势与政策课程内容与党的创新理论武装同步推进，全面推动习近平新时代中国特色社会主义思想进教材进课堂进学生头脑，把社会主义核心价值观贯穿国民教育全过程，推动守正与创新相统一。

（二）课程目标体系

按照循序渐进原则，立足于形势与政策课的政治属性，以了解学习、理解把握习近平新时代中国特色社会主义思想为课程主线，在政治认同、家国情怀、道德修养、法治意识、文化修养等方面提出明确要求，引导学生坚定“四个自信”，做德、智、体、美、劳全面发展的社会主义建设者和接班人。增强学生的使命担当，引导学生系统掌握马克思主义基本原理和马克思主义中国化时代化的理论成果，了解党史、新中国史、改革开放史、社会主义发展史，认识世情、国情、党情，深刻领会习近平新时代中国特色社会主义思想，培养运用马克思主义立场观点方法分析和解决问题的能力；自觉践行社会主义核心价值观，尊重和维护宪法的法律权威，识大局、尊法治、修美德，矢志不渝听党话、跟党走，为党育人，为国育才。

（三）切实加强形势与政策教育教学的针对性和实效性

一是理论联系实际。学习形势与政策要结合新时代中国特色社会主义，结合国际形势的风云变化，立足并全面把握中华民族伟大复兴战略全局和世界百年未有之大变局，学会运用马克思主义的立场、观点、方法分析形势，运用基本知识结合现实，发现问题，分析问题，寻求解决问题的方法；理论联系实际要求我们用科学的理论作指导，正确分析形势，分清是非，正确判断，得出符合实际的结论，自觉执行党的政策。二是课堂内外相结合。形势与政策是与社会生活紧密结合的，课堂教学是学习的主要方式，是获取知识的主要来源，具有相对稳定的内容，但仅止于此是远远不够的，必须要通过对当前热点相关专题内容的分析和丰富多彩的学习活动来拓宽和延伸，利用新兴与传统媒体等现有途径渠道，改进教育教学方式，运用新媒体，提高大学生对国内外重大问题的综合分析、思考能力，对形势的判断力和理解力，不断提高学生的思想政治素质。

四、大学生学习形势与政策的重要意义

"形势与政策"课是理论武装时效性、释疑解惑针对性、教育引导综合性都很强的一门高校思想政治理论课，是帮助大学生正确认识新时代国内外形势，深刻领会党的十八大以来党和国家事业取得的历史性成就、发生的历史性变革、面临的历史性机遇和挑战的核心课程，是第一时间推动党的理论创新成果进教材进课堂进学生头脑，引导大学生准确理解党的基本理论、基本路线、基本方略的重要渠道。

（一）形势与政策教育有助于大学生坚定信仰、信念与勇担时代使命

深入阐释中国共产党为什么能、马克思主义为什么行、中国特色社会主义为什么好，大力唱响中国经济光明论，生动展示大国责任、大国担当，引导学生积极响应号召，增强做中国人的志气、骨气、底气，不负时代，不负韶华，不负党和人民的殷切期望，为民族复兴铺路架桥，为祖国建设添砖加瓦。在大学生中进行形势与政策的教育，及时、准确、深入地推动习近平新时代中国特色社会主义思想进教材进课堂进学生头脑，宣传党中央大政方针，领悟"两个确立"的决定性意义，增强"四个意识"、坚定"四个自信"、做到"两个维护"，培养担当民族复兴大任的时代新人，有利于大学生全面、准确地了解世情、国情、党情和民情，从而加深对社会主义事业的热爱，强化对党的热爱，培养爱国主义情怀；同时也有利于大学生形成正确的世界观、人生观和价值观。

（二）形势与政策教育有助于大学生建立马克思主义形势观和政策观

形势观和政策观属于世界观，但又对世界观的形成、发展和变化具有重要作用，形势观与政策观是人们通过实践形成的对形势与政策的基本看法和观点，对提高大学生综合素质、开拓胸怀与开阔视野、增强大局观和责任感意义重大。形势与政策教育在认识论之外，也是一种方法论，有助于提高大学生分析问题和解决问题的能力，教育学生自觉站在马克思主义立场上，学会掌握和正确运用科学的方法论，学会运用辩证联系的观点、发展的观点、矛盾的观点和全面的观点来观察世界，提高战略思维、历史思维、辩证思维、创新思维和底线思维等科学思维能力。

（三）形势与政策教育有助于大学生成长成才

形势与政策教育作为思想政治教育的重要组成部分，其主要任务在于净化大学生思想，提高大学生的政治素养，塑造大学生的灵魂。大学生都有着强烈的成才意识，而成才

意识的动力来源就在于对自身肩负的历史使命和社会责任的深刻认识。通过形势与政策课程学习，大学生能在进一步了解世界、认识国情的基础上，在明确历史使命和社会责任的前提下，增强成才意识，确立人生目标，刻苦学习、努力成才。大学生全面发展，就是德智体美的全面发展，是思想道德素质、科学文化素质和健康素质的全面提高。当代大学生应努力成长为主动发展、健康发展、和谐发展的一代新人。形势与政策课程教育让大学生更加深刻地了解国家的大政方针，促进我国现代社会的发展，注重大学生综合素质的提升，为大学生的成长成才提供指导思想。“形势与政策”课是高校思政课中的必修课，是开展形势与政策教育的重要途径，可以更好地为学生渗透德育教育，为当代大学生的成长成才提供思想上的帮助。

形势与政策课程的开设，有利于调动大学生增强了解当前国内国际形势与政策的自觉性和主动性，培养学生独立思考、辩证看待时政问题的能力，从而引导大学生增强机遇意识、忧患意识、责任意识，奋发有为，为实现中华民族伟大复兴的中国梦而努力。

专题一　以全国两会精神提振发展信心

万里山河起宏图，东方风起满目新。2023 年春，全国两会即中华人民共和国第十四届全国人民代表大会第一次会议（2023 年 3 月 5 日至 3 月 13 日）和中国人民政治协商会议第十四届全国委员会第一次会议（2023 年 3 月 4 日至 3 月 11 日）在北京召开并圆满落下帷幕。5000 多名新一届全国人大代表、全国政协委员不负人民重托，积极建言献策，认真履职尽责，会议各项成果充分体现了党的主张和人民意志的统一，提振了高质量发展的信心和决心，凝聚起强国建设民族复兴的磅礴力量。

一、2023 年全国两会召开的背景和意义

2023 年是全面贯彻党的二十大精神的开局之年，也是实施“十四五”规划承前启后关键的一年，更是为全面建设社会主义现代化国家奠定基础的重要一年。2023 年全国两会对进一步凝聚起信心、智慧和力量，动员全党全国各族人民为全面建设社会主义现代化国家、全面推进中华民族伟大复兴而团结奋斗，具有十分重要的意义。

（一）贯彻落实党的二十大精神和中央经济工作会议精神

2023 年全国两会是在全面贯彻落实党的二十大精神开局之年、踏上实现第二个百年奋斗目标新征程的重要时刻召开的盛会，举国关注，举世瞩目。

2023 年全国两会也是党的二十大召开后的第一次全国两会，意义非同寻常。大会为全面建设社会主义现代化国家、全面推进中华民族伟大复兴汇聚起磅礴伟力。习近平总书记在党的二十大报告中指出：“从现在起，中国共产党的中心任务就是团结带领全国各族人民全面建成社会主义现代化强国、实现第二个百年奋斗目标，以中国式现代化全面推进中华民族伟大复兴。”这是我们党作出的郑重宣示，是激励全党全国各族人民奋进新征程、建功新时代的总动员令。从党的二十大到全国两会，宏伟蓝图鼓舞人心，时代号角催人奋进。贯彻落实党的二十大精神必须着重把握大会主题、“三个务必”、十六个方面的重要成就等内容。党的二十大报告进一步丰富了习近平新时代中国特色社会主义思想，在第二部分“开辟马克思主义中国化时代化新境界”中提出了“两个结合”的重要论述，以及习近平新时代中国特色社会主义思想的世界观和方法论。党的二十大报告提出“以中国式现代化全面推进中华民族伟大复兴”，这是党的二十大精神的重要组成部分。这些内容都要通过全国两会谋篇布局并体现在政策部署上。

从我国经济发展看，一方面，我们面临着以美国为首的部分西方势力的打压，经济脱钩、技术封锁带来一定挑战；另一方面，我国经济发展处于转型阶段，不再追求高速发展，而是向高质量发展迈进，经济结构、发展方式、发展理念都在发生深刻变革。受疫情等因素的影响，我国经济下行压力较大，党的二十大报告从五个方面对推动高质量发展作

出战略部署。2022 年 12 月 15 日至 16 日召开的中央经济工作会议全面分析了我国经济发展形势、有利条件，以及面临的机遇与挑战。会议强调，要坚持系统观念、守正创新，并提出“六个更好统筹”。习近平总书记部署了 2023 年经济工作，提出“着力扩大国内需求”等五方面内容，成为 2023 年全国两会关注的热点，为财政、货币、产业、科技、社会等领域的政策奠定了基调。

（二）换届选举产生新一届国家机构和全国政协领导人员

党的二十大完成了党内的换届选举，补充了新鲜血液。在此基础上，第十四届全国人大一次会议和全国政协十四届一次会议也完成了五年一度的换届。习近平总书记强调，选举和决定任命新一届国家机构和全国政协领导人员是这次全国两会的主要任务之一，也是关系全局的一件大事。

习近平全票当选为中华人民共和国主席、中华人民共和国中央军事委员会主席。赵乐际当选为第十四届全国人大常委会委员长。王沪宁当选为中国人民政治协商会议第十四届全国委员会主席。韩正当选为中华人民共和国副主席。李鸿忠、王东明、肖捷、郑建邦、丁仲礼、郝明金、蔡达峰、何维、武维华、铁凝、彭清华、张庆伟、洛桑江村、雪克来提·扎克尔当选为第十四届全国人大常委会副委员长，刘奇当选为第十四届全国人大常委会秘书长。石泰峰、胡春华、沈跃跃、王勇、周强、帕巴拉·格列朗杰、何厚铧、梁振英、巴特尔、苏辉、邵鸿、高云龙、陈武、穆虹、咸辉、王东峰、姜信治、蒋作君、何报翔、王光谦、秦博勇、朱永新、杨震当选为中国人民政治协商会议第十四届全国委员会副主席，王东峰当选为中国人民政治协商会议第十四届全国委员会秘书长。

（三）做好 2023 年改革发展稳定工作

2022 年是党和国家历史上极为重要、极为关键的一年，我们如期安全顺利地举办北京冬奥会、冬残奥会，动态优化调整疫情防控政策措施，全年国内生产总值增长 3%，党和国家事业取得了丰硕成果。我们胜利召开了党的二十大，确立了全面建设社会主义现代化国家、以中国式现代化全面推进中华民族伟大复兴的宏伟蓝图。在以习近平同志为核心的党中央坚强领导下，全党全国各族人民迎难而上、团结奋斗，书写了社会主义现代化建设的新篇章。

全国两会是对过去的总结，更是开启新征程的动员。习近平总书记在第十四届全国人民代表大会第一次会议上的讲话中强调，“从现在起到本世纪中叶，全面建成社会主义现代化强国、全面推进中华民族伟大复兴，是全党全国人民的中心任务。强国建设、民族复兴的接力棒，历史地落在我们这一代人身上”，并且号召新时代的中国人“在新征程上作出无负时代、无负历史、无负人民的业绩，为推进强国建设、民族复兴作出我们这一代人的应有贡献”。

当前，世界百年未有之大变局加速演进，国际力量对比深刻调整。面对风险挑战，我们有必将实现中华民族伟大复兴的底气，党的二十大报告提出的十六个方面的成就就是我们的底气，政府工作报告中总结的过去五年的成就也是我们的底气。2023 年全国两会展现了党和政府一切为了人民、一切依靠人民的初心，体现了“民有所盼、政有所为”的决心，以及不断攻坚克难、创造新奇迹的信心。在党的坚强领导下，我们要只争朝夕，坚定历史自信，增强历史主动，坚持守正创新，保持战略定力，发扬斗争精神，勇于攻坚克难，不断为强国建设、民族复兴伟业添砖加瓦、增光添彩。

二、2023 年全国两会的主要内容和亮点

（一）学习领会习近平总书记在全国两会期间的系列重要讲话精神

在 2023 年全国两会期间，习近平总书记参加江苏代表团审议，看望民建、工商联界委员并参加联组会，出席解放军和武警部队代表团全体会议，同大家深入讨论，对如何接好强国建设、民族复兴的接力棒作出重要部署。

1. 习近平总书记在参加江苏代表团审议时指出，高质量发展是全面建设社会主义现代化国家的首要任务

必须完整、准确、全面贯彻新发展理念，始终以创新、协调、绿色、开放、共享的内在统一来把握发展、衡量发展、推动发展；必须更好统筹质的有效提升和量的合理增长，始终坚持质量第一、效益优先，大力增强质量意识，视质量为生命，以高质量为追求；必须坚定不移深化改革开放、深入转变发展方式，以效率变革、动力变革促进质量变革，加快形成可持续的高质量发展体制机制；必须以满足人民日益增长的美好生活需要为出发点和落脚点，把发展成果不断转化为生活品质，不断增强人民群众的获得感、幸福感、安全感。

习近平总书记指出，加快实现高水平科技自立自强，是推动高质量发展的必由之路；加快构建新发展格局，是推动高质量发展的战略基点；农业强国是社会主义现代化强国的根基，推进农业现代化是实现高质量发展的必然要求；人民幸福安康是推动高质量发展的最终目的。他强调，推动高质量发展，必须坚持和加强党的全面领导、坚定不移全面从严治党。各级党委要牢牢扛起全面从严治党主体责任，切实加强党的二十大精神学习宣传贯彻工作，加强换届后各级领导班子和干部队伍建设，加强各领域党建工作，深入开展学习贯彻习近平新时代中国特色社会主义思想主题教育，为奋进新征程、建功新时代提供坚强有力的政治引领和政治保障。

2. 习近平总书记在出席解放军和武警部队代表团全体会议时强调，巩固提高一体化国家战略体系和能力，是党中央把握强国强军面临的新形势新任务新要求，着眼于更好统筹发展和安全、更好统筹经济建设和国防建设作出的战略部署

贯彻落实好这一部署，对全面建设社会主义现代化国家、全面推进中华民族伟大复兴，对实现建军一百年奋斗目标、加快把我军建成世界一流军队都具有十分重要的意义。要统一思想认识，强化使命担当，狠抓工作落实，努力开创一体化国家战略体系和能力建设新局面。

习近平总书记强调，巩固提高一体化国家战略体系和能力，关键是要在一体化上下功夫，实现国家战略能力最大化。他指出，巩固提高一体化国家战略体系和能力是复杂系统工程，要统筹全局，突出重点，以重点突破带动整体推进；巩固提高一体化国家战略体系和能力，必须向改革创新要动力。前者就是要深化科技协同创新，建设好、管理好、运用

好国家实验室，聚力加强自主创新、原始创新，加快推进高水平科技自立自强；要加快提升新兴领域战略能力，谋取国家发展和国际竞争新优势；要强化国防科技工业服务强军胜战导向，优化体系布局，创新发展模式，增强产业链供应链韧性；要加强重大基础设施统筹建设，善于算大账、综合账、长远账，提高共建共用共享水平；要加快构建大国储备体系，提升国家储备维护国家安全的能力。后者要坚持问题导向，持续优化体制机制，完善政策制度，形成各司其职、紧密协作、规范有序的工作格局，更好推进一体化国家战略体系和能力建设。

3. 习近平总书记在看望民建、工商联界委员，并参加联组会时强调，党中央始终坚持“两个毫不动摇”“三个没有变”，始终把民营企业和民营企业家当作自己人

要引导民营企业和民营企业家正确理解党中央方针政策，增强信心、轻装上阵、大胆发展，实现民营经济健康发展、高质量发展。习近平总书记指出，民营经济是我们党长期执政、团结带领全国人民实现“两个一百年”奋斗目标和中华民族伟大复兴中国梦的重要力量。我们始终把民营企业和民营企业家当作自己人，在民营企业遇到困难的时候给予支持，在民营企业遇到困惑的时候给予指导。要优化民营企业发展环境，破除制约民营企业公平参与市场竞争的制度障碍，依法维护民营企业产权和企业家权益，从制度和法律上把对国企、民企平等对待的要求落下来，鼓励与支持民营经济和民营企业发展壮大，提振市场信心。要积极发挥民营企业在稳就业、促增收中的重要作用，采取更有效的措施支持中小微企业和个体工商户发展，支持平台企业在创造就业、拓展消费、国际竞争中大显身手。要把构建亲清政商关系落到实处，为民营企业和民营企业家排忧解难，让他们放开手脚，轻装上阵，专心致志搞发展。要加强思想政治引领，引导民营企业和民营企业家正确理解党中央关于“两个毫不动摇”“两个健康”的方针政策，消除顾虑，放下包袱，大胆发展。

4. 习近平总书记在闭幕会上的重要讲话激励全党全军全国各族人民信心满怀奋进新征程

习近平总书记指出：“具有五千多年文明史的中华民族，在历史上创造了无数辉煌，也经历过许多磨难。近代以后，中国逐步成为半殖民地半封建社会，饱受列强欺凌、四分五裂、战乱频繁、生灵涂炭之苦。中国共产党成立之后，紧密团结、带领全国各族人民，经过百年奋斗，洗雪民族耻辱，中国人民成为自己命运的主人，中华民族迎来了从站起来、富起来到强起来的伟大飞跃，中华民族伟大复兴进入了不可逆转的历史进程。”

习近平总书记强调：“从现在起到本世纪中叶，全面建成社会主义现代化强国、全面推进中华民族伟大复兴，是全党全国人民的中心任务。强国建设、民族复兴的接力棒，历史地落在我们这一代人身上。我们要按照党的二十大的战略部署，坚持统筹推进‘五位一体’总体布局、协调推进‘四个全面’战略布局，加快推进中国式现代化建设，团结奋斗，开拓创新，在新征程上作出无负时代、无负历史、无负人民的业绩，为推进强国建设、民族复兴作出我们这一代人的应有贡献。”在强国建设、民族复兴的新征程上，我们要坚定不移推动高质量发展，始终坚持人民至上，统筹发展和安全，保持香港、澳门长期繁荣稳定，扎实推进高水平对外开放，切实加强党的建设。

（二）学习2023年政府工作报告的主要内容

2023年3月5日，时任国务院总理李克强代表国务院在十四届全国人大一次会议上作《政府工作报告》。报告分为两个部分，一是对过去一年和五年工作回顾，二是对2023年政府工作的建议。《政府工作报告》指出："面对风高浪急的国际环境和艰巨繁重的国内改革发展稳定任务，以习近平同志为核心的党中央团结带领全国各族人民迎难而上，全面落实疫情要防住、经济要稳住、发展要安全的要求，加大宏观调控力度，实现了经济平稳运行、发展质量稳步提升、社会大局保持稳定，我国发展取得来之极为不易的新成就。"

过去一年，面对疫情等国内外多重超预期因素冲击，我国高效统筹疫情防控和经济社会发展，取得极为不易的新成就。全年国内生产总值增长3%，城镇新增就业1206万人，年末城镇调查失业率降到5.5%，居民消费价格上涨2%。货物进出口总额增长7.7%。财政赤字率控制在2.8%，中央财政收支符合预算，支出略有结余。国际收支保持平衡，人民币汇率在全球主要货币中表现相对稳健。粮食产量1.37万亿斤，增产74亿斤。

针对企业生产经营困难加剧，我们加大纾困支持力度。全年增值税留抵退税超过2.4万亿元，新增减税降费超过1万亿元，缓税缓费7500多亿元，量大面广的中小微企业和个体工商户普遍受益。针对就业压力凸显，我们强化稳岗扩就业政策支持。对困难行业企业社保费实施缓缴，大幅提高失业保险基金稳岗返还比例，增加稳岗扩岗补助。脱贫人口务工规模超过3200万人，实现稳中有增。

过去五年，我国经济社会发展取得举世瞩目的重大成就：经济发展再上新台阶；脱贫攻坚任务胜利完成；科技创新成果丰硕；经济结构进一步优化；基础设施更加完善；改革开放持续深化；生态环境明显改善；人民生活水平不断提高。过去五年，我们主要做了以下工作：创新宏观调控，保持经济运行在合理区间；如期打赢脱贫攻坚战，巩固拓展脱贫攻坚成果；聚焦重点领域和关键环节深化改革，更大激发市场活力和社会创造力；深入实施创新驱动发展战略，推动产业结构优化升级；扩大国内有效需求，推进区域协调发展和新型城镇化；保障国家粮食安全，大力实施乡村振兴战略；坚定扩大对外开放，深化互利共赢的国际经贸合作；加强生态环境保护，促进绿色低碳发展；切实保障和改善民生，加快社会事业发展；推进政府依法履职和社会治理创新，保持社会大局稳定。

同时，《政府工作报告》也谈到了我国是一个发展中大国，仍处于社会主义初级阶段，发展不平衡、不充分问题仍然突出，发展仍面临诸多困难挑战："外部环境不确定性加大，全球通胀仍处于高位，世界经济和贸易增长动能减弱，外部打压遏制不断上升。国内经济增长企稳向上基础尚需巩固，需求不足仍是突出矛盾，民间投资和民营企业预期不稳，不少中小微企业和个体工商户困难较大，稳就业任务艰巨，一些基层财政收支矛盾较大。房地产市场风险隐患较多，一些中小金融机构风险暴露。发展仍有不少体制机制障碍。科技创新能力还不强。生态环境保护任重道远。防灾减灾等城乡基础设施仍有明显薄弱环节。一些民生领域存在不少短板。形式主义、官僚主义现象仍较突出，有的地方政策执行'一刀切'、层层加码，有的干部不作为、乱作为、简单化，存在脱离实际、违背群众意愿、漠视群众合法权益等问题。一些领域、行业、地方腐败现象时有发生。人民群众对政府工作还有一些意见和建议应予以重视。”

关于对2023年政府工作的建议，《政府工作报告》指出：“今年是全面贯彻党的二十大精神的开局之年。做好政府工作，要在以习近平同志为核心的党中央坚强领导下，以习近平新时代中国特色社会主义思想为指导，全面贯彻落实党的二十大精神，按照中央经济工作会议部署，扎实推进中国式现代化，坚持稳中求进工作总基调，完整、准确、全面贯彻新发展理念，加快构建新发展格局，着力推动高质量发展，更好统筹国内国际两个大局，更好统筹疫情防控和经济社会发展，更好统筹发展和安全，全面深化改革开放，大力提振市场信心，把实施扩大内需战略同深化供给侧结构性改革有机结合起来，突出做好稳增长、稳就业、稳物价工作，有效防范化解重大风险，推动经济运行整体好转，实现质的有效提升和量的合理增长，持续改善民生，保持社会大局稳定，为全面建设社会主义现代化国家开好局起好步。”

2023年发展主要预期目标是：国内生产总值增长5%左右；城镇新增就业1200万人左右，城镇调查失业率5.5%左右；居民消费价格涨幅3%左右；居民收入增长与经济增长基本同步；进出口促稳提质，国际收支基本平衡；粮食产量保持在1.3万亿斤以上；单位国内生产总值能耗和主要污染物排放量继续下降，重点控制化石能源消费，生态环境质量稳定改善。

2023年的工作重点是：着力扩大国内需求；加快建设现代化产业体系；切实落实“两个毫不动摇”；更大力度吸引和利用外资；有效防范化解重大经济金融风险；稳定粮食生产和推进乡村振兴；推动发展方式绿色转型；保障基本民生和发展社会事业。

三、贯彻落实2023年全国两会精神

2023年3月4日至11日，在全国两会期间，习近平总书记分别在参加江苏代表团审议、出席解放军和武警部队代表团全体会议、看望参加政协会议民建与工商联界委员、全国人大第一次会议闭幕会时作了重要讲话；李克强代表政府作了工作报告；新当选国务院总理李强在会议闭幕后出席记者会并回答中外记者提问。党和国家领导人的重要讲话、重要论述和工作要求是全国两会精神的重要内容。

（一）从把握重点内容入手，学深悟透2023年全国两会精神

2023年全国两会胜利召开，把党的主张和人民的意愿凝聚为国家意志，通过法定程序把党的二十大作出的决策部署转化为全国人民的实际行动。学习贯彻全国两会精神是当前一项重大政治任务，要坚持以习近平新时代中国特色社会主义思想为指导，重点把握习近平总书记在全国两会期间的系列重要讲话精神，把学习贯彻“两会”精神与学习贯彻党的二十大精神结合起来，深刻领悟“两个确立”的决定性意义，增强“四个意识”、坚定“四个自信”、做到“两个维护”，牢牢把握高质量发展这一首要任务，完整、准确、全面贯彻新发展理念，构建新发展格局，以强烈的政治责任感和历史使命感履行职责，切实把“两会”精神落到实处，确保各项工作取得实效。

1. 2023年全国两会的重要焦点

中国式现代化是2023年全国两会的重要焦点。2023年全国两会上，习近平总书记在

下团组时就“中国式现代化”进一步做出深刻阐述，指出“高质量发展是全面建设社会主义现代化国家的首要任务”，提出“四个必须”明确要求，强调“中国式现代化是全体人民共同富裕的现代化”。习近平总书记的一系列重要讲话为全面贯彻落实党的二十大精神、以高质量发展扎实推进中国式现代化提供了重要遵循。

2023 年 3 月 5 日，习近平总书记在参加江苏代表团审议时强调，人民幸福安康是推动高质量发展的最终目的。基层治理和民生保障事关人民群众切身利益，是促进共同富裕、打造高品质生活的基础性工程，各级党委和政府必须牢牢记在心上、时时抓在手上，确保取得扎扎实实的成效。这一重要论断进一步丰富了人民对美好生活期盼的内涵，深刻体现了中国式现代化是全体人民共同富裕的现代化，是物质文明和精神文明相协调的现代化。

2023 年 3 月 13 日，习近平总书记在十四届全国人大一次会议闭幕会上的重要讲话中强调：“从现在起到本世纪中叶，全面建成社会主义现代化强国、全面推进中华民族伟大复兴，是全党全国人民的中心任务。强国建设、民族复兴的接力棒落在我们这一代人身上。我们要按照党的二十大的战略部署，坚持统筹推进‘五位一体’总体布局、协调推进‘四个全面’战略布局，加快推进中国式现代化建设，团结奋斗，开拓创新，在新征程上作出无负时代、无负历史、无负人民的业绩，为推进强国建设、民族复兴作出我们这一代人的应有贡献。”

党的二十大报告指出，“以中国式现代化全面推进中华民族伟大复兴，统揽伟大斗争、伟大工程、伟大事业、伟大梦想，明确‘五位一体’总体布局和‘四个全面’战略布局，确定稳中求进工作总基调，统筹发展和安全，明确我国社会主要矛盾是人民日益增长的美好生活需要和不平衡不充分的发展之间的矛盾，并紧紧围绕这个社会主要矛盾推进各项工作，不断丰富和发展人类文明新形态。”全党全国各族人民要更加紧密地团结在以习近平同志为核心的党中央周围，凝聚起建设中国式现代化的磅礴力量，向着中华民族伟大复兴的光明未来阔步进发。

2. 2023 年全国两会的首要任务

高质量发展是 2023 年全国两会的首要任务。习近平总书记在参加江苏代表团审议时指出，高质量发展是全面建设社会主义现代化国家的首要任务；必须更好统筹质的有效提升和量的合理增长，始终坚持质量第一、效益优先。2023 年政府工作报告对今年政府工作提出了很多建议：国内生产总值预期增长 5%左右；拟安排地方政府专项债券 3. 8 万亿元，加快实施“十四五”重大工程；鼓励支持民营经济和民营企业发展壮大，支持中小微企业和个体工商户发展，等等。

今天，中国经济社会发展取得新的历史性成就，实现新的历史性跨越，经济总量稳居世界第二位，世界经济大国地位全面提升，人均国民总收入实现新飞跃，人民生活水平跃上新台阶，综合国力跻身世界前列，国际影响力显著提升，这是我们坚持将发展作为党执政兴国的第一要务所取得的巨大成就。

习近平总书记在十四届全国人大一次会议闭幕会上的重要讲话中指出：“在强国建设、民族复兴的新征程上，我们要坚定不移推动高质量发展。要完整、准确、全面贯彻新发展理念，加快构建新发展格局，深入实施科教兴国战略、人才强国战略、创新驱动发展战略，着力提升科技自立自强能力，推动产业转型升级，推动城乡区域协调发展，推动经济社会发展绿色化、低碳化，推动经济实现质的有效提升和量的合理增长，不断壮大我国经济实力、科技实力、综合国力。”

党的二十大报告指出：“我们要坚持以推动高质量发展为主题，把实施扩大内需战略同深化供给侧结构性改革有机结合起来，增强国内大循环内生动力和可靠性，提升国际循环质量和水平，加快建设现代化经济体系，着力提高全要素生产率，着力提升产业链供应链韧性和安全水平，着力推进城乡融合和区域协调发展，推动经济实现质的有效提升和量的合理增长。”在以习近平同志为核心的党中央领导下，全党全国各族人民坚定信心、团结奋斗，坚定不移走高质量发展之路，推动中国经济巨轮乘风破浪、行稳致远。

（二）用攻坚克难、敢于斗争的精神状态干实事

党的十九大以来的五年，我们党团结带领人民，经受了世界变局加速演变、新冠疫情跌宕反复等多重考验，如期打赢脱贫攻坚战，全面建成小康社会，实现第一个百年奋斗目标，推动党和国家事业取得举世瞩目的重大成就。五年成绩的取得来之不易，是“极不寻常、极不平凡”的五年成就。这些伟大历史性成就的取得，根本在于有习近平同志作为党中央的核心、全党的核心掌舵领航，在于有习近平新时代中国特色社会主义思想科学指引。

五年来，我们处在实现“两个一百年”奋斗目标的历史交汇期，也遭逢世界百年变局叠加新冠疫情，逆全球化思潮抬头，单边主义、保护主义明显上升。这样的国内国际背景，决定了这五年我们肩负的使命任务是异常艰巨繁重的，面临的复杂严峻局面是超乎寻常的。一方面，我们必须如期实现第一个百年奋斗目标、迈上向第二个百年奋斗目标进军的新征程。另一方面，我们必须勇于战胜各种重大风险挑战，确保中华民族伟大复兴历史进程不被各种风险迟滞甚至中断。回首这五年，有太多的困难和挑战，但是在以习近平同志为核心的党中央坚强领导下，我们战胜了无数的困难，取得了一次次的胜利。

五年来，以习近平同志为核心的党中央审时度势、守正创新，敢于斗争、善于斗争，团结带领全党全国各族人民，坚持加强党的全面领导和党中央集中统一领导，全力推进全面建成小康社会进程，完整、准确、全面贯彻新发展理念，着力推动高质量发展，主动构建新发展格局，全面推进依法治国，突出保障和改善民生，集中力量实施脱贫攻坚战，全面推进党的建设新的伟大工程，推动党和国家事业取得举世瞩目的重大成就。五年来，我们面对的形势比过去更加艰难，奋斗历程更加艰苦，让我们更加深刻地体会到五年来的奋斗成就极不平凡。

站在新的起点上眺望，充满光荣和梦想的新征程如此恢宏浩荡。作为全国人民共商国是、共谋发展的重要平台，2023 年全国两会汇聚民意、描绘蓝图、形成共识，围绕“稳”“保”“新”“改”“减”“民”等关键字对 2023 年经济社会发展多领域、各方面工作作出部署安排，传递出中国经济社会发展新信号，彰显了新一届政府的施政方向，标明了未来中国的前进方向和总体走向，凝聚起建设中国式现代化的磅礴力量。而面对错综复杂的国际国内形势、艰巨繁重的改革发展稳定任务、各种不确定难预料的风险挑战，要实现党的二十大确定的战略目标，做好 2023 年经济社会发展多领域、各方面工作的八项重点工作，把全面建设社会主义现代化国家、实现中华民族伟大复兴的中国梦不断变成现实，恰如习近平总书记在第十四届全国人民代表大会第一次会议上所说，“强国建设、民族复兴的宏伟目标令人鼓舞，催人奋进。我们要只争朝夕，坚定历史自信，增强历史主动，坚持守正创新，保持战略定力，发扬斗争精神，勇于攻坚克难，不断为强国建设、民族复兴伟业添砖加瓦、增光添彩。”

1. 要坚持不懈用习近平新时代中国特色社会主义思想凝心铸魂

党的十八大以来，以习近平同志为主要代表的中国共产党人，坚持把马克思主义基本原理同中国具体实际相结合、同中华优秀传统文化相结合，深刻总结并充分运用党成立以来的历史经验，从新的实际出发，科学回答中国之问、世界之问、人民之问、时代之问，创立了习近平新时代中国特色社会主义思想，实现了马克思主义中国化时代化新的飞跃。坚持不懈用这一创新理论武装头脑、指导实践、推动工作，党和国家事业取得历史性成就、发生历史性变革，推动我国迈上全面建设社会主义现代化国家新征程，成功推进和拓展了中国式现代化，创造了人类文明新形态，中华民族迎来了从站起来、富起来到强起来的伟大飞跃，实现中华民族伟大复兴进入了不可逆转的历史进程。

中国共产党为什么能？中国特色社会主义为什么好？归根到底是马克思主义行，是中国化时代化的马克思主义行。广大党员、干部、群众表示，新时代党的创新理论为党和国家事业发展提供了根本遵循。面对新征程上催人奋进的目标、复杂严峻的形势、艰巨繁重的任务，我们要全面贯彻习近平新时代中国特色社会主义思想，坚持不懈用习近平新时代中国特色社会主义思想凝心铸魂，把握好这一重要思想的世界观和方法论，坚持好、运用好贯穿其中的立场观点方法，切实做到坚持人民至上、坚持自信自立、坚持守正创新、坚持问题导向、坚持系统观念、坚持胸怀天下，把这一科学思想转化为坚定理想、锤炼党性和指导实践、推动工作的强大力量，在新征程上创造新的历史伟业。

推进中国式现代化需要坚持不懈用习近平新时代中国特色社会主义思想凝心铸魂。习近平总书记指出：“中国式现代化是我们党领导全国各族人民在长期探索和实践中历经千辛万苦、付出巨大代价取得的重大成果。”中国式现代化是强国建设、民族复兴的唯一正确道路。新时代新征程，我们能否全面建成社会主义现代化强国、实现第二个百年奋斗目标，关键在于能否不断推进和拓展中国式现代化。推进中国式现代化，是一项前无古人的开创性事业，必然会遇到各种可以预料和难以预料的风险挑战、艰难险阻甚至惊涛骇浪，需要以科学理论指引前进方向，让中国式现代化走得更实、行得更稳。习近平新时代中国特色社会主义思想深刻总结我国和世界其他国家现代化建设的历史经验，深刻回答现代化之问，进一步深化了对中国式现代化的内涵和本质的认识，概括形成中国式现代化的中国特色、本质要求和重大原则，初步构建中国式现代化的理论体系，使中国式现代化更加清晰、更加科学、更加可感可行，指引我们党对建设社会主义现代化国家在认识上不断深化、在战略上不断完善、在实践上不断丰富。新征程上，只有坚持不懈用习近平新时代中国特色社会主义思想凝心铸魂，才能准确把握中国式现代化的根本性质、牢牢锚定中国式现代化的奋斗目标、充分激发推进中国式现代化的强劲动力、广泛凝聚推进中国式现代化的磅礴力量，在中国式现代化道路上实现中华民族伟大复兴。战胜新征程上的风险挑战需要坚持不懈用习近平新时代中国特色社会主义思想凝心铸魂。习近平总书记指出：“我国发展面临新的战略机遇、新的战略任务、新的战略阶段、新的战略要求、新的战略环境，需要应对的风险和挑战、需要解决的矛盾和问题比以往更加错综复杂。”党的十八大以来，我们党之所以能保持战略定力，发扬斗争精神，团结带领全国各族人民从容应对世所罕见、史所罕见的一系列风险挑战，经受住来自政治、经济、意识形态、自然界等方面的风险挑战考验，根本在于以习近平同志为核心的党中央坚强领导，在于习近平新时代中国特色社会主义思想科学指引。我们在科学理论指引下经受住惊涛骇浪，还要在科学理论指引下推动中国号巨轮劈波斩浪。在强国建设、民族复兴的新征程上，江山壮丽，人民豪迈，前程远大。同时必须清醒看到，世界百年未有之大变局加速演进，世界进入新的动荡变革期，我国发展进入战略机遇和风险挑战并存、不确定难预料因素增多的时期，各种“黑天鹅”“灰犀牛”事件随时可能发生。习近平新时代中国特色社会主义思想坚持运用马克思主义立场观点方法，深刻把握新时代新征程上风险挑战的新特征新变化，不断深化对风险演进的规律性认识，为我们战胜各种风险挑战提供了科学思想指引。新征程上，只有坚持不懈用习近平新时代中国特色社会主义思想凝心铸魂，不断提高全党运用科学理论应对风险挑战的能力，才能以“咬定青山不放松”的顽强韧劲，发扬“狭路相逢勇者胜”的斗争精神，迎难而上，沉着应对，赢得优势、赢得主动、赢得未来。

坚持团结奋斗需要坚持不懈用习近平新时代中国特色社会主义思想凝心铸魂。习近平总书记强调：“力量生于团结，幸福源自奋斗。”团结奋斗是一百多年来中国共产党人、中国人民、中华民族锤炼铸就的宝贵精神品质，是中国人民创造历史伟业的必由之路，是全面建成社会主义现代化强国的重要保证。团结奋斗离不开思想引领，统一思想才能团结一心、步调一致。无论面对何种困难局面、艰难时刻，全党全国各族人民始终紧密团结在以习近平同志为核心的党中央周围，以“比铁还硬，比钢还强”的团结之力，以“越是艰险越向前”的不懈奋斗，赢得彪炳史册的历史性胜利。实践充分证明，习近平新时代中国特色社会主义思想是团结奋斗的思想旗帜、精神旗帜。有了习近平新时代中国特色社会主义思想，全党全国各族人民思想上行动上就有了根本遵循，团结奋斗就有了思想根基和信心底气、就有了明确目标和行动指南。越是形势复杂、任务艰巨，越是走上坡路、开顶风船，就越需要团结奋斗，就越需要夯实团结奋斗的思想基础、激扬团结奋斗的精神力量。新征程上，只有坚持不懈用习近平新时代中国特色社会主义思想凝心铸魂，在纷繁复杂的形势下把准团结奋斗的正确方向，不断增强以团结奋斗开辟美好未来的志气、骨气、底气，才能把人民群众最广泛地团结在党的周围、把方方面面的智慧和力量凝聚起来，汇聚万众一心、共克时艰的磅礴伟力，不断开创强国建设、民族复兴的新局面。

锻造坚强领导核心需要坚持不懈用习近平新时代中国特色社会主义思想凝心铸魂。习近平总书记指出：“全面建设社会主义现代化国家、全面推进中华民族伟大复兴，关键在党。”党的领导是党和国家的根本所在、命脉所在，是全国各族人民的利益所系、命运所系。新时代，我们党在革命性锻造中更加坚强有力，很重要的一条经验就是始终重视思想建党、理论强党，坚持用科学理论武装广大党员、干部的头脑。在强国建设、民族复兴的新征程上，我们党面临的执政考验、改革开放考验、市场经济考验、外部环境考验将长期存在，精神懈怠危险、能力不足危险、脱离群众危险、消极腐败危险将长期存在，全面从严治党永远在路上，党的自我革命永远在路上。习近平新时代中国特色社会主义思想继承和发展马克思主义建党学说，总结运用党的百年奋斗历史经验，深入推进管党治党实践创新、理论创新、制度创新，对建设什么样的长期执政的马克思主义政党、怎样建设长期执政的马克思主义政党的规律性认识达到新的高度。新征程上，只有坚持不懈用习近平新时代中国特色社会主义思想凝心铸魂，才能保证我们党在世界形势深刻变化的历史进程中始终走在时代前列，在应对国内外各种风险和考验的历史进程中始终成为全国人民的主心骨，在坚持和发展中国特色社会主义的历史进程中始终成为坚强领导核心。

2. 要在全党大兴调查研究之风，夯实实干之基

今年全国两会上，“大兴调查研究之风”写入政府工作报告。报告指出，要“进一步加强政府自身建设，持续转变政府职能，搞好机构改革，扎实推进法治政府、创新政府、廉洁政府和服务型政府建设，发扬实干精神，大兴调查研究之风，提高行政效率和公信力。”随后，中共中央办公厅印发的《关于在全党大兴调查研究的工作方案》要求党员、干部增强做好调查研究的思想自觉、政治自觉、行动自觉。我们要把学习和调查研究落实到完成党的二十大各项决策部署中去，用习近平新时代中国特色社会主义思想凝心铸魂，解决问题，再建新功，为推动新时代中国特色社会主义事业夯实根基、铺平道路。

（1）大兴调查研究是解答时代课题的必然要求。

没有调查就没有发言权，没有调查就没有决策权。在今年全国两会上，习近平总书记由一份“培养一批‘一县一业’重点基地”的文件说起，强调“一个城市是不是就靠一业来发展，那不一定。靠几业，靠什么业，都要一把钥匙开一把锁，根据具体情况去定，不能下单子”。事实证明，正确的决策离不开调查研究，正确的贯彻落实同样也离不开调查研究。党员干部面对新矛盾新问题，要了解真实情况、掌握工作主动权、作出科学决策，必须提升调查研究能力，深入开展调查研究。调查研究是我们的传家宝。重视调查研究，是我们党在革命、建设、改革各个历史时期做好领导工作的重要传家宝。“没有调查，没有发言权”的著名论断是毛泽东同志在《反对本本主义》一文中首次提出的，他通过调查研究形成《中国社会各阶级的分析》《湖南农民运动考察报告》《寻乌调查》《论十大关系》等重要文献，为探索中国革命和社会主义建设的正确道路指明了方向。他强调，“一万年还是要进行调查研究工作”。党的从群众中来、到群众中去的根本工作路线，也要求领导干部不论阅历多么丰富，不论从事哪一方面工作，都必须始终坚持和不断加强调查研究工作。只有通过深入基层调查研究，了解情况，弄清事实，增长见识，汲取营养，才能有效克服领导工作中的主观主义，使党制定的路线方针政策更加符合客观实际，做到学用结合，才能作出科学合理的决策，切实解决好实际问题。

调查研究是做好各项工作的基本功。习近平总书记指出：“调查研究是谋事之基、成事之道，没有调查就没有发言权，没有调查就没有决策权。”调查研究不仅是重要的工作方法，更是事关党的事业得失成败的大问题。调查研究作为马克思主义实践观和认识论的具体体现，蕴含着丰富的辩证唯物主义、历史唯物主义的世界观和方法论。只有通过深入开展调查研究，才能更好地认识和把握发展规律，使治国理政建立在科学的基础之上。马克思主义与时俱进的理论品质启示我们，之所以对领导干部的调查研究要强调始终坚持和加强，是因为我们所肩负的任务在不断变化；领导干部不断地进行新老交替和不断地调换工作岗位，不能刻舟求剑，需要重新调查了解新情况；客观事物总在不断变化，新矛盾新问题每日每时都在出现，在新时代中国特色社会主义蓬勃发展的形势下，在当今世界多极化、经济全球化深入发展和科学技术突飞猛进的条件下更是如此。这就要求领导干部重视调研、深入调研、善于调研，基层跑遍、跑深、跑透了，了解了真实情况，本领就会大起来，认识就会产生飞跃，工作就会做得更好。

面对复杂局面迫切需要深化调查研究。面对世界百年未有之大变局，新的战略机遇、新的战略任务、新的战略阶段、新的战略要求、新的战略环境，迫切需要全党上下尤其是领导干部深入调查研究，抓住变革时机，准确识变、科学应变、主动求变，解答时代之问、形势之变带来的时代课题。党的十八大以来，以习近平同志为核心的党中央统筹中华民族伟大复兴战略全局和世界百年未有之大变局，推动党和国家事业取得历史性成就、发生历史性变革。同时，我们也要清醒地认识到，当前我国改革发展过程中面临不少深层次矛盾，这些矛盾我们躲不开、绕不过。一些党员领导干部尚未充分认识到已发生的深刻变化，对风险挑战和抓住机遇的研判能力明显不足。党员干部要提高政治站位，切实增强调查研究的思想自觉、政治自觉、行动自觉，必须不断深化调查研究，使之成为推动党和国家事业不断战胜风险挑战、顺利发展的锐利武器。

（2）“五个坚持”是做好调查研究工作的重要遵循。

大兴调查研究是以习近平同志为核心的党中央作出的重要部署。深化调查研究必须坚持党的群众路线，坚持实事求是，坚持问题导向，坚持攻坚克难，坚持系统观念，这是我们当前做好调查研究工作的重要遵循。

必须坚持党的群众路线。调查研究是践行党的群众路线的必然要求，也是推动广大党员干部不忘初心、牢记使命的题中应有之义。践行群众路线的必需步骤与方法就是开展调查研究，尤其是对基层群众进行调查研究。及时了解群众在想什么盼什么、最需要党委政府干什么，从群众中来、到群众中去，自觉向群众学习、同群众沟通讨论，才能取得真实可信、扎实有效的调研成果，得出正确的结论。调查研究成果的质量如何，形成的意见正确与否，最终都要由人民群众的实践来检验。为民办事、为民造福是检验工作的第一标准。坚持以眼睛向下的决心和甘当小学生的精神开展调查研究，就一定能推动党和人民的事业健康发展，更好满足人民对美好生活的向往。

必须坚持实事求是。实事求是是马克思主义的精髓。坚持实事求是，最基础的工作就是搞清楚“实事”，掌握全面、真实、丰富、生动的第一手材料，搞清楚本地区、本部门本单位的实际情况和影响改革发展稳定的突出问题。将调查研究落到实处，必须摒弃作秀式调研、盆景式调研、蜻蜓点水式调研。坚持实事求是，关键在于“求是”，探求和掌握事物发展的规律。抓住矛盾，把握好主要矛盾和次要矛盾、矛盾的主要方面和次要方面，了解清楚问题的本质和规律，才能把解决问题的思路和对策研究透彻。坚持实事求是，就能从日常工作的各种错综复杂、千变万化的现象中抓住根本，找到解决问题的出路。

必须坚持问题导向。在事物发展过程中，发现问题是起点，调查研究是正确认识和解决问题的谋事之基和成事之道。面对老难题和新挑战，坚持问题导向，要围绕党和政府中心工作，破除一切不合时宜的思想和行为障碍，聚焦我国发展面临的突出矛盾和问题，大胆探索，积极推进改革创新，激发经济发展新动能，提升治理效能，保障改善民生，聚焦创新驱动引领高质量发展、优化营商环境激发微观主体活力等重大问题，提升治理能力，构建新发展格局。扑下身子搞好调查研究，才能把问题找准，搞清楚问题是什么、症结在哪里，拿出破解难题的实招、硬招，找到能够切实解决问题的思路、办法，形成具有针对性、指向性和可操作性的政策建议。

必须坚持攻坚克难。敢于攻坚克难是我们党的优良传统，也是我们党走向胜利的重要原因。中国共产党人守初心担使命，需要始终保持无私奉献、勇往直前的政治品格和顽强意志。领导干部勇于面对实践中的难题，敢于探索新的实践领域，善于经验总结和对新情况新问题的调研，是提高思想水平和工作能力的必然选择。新时代新征程上，攻坚克难尤其是对那些具有普遍性和制度性的问题、涉及改革发展稳定的深层次关键性问题，以及难题积案和顽瘴痼疾等，要研究透彻、找准根源和症结，敢碰难啃的硬骨头、敢涉险滩，勇于破解新难题。

必须坚持系统观念。坚持系统观念，就是要将各项事业放在整个科学体系中来认识和把握，既要总体分析面上的情况，又要深入解剖麻雀；既要针对新问题冒头，又要针对老问题反弹；既要谋长远之计，又要解当前之难；既要聚焦经济社会发展重点任务，又要提出前瞻性建议。深入实际开展全面调查研究，要紧紧围绕工作重心深耕主责主业，胸怀“国之大者”，认真抓好基层基础基本工作，把工作重心前移到矛盾问题的事前预防和源头治理上。

（3）要下大功夫把调查研究做深做实。

深入学习贯彻习近平新时代中国特色社会主义思想，全面贯彻落实党的二十大精神，需要我们不断提高深化调查研究的思想自觉、政治自觉、行动自觉，积极应对风高浪急甚至惊涛骇浪的重大考验，善于在开拓进取、破解难题中不断推进高质量发展。

学思践悟习近平新时代中国特色社会主义思想。领导干部要带着信念学、带着使命学、带着感情学、带着问题学，切实通过加强学习淬炼思想，学思用贯通、知信行统一，才能带头深入调查研究，奔着问题去，对着问题改。心中有信仰，脚下有力量。党员干部要自觉地把精神寄托于崇高理想，坚守精神信念高地和人格价值底线，在是非、曲直、善恶、义利等方面树立正确观念，面对眼前得失就能想得开、放得下、行得正、做得好。胸怀“国之大者”，就会深刻领会党和国家最重要的利益与人民立场，心甘情愿扑下身子。脚下沾有了泥土，心中就会沉淀真情，把群众“小事”当作国家“大事”。心中有人民，肩上有担当。抓住并解决好老百姓最关心最直接最现实的利益问题，真正为老百姓办实事、办好事、办成事。

掌握正确调研方法。“操千曲而后晓声，观千剑而后识器”，调查研究是获得真知灼见的源头活水，调查研究的过程就是领导干部提高认识能力、判断能力和工作能力的过程。要继承和善于运用我们党在长期实践中形成的行之有效的调研方法，并综合运用多学科理论，把微观和宏观调查结合起来，把调研信息与调研情景相结合，将数字分析与群众需求、实际所盼及职责任务有机结合起来，对经济社会发展的客观规律、基本趋势精准“画像”。紧扣人民最关心最直接最现实的利益问题，多到分管领域的基层一线去，多到困难多、群众意见集中、工作打不开局面的地方去，听基层党建、公共服务、养老育儿等民生关切的真话、实话和心里话；找乡村治理、产业发展、基础设施建设等重点领域的难点、痛点和堵点；以人民利益为重、以人民期盼为念，真诚倾听群众呼声，真实反映群众愿望，真情关心群众疾苦。遵从调研规律，坚持和完善先调研后决策的重要决策调研论证制度、领导机关领导干部调研工作制度、领导干部联系点制度，摸准基数、底数和变数，找好对策、解决问题。对调研中所发现的问题，要逐一梳理，形成问题清单、责任清单、任务清单，加大政策公开力度，让群众知晓政策、理解政策，才能参与配合执行好政策，从而取信于民。

“解剖麻雀”务求实效。党的十八大以来，习近平总书记多次到基层考察调研，到最偏远最困难之地，进村入户“访真贫”，问得细想得深。这启示我们，真调研必定是真正“动”起来、“深”下去，交一批基层朋友，搞一批专题调研，解决一批实际问题。开展调查研究，要真懂、真信群众是真正的英雄这个历史唯物主义的真理，眼睛向下、脚步向下，放下架子、扑下身子，真正和人民群众打成一片，倾听他们的呼声，体察他们的情绪，总结他们的经验，汲取他们的智慧，既听顺耳话也听逆耳言，赢得人民群众信任，真正把情况摸清、摸实、摸透。要和群众“坐在一条板凳上”，虚心求教，才能听到实话、摸到实情，找准问题，理出思路，事半功倍。深入到群众所从事、所关心的事物或事件内部去感受体验，到矛盾问题集中的地方去寻求根由；透过具体的事实和事例来不断深化认识；坚持持续的长时间调研和密切接触，对解决发展难题的认识和把握才会更加准确。真调研务求实效，要把调查研究与做好工作真正结合起来。在调查研究中提高工作本领；在工作过程中坚持调研经常化制度化；在群众中、在实践中倾听群众所想所急所盼；在调研与工作结合中破解难题；强化系统观念，统筹处理好两难甚至多难问题；凝聚共识，补齐短板；体察实情，注重实效，变“问题清单”为“成果清单”。

（三）围绕高质量发展做好改革发展稳定和党建创新工作

今年两会期间，习近平总书记在参加他所在的十四届全国人大一次会议江苏代表团审议时强调，高质量发展是全面建设社会主义现代化国家的首要任务。党的二十大报告指出，“发展是党执政兴国的第一要务。没有坚实的物质技术基础，就不可能全面建成社会主义现代化强国”。牢牢把握高质量发展这个首要任务，是以中国式现代化全面推进中华民族伟大复兴的必然要求，必须坚定不移、持之以恒地坚持下去。

1. 高质量发展是必须完整、准确、全面贯彻新发展理念，坚持创新、协调、绿色、开放、共享相统一的发展

党的十八届五中全会明确了创新、协调、绿色、开放、共享的新发展理念。新发展理念是一个系统的理论体系，回答了关于发展的目的、动力、方式、路径等一系列理论和实践问题，阐明了我们党关于发展的政治立场、价值导向、发展模式、发展道路等重大政治问题，是一个相互联系、不可分割、辩证统一、相辅相成的整体。创新是引领发展的第一动力，协调是持续健康发展的内在要求，绿色是永续发展的必要条件和人民对美好生活追求的重要体现，开放是国家繁荣发展的必由之路，共享是中国特色社会主义的本质要求。坚持创新发展、协调发展、绿色发展、开放发展、共享发展是关系我国发展全局的一场深刻变革，是我们准确识变、科学应变、主动求变，谋势而动、顺势而为、乘势而上，推动我国经济社会稳步健康发展的必然选择。党的十八大以来，我国经济实力、科技实力、综合国力跃上新台阶。实践证明，新发展理念具有科学性、全面性、实践性，是我国发展思路、发展方向、发展着力点的集中体现，是管全局、管根本、管长远的导向。我们要完整、准确、全面贯彻新发展理念，把创新发展、协调发展、绿色发展、开放发展、共享发展作为一个辩证统一的整体，贯穿于我国经济社会发展过程之中，协同发力、形成合力，着力推动高质量发展行稳致远，不断开创全面建设社会主义现代化国家新局面。

2. 高质量发展是必须更好统筹质的有效提升和量的合理增长，坚持质量第一、效益优先，视质量为生命，以高质量为追求，坚持质和量相协调的发展

高质量发展是“质”和“量”的协调统一，没有质的有效提升，就不能让经济发展更有效率；没有量的合理增长，就不能为经济运行提供托底。处理好质和量的关系，既要通过质的有效提升，促进更高质量、更有效率、更加公平、更可持续、更为安全的发展，又要通过量的合理增长，为经济稳定运行和转型升级创造条件，在动态调整中实现优化。推动质的有效提升和量的合理增长，要坚持以推动高质量发展为主题，把实施扩大内需战略同深化供给侧结构性改革有机结合起来，增强国内大循环的内生动力和可靠性，提升国际循环质量和水平，加快建设现代化经济体系，着力提高全要素生产率，着力提升产业链供应链韧性和安全水平，着力推进城乡融合和区域协调发展。推动质的有效提升和量的合理增长，是一个全面的、整体的、系统的、科学的要求，高质量发展，不只是一个经济要求，而是对经济社会方方面面的总要求；不只是对经济发达地区的要求，而是对所有地区都必须贯彻的要求；不是一时一事的要求，而是必须长期坚持的要求。要坚持把发展经济的着力点放在实体经济上，推进新型工业化，加快建设制造强国、质量强国、交通强国、网络强国、数字中国，为了高质量发展指明可行路径。

3. 高质量发展是必须坚定不移深化改革开放，深入转变发展方式，坚持效率变革、动力变革、质量变革的发展

高质量发展追求质量、效益和效率的不断提高，更多依靠创新驱动发展，推动质量变革、效率变革、动力变革，这既是建设现代化经济体系的根本路径，也是推动经济发展的重要目标，三者相互促进、辩证统一，以效率变革、动力变革促进质量变革。加快实现高水平科技自立自强，是推动高质量发展的必由之路。在激烈的国际竞争中，我们要开辟发展新领域新赛道，塑造发展新动能新优势，从根本上说还是要依靠科技创新。要坚持“四个面向”，加快实施创新驱动发展战略。要强化企业主体地位，推进创新链产业链资金链人才链深度融合，不断提高科技成果转化和产业化水平。要深化科技体制改革，健全科技评价体系和激励机制，为创新人才脱颖而出、尽展才华创造良好环境。加快构建新发展格局，是推动高质量发展的战略基点。加快建设现代化产业体系，深入推进重点领域改革，统筹推进现代化基础设施体系和高标准市场体系建设，稳步扩大制度型开放。推进农业现代化是实现高质量发展的必然要求。要严守耕地红线，要把产业振兴作为乡村振兴的重中之重，要优化镇村布局规划，要强化科技和改革双轮驱动，为农业农村发展增动力、添活力。

4. 高质量发展是必须以满足人民日益增长的美好生活需要为出发点和落脚点，把发展成果不断转化为生活品质，不断增强人民群众获得感、幸福感、安全感的发展

中国特色社会主义进入新时代，我国社会主要矛盾已经转化为人民日益增长的美好生活需要和不平衡不充分的发展之间的矛盾。我国社会主要矛盾的变化是关系全局性的历史性变化，对党和国家工作提出许多新要求，高质量发展就是着力解决好不平衡不充分的问题，大力提升发展的质量和效益，更好满足人民在经济、政治、文化、社会、生态文明等方面日益增长的需要，更好推动人的全面发展、社会全面进步，使人民群众的获得感、幸福感、安全感更加充实、更有保障、更可持续。人民幸福安康是推动高质量发展的最终目的。基层治理和民生保障事关人民群众的切身利益，是促进共同富裕、打造高品质生活的基础性工程。要健全基层党组织领导的基层群众自治机制，加强基层组织建设，完善网格化管理、精细化服务、信息化支撑的基层自治平台，为人民群众提供家门口的优质服务和精细管理。要坚持和发展新时代的“枫桥经验”，及时把矛盾纠纷化解在基层、化解在萌芽状态。要紧紧抓住人民群众的急难愁盼问题，采取更多惠民生、暖民心的举措，健全基本公共服务体系，着力做好各项重点工作。要抓实抓细新阶段疫情防控工作，持续加强公共卫生、疾病防控、医疗服务体系建设。

5. 高质量发展是必须坚持和加强党的全面领导，坚定不移全面从严治党，提供强有力的政治引领和政治保障的发展

党的领导是全面的、系统的、整体的，必须全面、系统、整体加以落实。党的全面领导贯穿于、体现于、落实于推动高质量发展的全过程，为高质量发展明确发展方向、前进道路，为高质量发展统揽全局、协调各方，为高质量发展提供政治引领、政治保障。要坚持不懈用习近平新时代中国特色社会主义思想凝心聚魂，学习好、运用好贯穿其中的立场观点方法，用党的创新理论武装头脑、指导实践、推动工作，深入开展学习贯彻习近平新时代中国特色社会主义思想主题教育，筑牢信仰之基、补足精神之钙，把稳思想之舵，为高质量发展廓清迷雾、指引航向、乘风破浪、勇往直前。坚持党管干部、党管人才，建设堪当民族复兴重任的高质量干部队伍。坚持德才兼备、以德为先，树立选人用人正确导向，选拔忠诚干净担当高素质专业化干部，在各级机构改革、干部队伍调整中，配优配强各级领导班子，为高质量发展提供坚强组织保证。增强党组织政治功能和组织功能，把基层党组织建设成为有效实现党的全面领导的战斗堡垒，充分发挥共产党员先锋模范作用，在推动高质量发展中勇于实践、敢于担当，让党旗高高飘扬在改革开放第一线、攻坚克难主战场、冲锋陷阵最前沿。坚持以严的基调正风肃纪，坚决打赢反腐败斗争攻坚战持久战，不断增强党的自我净化、自我完善、自我革新、自我提高能力，为高质量发展扫除障碍、保驾护航。

同心筑梦新征程，勇毅前行向未来。强国建设、民族复兴的宏伟目标令人鼓舞、催人奋进。让我们更加紧密地团结在以习近平同志为核心的党中央周围，坚持以习近平新时代中国特色社会主义思想为指导，深刻领悟“两个确立”的决定性意义，增强“四个意识”、坚定“四个自信”、做到“两个维护”，党政军民学劲往一处使，东西南北中拧成一股绳，为全面建设社会主义现代化国家、全面推进中华民族伟大复兴而团结奋斗，在新的赶考之路上铸就更加灿烂辉煌的伟业！让我们踏上新征程，向着新的奋斗目标，出发！

【知识链接】

两会

全国两会是对自1959年以来历年召开的中华人民共和国全国人民代表大会和中国人民政治协商会议的统称。由于两场会议会期基本重合，而且对于国家运作的重要程度都非常的高，故简称“两会”。从省级地方到中央，各地的政协及人大的全体会议的会期全部基本重合，所以两会的名称可以同时适用于全国及各省（市、自治区）。

两会每5年称为一届，每年会议称×届×次会议。根据中国宪法规定：“两会”召开的意义在于将“两会”代表从人民中得来的信息和要求进行收集及整理，传达给党中央。“两会”代表在全国两会召开期，代表广大人民的利益，向政府有关部门提出意见和要求。地方每年召开的人大和政协也称为两会，通常召开的时间比全国“两会”时间要早。

中华人民共和国第十四届全国人民代表大会第一次会议于2023年3月5日在北京召开。中国人民政治协商会议第十四届全国委员会第一次会议于2023年3月4日在北京召开。

（资料来源：360百科，https：//baike. so. com/doc/2841642－2998821. html）

【拓展阅读】

习近平在参加江苏代表团审议时强调　牢牢把握高质量发展这个首要任务

中共中央总书记、国家主席、中央军委主席习近平3月5日下午在参加他所在的十四届全国人大一次会议江苏代表团审议时强调，高质量发展是全面建设社会主义现代化国家的首要任务。必须完整、准确、全面贯彻新发展理念，始终以创新、协调、绿色、开放、共享的内在统一来把握发展、衡量发展、推动发展；必须更好统筹质的有效提升和量的合理增长，始终坚持质量第一、效益优先，大力增强质量意识，视质量为生命，以高质量为追求；必须坚定不移深化改革开放、深入转变发展方式，以效率变革、动力变革促进质量变革，加快形成可持续的高质量发展体制机制；必须以满足人民日益增长的美好生活需要为出发点和落脚点，把发展成果不断转化为生活品质，不断增强人民群众的获得感、幸福感、安全感。

习近平来到江苏代表团，现场响起热烈掌声。

江苏代表团审议认真，气氛热烈。许昆林、刘庆、单增海、魏巧、张大冬、吴庆文等6位代表分别就服务全国构建新发展格局、大力推进区域协同创新、坚定不移向制造业高峰攀登、当好新时代“新农人”、为党育才、当好中国式现代化建设排头兵等问题发言。习近平不时插话，同大家展开交流。

在认真听取大家发言后，习近平作了发言。他首先表示赞成政府工作报告，充分肯定江苏五年来经济社会发展和党的建设各方面取得的成就，希望江苏继续真抓实干、奋发进取，在高质量发展上继续走在前列，为谱写“强富美高”新江苏现代化建设新篇章实现良好开局，为全国大局作出新的更大贡献。

习近平指出，加快实现高水平科技自立自强，是推动高质量发展的必由之路。在激烈的国际竞争中，我们要开辟发展新领域新赛道、塑造发展新动能新优势，从根本上说，还是要依靠科技创新。我们能不能如期全面建成社会主义现代化强国，关键看科技自立自强。要坚持“四个面向”，加快实施创新驱动发展战略，推动产学研深度合作，着力强化重大科技创新平台建设，支持顶尖科学家领衔进行原创性、引领性科技攻关，努力突破关键核心技术难题，在重点领域、关键环节实现自主可控。要强化企业主体地位，推进创新链产业链资金链人才链深度融合，发挥科技型骨干企业引领支撑作用，促进科技型中小微企业健康成长，不断提高科技成果转化和产业化水平，着力打造具有全球影响力的产业科技创新中心。要深化科技体制改革，大力培育创新文化，健全科技评价体系和激励机制，为创新人才脱颖而出、尽展才华创造良好环境。

习近平指出，加快构建新发展格局，是推动高质量发展的战略基点。要把实施扩大内需战略同深化供给侧结构性改革有机结合起来，加快建设现代化产业体系。要坚持把发展经济的着力点放在实体经济上，深入推进新型工业化，强化产业基础再造和重大技术装备攻关，推动制造业高端化、智能化、绿色化发展，加快建设制造强省，大力发展战略性新兴产业，加快发展数字经济。要按照构建高水平社会主义市场经济体制、推进高水平对外开放的要求，深入推进重点领域改革，统筹推进现代化基础设施体系和高标准市场体系建设，稳步扩大制度型开放。

习近平强调，农业强国是社会主义现代化强国的根基，推进农业现代化是实现高质量发展的必然要求。要严守耕地红线，稳定粮食播种面积，加强高标准农田建设，切实保障粮食和重要农产品稳定安全供给。要把产业振兴作为乡村振兴的重中之重，积极延伸和拓展农业产业链，培育发展农村新产业新业态，不断拓宽农民增收致富渠道。要优化镇村布局规划，统筹乡村基础设施和公共服务体系建设，深入实施农村人居环境整治提升行动，加快建设宜居宜业和美乡村。要强化科技和改革双轮驱动，深化农村土地制度改革，巩固和完善农村基本经营制度，发展新型农村集体经济，发展新型农业经营主体和社会化服务，发展农村适度规模经营，为农业农村发展增动力、添活力。

习近平指出，人民幸福安康是推动高质量发展的最终目的。基层治理和民生保障事关人民群众切身利益，是促进共同富裕、打造高品质生活的基础性工程，各级党委和政府必须牢牢记在心上、时时抓在手上，确保取得扎扎实实的成效。要健全基层党组织领导的基层群众自治机制，加强基层组织建设，完善网格化管理、精细化服务、信息化支撑的基层治理平台，健全城乡社区治理体系，为人民群众提供家门口的优质服务和精细管理。要坚持和发展新时代“枫桥经验”，完善正确处理新形势下人民内部矛盾机制，及时把矛盾纠纷化解在基层、化解在萌芽状态。要紧紧抓住人民群众急难愁盼问题，采取更多惠民生、暖民心举措，健全基本公共服务体系，着力做好重点群体就业帮扶、收入分配调节、健全社会保障体系、强化“一老一幼”服务等工作。要抓实抓细新阶段疫情防控工作，认真落实“乙类乙管”各项措施，持续加强公共卫生、疾病防控、医疗服务体系建设。

习近平最后强调，推动高质量发展，必须坚持和加强党的全面领导、坚定不移全面从严治党。各级党委要牢牢扛起全面从严治党主体责任，切实加强党的二十大精神学习宣传贯彻工作，加强换届后各级领导班子和干部队伍建设，加强各领域党建工作，深入开展学习贯彻新时代中国特色社会主义思想主题教育，为奋进新征程、建功新时代提供坚强有力的政治引领和政治保障。

蔡奇、丁薛祥、何立峰等参加。

（资料来源：共产党员网，2022 年 3 月 5 日. https：//www. 12371. cn/2023/03/05/ARTI1678028796585740. shtml）

思考题

1. 如何理解 2023 年全国两会召开的意义？
2. 2023 年全国两会的主要内容有哪些？
3. 青年大学生应怎样贯彻落实 2023 年全国两会精神？

专题二　扎实抓好主题教育　为奋进新征程凝心聚力

2023 年 3 月 30 日，中共中央政治局召开会议，决定从 2023 年 4 月开始，在全党自上而下分两批开展学习贯彻习近平新时代中国特色社会主义思想主题教育。当日下午，中共中央政治局就学习贯彻习近平新时代中国特色社会主义思想进行第四次集体学习。2023 年 4 月 3 日，学习贯彻习近平新时代中国特色社会主义思想主题教育工作会议在京召开，中共中央总书记、国家主席、中央军委主席习近平发表重要讲话，指出：强国建设、民族复兴的宏伟目标令人鼓舞、催人奋进，我们这一代共产党人使命光荣、责任重大；我们要以这次主题教育为契机，加强党的创新理论武装，不断提高全党马克思主义水平，不断提高党的执政能力和领导水平，为奋进新征程凝心聚力，踔厉奋发、勇毅前行，为全面建设社会主义现代化国家、全面推进中华民族伟大复兴而团结奋斗。

一、深刻认识开展这次主题教育的重大意义

以县处级以上领导干部为重点在全党深入开展学习贯彻习近平新时代中国特色社会主义思想主题教育，是贯彻落实党的二十大精神的重大举措，对于统一全党思想、解决党内存在的突出问题、始终保持党同人民群众血肉联系、推动党和国家事业发展，具有重要意义。

（一）这是统一全党思想意志行动、始终保持党的强大凝聚力、战斗力的必然要求

团结统一是党的生命，是党的力量所在。思想上的统一是党的团结统一最深厚最持久最可靠的保证。我们这么大一个党，领导着这么大一个国家，肩负着带领全国各族人民实现国家强盛、民族复兴这个艰巨任务，全党必须统一思想、统一意志、统一行动。怎样实现全党思想、意志、行动的统一？最根本的就是用党的基本理论武装全党。

我们党始终高度重视理论武装，每逢重大历史关头，都要用党的创新理论统一全党思想，每次党内集中教育也都坚持把理论学习作为首要任务并贯穿始终，为全党团结统一奠定坚实思想基础。今天，我们党带领全国各族人民迈上了全面建设社会主义现代化国家、全面推进中华民族伟大复兴的新征程，要更好肩负起新时代新征程党的使命任务，迫切需要用习近平新时代中国特色社会主义思想武装头脑、指导实践、推动工作。

党的十八大以来，伴随着习近平新时代中国特色社会主义思想在实践中形成发展的历程，我们持续推动用党的创新理论武装全党，取得了明显成效。但是，理论武装的任务仍然艰巨。一方面，在真学真信真用、学懂弄通做实方面还存在一些需要引起重视的问题。有的党员、干部理论学习兴趣不浓，学不进去，学习走形式装样子；有的学习不系统不深入，一知半解、浅尝辄止，知其然不知其所以然；有的学用脱节，学归学做归做，不善于把学习成果转化为干事创业的实际本领，等等。这些问题表明，党的理论武装工作不能搞

形式，必须持续往深里走、往实里走。另一方面，党的创新理论在不断发展，党的二十大提出了一系列重大思想、重大观点，党的二十大以来在阐述党的二十大精神过程中又提出了一些新观点，特别是提出并系统阐述了中国式现代化这个重大理论和实践问题，进一步丰富了习近平新时代中国特色社会主义思想。这方面的学习贯彻才刚刚开始。因此，在新征程开局起步之际，必须继续推动全党深入学习贯彻习近平新时代中国特色社会主义思想。历史和现实表明，理论学习不深入不彻底，思想统一就没有基础，党的团结统一就会受到严重影响。

这次主题教育，要在推动学习贯彻习近平新时代中国特色社会主义思想主题教育走深走实上下功夫，教育引导党员、干部从思想上正本清源、固本培元，不断提高政治判断力、政治领悟力、政治执行力，增强“四个意识”、坚定“四个自信”、做到“两个维护”，始终在思想上政治上行动上同党中央保持高度一致，做到心往一处想、劲往一处使，共同把党锻造成一块攻无不克、战无不胜的坚硬钢铁。

（二）这是推动全党积极担当作为、不断开创事业发展新局面的必然要求

全面建成社会主义现代化强国、实现第二个百年奋斗目标，以中国式现代化全面推进中华民族伟大复兴，是全党全国各族人民在新时代新征程的中心任务。这是前无古人的开创性事业，前进道路上，必然会遇到大量从未出现过的全新课题、遭遇各种艰难险阻、经受许多风高浪急甚至惊涛骇浪的重大考验。唯有始终保持锐意进取、敢为人先、迎难而上的奋斗姿态，积极担当作为、敢于善于斗争，才能胜利推进强国建设、民族复兴的历史伟业。

我们党百年奋斗的伟大成就是党团结带领全国各族人民拼出来、干出来的，要把党的二十大描绘的宏伟蓝图变成现实，仍然要靠拼、要靠干。总体来看，现在广大党员、干部的能力素质和精神状态是好的，但也要清醒看到，干部队伍中不愿担当、不敢担当、不善担当的问题还比较突出。有的为了不出事宁愿不干事，得过且过；有的碰到矛盾和难题绕道走，把自身责任往外推，不敢动真碰硬；有的光说不练，表态快、调门高，行动慢、落实差；有的德不配位、能力平庸，挑不起重担，打不开工作局面；有的瞻前顾后、畏首畏尾，在重大风险挑战面前底气不足、惊慌失措，等等。这些问题尽管存在于少数党员、干部身上，但任其发展就会损害党的形象、贻误党的事业，必须认真加以解决。

这次主题教育，要教育引导广大党员、干部学思想、见行动，树立正确的权力观、政绩观、事业观，增强责任感和使命感，不断提高推动高质量发展本领、服务群众本领、防范化解风险本领，加强斗争精神和斗争本领养成，提振锐意进取、担当有为的精气神。要采取有效措施，着力消除影响干部担当作为的各种消极因素，敢于为担当者担当、为负责者负责、为干事者撑腰，让愿担当、敢担当、善担当蔚然成风，推动广大党员、干部以满腔热忱奋进新征程、建功新时代。

（三）这是深入推进全面从严治党、以党的自我革命引领社会革命的必然要求

治国必先治党，党兴才能国强。全面从严治党永远在路上，党的自我革命永远在路上，解决大党独有难题是一个长期而艰巨的过程，既需要常抓不懈，又需要集中发力，及

时消除一切影响党的先进性纯洁性的因素，清除一切侵蚀党的肌体健康的病毒，确保党永远不变质、不变色、不变味。

党的十八大以来，面对党面临的重大风险考验和党内存在的突出问题，我们党以刀刃向内的自我革命精神，采取一系列重大战略举措，坚持和加强党的全面领导，坚定不移推进全面从严治党，党在革命性锻造中变得更加坚强有力。成就有目共睹，问题也不容忽视。党内存在的思想不纯、组织不纯、作风不纯等问题尚未得到根本解决，一些已经解决的问题有可能死灰复燃，一些新的问题还在不断出现。比如，一些地方和部门贯彻落实党中央决策部署不到位，要么简单化、"一刀切"，照抄照搬、上下一般粗，要么做选择、搞变通、打折扣，不顾大局、搞部门和地方保护主义；享乐主义、奢靡之风不时抬头，隐形变异行为潜滋暗长，铲除形式主义、官僚主义顽疾还任重道远；一些党组织政治功能、组织功能不强，党建引领基层治理作用发挥还不充分；反腐败斗争形势依然严峻复杂，遏制增量、清除存量的任务依然艰巨，等等。解决这些问题一刻也不能放松，必须把严的基调、严的措施、严的氛围长期坚持下去，不断把全面从严治党引向深入。

这次主题教育，要教育引导各级党组织和广大党员、干部突出问题导向，查不足、找差距、明方向，接受政治体检，打扫政治灰尘，纠正行为偏差，解决思想不纯、组织不纯方面存在的突出问题，不断增强党的自我净化、自我完善、自我革新、自我提高能力，使我们党始终充满蓬勃生机和旺盛活力，始终成为中国特色社会主义事业的坚强领导核心。

二、全面准确把握主题教育的目标要求

党中央下发的《关于在全党深入开展学习贯彻习近平新时代中国特色社会主义思想主题教育的意见》（以下简称《意见》）对这次主题教育的总要求、目标任务、方法措施作出了明确规定，各级党组织要结合实际抓好落实，确保取得预期效果。

（一）牢牢把握总要求

这次主题教育的总要求是"学思想、强党性、重实践、建新功"。这四句话体现了我们党认识与实践相结合、理论与实际相联系、改造主观世界与改造客观世界相统一的一贯要求，是一个紧密联系、相互贯通、内在统一的整体。要把这一总要求贯穿这次主题教育全过程。

1. 学思想

学思想，就是要全面学习贯彻习近平新时代中国特色社会主义思想，全面系统掌握这一思想的基本观点、科学体系，把握好这一思想的世界观、方法论，坚持好、运用好贯穿其中的立场观点方法，不断增进对党的创新理论的政治认同、思想认同、理论认同、情感认同，真正把马克思主义看家本领学到手，自觉用习近平新时代中国特色社会主义思想指导各项工作。

学习贯彻习近平新时代中国特色社会主义思想是新时代新征程开创事业发展新局面的根本要求。坚持用马克思主义中国化时代化最新成果武装全党、指导实践、推动工作，是我们党创造历史、成就辉煌的一条重要经验。新时代新征程，面对错综复杂的国际国内形势、艰巨繁重的改革发展稳定任务、各种不确定难预料的风险挑战，要实现党的二十大确

定的战略目标，迫切需要广大党员、干部特别是各级领导干部进一步深入学习贯彻习近平新时代中国特色社会主义思想，这是党中央确定在全党开展这次主题教育的主要考量。作为当代中国马克思主义、二十一世纪马克思主义，习近平新时代中国特色社会主义思想不仅包含着党治国理政的重要思想，也贯穿着中国共产党人的政治品格、价值追求、精神境界、作风操守的要求，蕴藏着深厚的真理力量、实践力量、人格力量。在强国建设、民族复兴新征程上，坚持不懈用习近平新时代中国特色社会主义思想凝心铸魂，使全党始终保持统一的思想、坚定的意志、协调的行动、强大的战斗力，才能不惧雨骤风狂、坚定勇毅前行。

必须坚持人民至上、必须坚持自信自立、必须坚持守正创新、必须坚持问题导向、必须坚持系统观念、必须坚持胸怀天下，这“六个必须坚持”，是习近平新时代中国特色社会主义思想的立场观点方法的重要体现。只有准确把握包括“六个必须坚持”在内的习近平新时代中国特色社会主义思想的立场观点方法，才能真正把马克思主义看家本领学到手，认识问题才站得高，分析问题才看得深，开展工作也才能把得准。

要以此次主题教育为契机加强理论学习，坚持读原著、学原文、悟原理，坚持多思多想、学深悟透，全面学习贯彻习近平新时代中国特色社会主义思想的科学体系、精髓要义、实践要求，做到整体把握、融会贯通，不断增进对党的创新理论的政治认同、思想认同、理论认同、情感认同。

2. **强党性**

强党性，就是要自觉用习近平新时代中国特色社会主义思想改造主观世界，深刻领会这一思想关于坚定理想信念、提升思想境界、加强党性锻炼等一系列要求，始终保持共产党人的政治本色。

中国共产党是靠共同的革命理想凝聚起来的政治组织，理想信念是共产党人的政治灵魂和安身立命之本。习近平总书记强调：“我常说要修炼共产党人的‘心学’，坚持学思用贯通、知信行统一，其中一个重要目的就是要求党员干部坚定理想信念、增强党性。”在主题教育中，广大党员、干部必须经受思想淬炼、精神洗礼，坚定对马克思主义的信仰、对中国特色社会主义的信念、对实现中华民族伟大复兴中国梦的信心，弘扬伟大建党精神，务必不忘初心、牢记使命，务必谦虚谨慎、艰苦奋斗，务必敢于斗争、善于斗争，筑牢信仰之基、补足精神之钙、把稳思想之舵。

对党忠诚，是共产党人首要的政治品质。开展这次主题教育，广大党员、干部要锤炼品格强化忠诚，以党的旗帜为旗帜、以党的意志为意志、以党的使命为使命，始终忠诚于党、忠诚于人民、忠诚于马克思主义，真心爱党、时刻忧党、坚定护党、全力兴党。必须不断提高政治判断力、政治领悟力、政治执行力，更加自觉深刻领悟“两个确立”的决定性意义，增强“四个意识”、坚定“四个自信”、做到“两个维护”，始终在思想上政治上行动上同以习近平同志为核心的党中央保持高度一致，做到心往一处想、劲往一处使，共同把党锻造成一块攻无不克、战无不胜的坚硬钢铁。

理想信念的坚定，来自思想理论的坚定。习近平总书记深刻指出：“干部的党性修养、道德水平，不会随着党龄、工龄的增长而自然提高，也不会随着职务的升迁而自然提高，必须强化自我修炼、自我约束、自我改造。”加强党性修养是党员干部一生的必修课，坚持学思用贯通、知信行统一，把习近平新时代中国特色社会主义思想转化为坚定理想、锤炼党性和指导实践、推动工作的强大力量，始终保持统一的思想、坚定的意志、协调的行动、强大的战斗力，我们党就一定能团结带领人民创造新的更大奇迹。

3. **重实践**

重实践，就是要自觉践行习近平新时代中国特色社会主义思想，用以改造客观世界、推动事业发展，用以观察时代、把握时代、引领时代，积极识变应变求变，解决经济社会发展和党的建设中存在的各种矛盾问题，防范化解重大风险，推动中国式现代化取得新进展新突破。

学习贯彻习近平新时代中国特色社会主义思想的目的全在于运用，在于把这一思想变成改造主观世界和客观世界的强大思想武器，学习的成果要靠实践成效来检验。习近平总书记深刻指出："我们的干部要上进，我们的党要上进，我们的国家要上进，我们的民族要上进，就必须大兴学习之风，坚持学习、学习、再学习，坚持实践、实践、再实践。"坚持理论和实践相结合，以学铸魂、以学增智、以学正风、以学促干，把理论学习、调查研究、推动发展、检视整改贯通起来，有机融合、一体推进，将主题教育中焕发出来的学习、工作热情转化为攻坚克难、干事创业的强大动力，我们就一定能在强国建设、民族复兴新征程上创造新的更大奇迹。

4. **建新功**

建新功，就是要从习近平新时代中国特色社会主义思想中汲取奋发进取的智慧和力量，熟练掌握其中蕴含的领导方法、思想方法、工作方法，不断提高履职尽责的能力和水平，凝心聚力促发展，驰而不息抓落实，立足岗位做贡献，努力创造经得起历史和人民检验的实绩。

开展这次主题教育，广大党员、干部必须坚持学思用贯通、知信行统一，把习近平新时代中国特色社会主义思想转化为坚定理想、锤炼党性和指导实践、推动工作的强大力量。拿出愚公移山的志气、磨炼滴水穿石的毅力，保持奋发有为的状态，一步一个脚印、一步一个台阶，才能实现新征程的良好开局，将宏伟目标变为美好现实。

要紧紧围绕高质量发展这个全面建设社会主义现代化国家的首要任务，以强化理论学习指导发展实践，以深化调查研究推动解决发展难题，把学习和调研落实到完成党的二十大部署的各项任务中去，以推动高质量发展的新成效检验主题教育成果；要坚持围绕中心、服务大局，把开展主题教育同贯彻落实党中央各项决策部署结合起来，同推动本地区本部门本单位的中心工作结合起来，做到两手抓、两促进，推动党员、干部将焕发出来的学习、工作热情转化为攻坚克难、干事创业的强大动力。

以开展这次主题教育为契机，学深悟透习近平新时代中国特色社会主义思想，善于运用这一思想观察时代、把握时代、引领时代，善于运用这一思想推进中国式现代化取得新进展、新突破，善于运用这一思想解决经济社会发展中的各种矛盾和问题，善于运用这一思想防范化解重大风险，善于运用这一思想深入推进全面从严治党，我们就一定能在新时代新征程打开事业发展新天地，创造新的更大奇迹。

（二）紧紧锚定目标任务

开展这次主题教育，根本任务是坚持学思用贯通、知信行统一，把习近平新时代中国特色社会主义思想转化为坚定理想、锤炼党性和指导实践、推动工作的强大力量，使全党始终保持统一的思想、坚定的意志、协调的行动、强大的战斗力，努力在以学铸魂、以学增智、以学正风、以学促干方面取得实实在在的成效。

治理我们这样的大党大国，如果没有党中央权威和集中统一领导，如果没有全党全国思想统一、步调一致，那就什么事也办不成。加强党的创新理论武装，不断提高全党马克思主义水平，确保全党全国各族人民锚定奋斗目标、沿着正确方向坚定前行，我们的道路必将越走越宽广，中国式现代化的影响必将越来越大，中华民族伟大复兴的中国梦一定能实现。具体要达到以下目标：

1. 凝心铸魂筑牢根本

要教育引导广大党员、干部经受思想淬炼、精神洗礼，坚定对马克思主义的信仰、对中国特色社会主义的信念、对实现中华民族伟大复兴中国梦的信心，弘扬伟大建党精神，务必不忘初心、牢记使命，务必谦虚谨慎、艰苦奋斗，务必敢于斗争、善于斗争，筑牢信仰之基、补足精神之钙、把稳思想之舵。

习近平总书记对理想信念极为重视，要求领导干部用实际行动让人民群众感受到理想信念和高尚人格的强大力量。我们要以学铸魂、坚定理想信念，做好学习贯彻习近平新时代中国特色社会主义思想的深化、内化、转化工作，从思想上正本清源、固本培元，增强对党的价值追求和前进方向的高度政治认同，把好世界观、人生观、价值观这个“总开关”。

拥有马克思主义科学理论指导是我们党坚定信仰信念、把握历史主动的根本所在。要全面、系统、深入地学习和贯彻习近平新时代中国特色社会主义思想，完整准确掌握这一思想的主要内容，全面把握这一思想的世界观、方法论和贯穿其中的立场观点方法，深刻理解这一思想的道理学理哲理，筑牢信仰之基、补足精神之钙、把稳思想之舵。在新时代，坚定信仰信念，最重要的就是要坚定中国特色社会主义道路自信、理论自信、制度自信、文化自信。我们要自觉用习近平新时代中国特色社会主义思想改造主观世界，深刻领会这一思想关于坚定理想信念、提升思想境界、加强党性锻炼等一系列要求，不断增进对党的创新理论的政治认同、思想认同、理论认同、情感认同，把这一思想转化为坚定理想、锤炼党性和指导实践、推动工作的强大力量。凝心铸魂筑牢根本，广大党员、干部要用习近平新时代中国特色社会主义思想武装头脑，弘扬伟大建党精神，牢记“三个务必”，在各自岗位上顽强拼搏，不断把为崇高理想奋斗的实践推向前进。

2. 锤炼品格强化忠诚

要教育引导广大党员、干部锤炼政治品格，不断提高政治判断力、政治领悟力、政治执行力，增强“四个意识”、坚定“四个自信”、做到“两个维护”，以党的旗帜为旗帜、以党的意志为意志、以党的使命为使命，始终忠诚于党、忠诚于人民、忠诚于马克思主义，真心爱党、时刻忧党、坚定护党、全力兴党。

对党忠诚，是中国共产党人首要的政治品质。各级党组织要坚决贯彻落实习近平总书记重要讲话精神和党中央的工作部署，教育引导广大党员、干部锤炼政治品格，以党的旗帜为旗帜、以党的意志为意志、以党的使命为使命，始终忠诚于党、忠诚于人民、忠诚于马克思主义，真心爱党、时刻忧党、坚定护党、全力兴党。

对党忠诚，不是抽象的而是具体的，不是有条件的而是无条件的，必须体现到对党的信仰的忠诚上，必须体现到对党组织的忠诚上，必须体现到对党的理论和路线方针政策的忠诚上。广大党员、干部锤炼品格强化忠诚，就要自觉用习近平新时代中国特色社会主义思想凝心铸魂，把拥护“两个确立”体现在理想信念、政治生活、立场定力、担当作为上，把增强“四个意识”、坚定“四个自信”、做到“两个维护”融入血脉灵魂。忠诚、干净、担当是一个整体，忠诚是为政之魂，干净是立身之本，担当是履职之要。锤炼品格强化忠诚，要敬畏权力、管好权力、慎用权力，保持拒腐蚀、永不沾的政治本色；也要坚持原则、认真负责，始终不折不扣把党中央决策部署落到实处。

忠诚不是挂在嘴上、写在纸上的，而是要体现在实际行动上。强国建设、民族复兴舒展新画卷，更加需要广大党员、干部从思想上正本清源、固本培元，共同把党锻造成一块攻无不克、战无不胜的坚硬钢铁。以主题教育为契机锤炼品格强化忠诚，为党分忧、为国尽责、为民奉献，勇于担苦、担难、担重、担险，广大党员、干部定能为党和人民建新功、创实绩。

3. 实干担当促进发展

要教育引导广大党员、干部胸怀“国之大者”，紧紧围绕新时代新征程党的中心任务，真抓实干、务求实效，聚焦问题、知难而进，以“时时放心不下”的责任感、积极担当作为的精气神为党和人民履好职、尽好责，以新气象新作为推动高质量发展取得新成效，依靠顽强斗争打开事业发展新天地。

实践性是马克思主义理论区别于其他理论的显著特征。习近平新时代中国特色社会主义思想扎根现实土壤、回应实践需求，从理论和实践的结合上深入回答关系党和国家事业发展、党治国理政的一系列重大时代课题，为新时代党和国家事业发展提供了根本遵循。实干担当促进发展，是学习贯彻习近平新时代中国特色社会主义思想主题教育五个方面具体目标之一。

理论的威力，只有付诸实践才能发挥出来。党的十八大以来，党和国家事业之所以取得历史性成就、发生历史性变革，根本在于以习近平同志为核心的党中央坚强领导，在于习近平新时代中国特色社会主义思想科学指引。习近平新时代中国特色社会主义思想展真理之旗、掌时代之舵、扬复兴之帆，在实践中深刻改变了中国、深刻影响着世界。

新征程是充满光荣和梦想的远征，没有捷径，唯有实干。学习贯彻习近平新时代中国特色社会主义思想是新时代新征程开创事业发展新局面的根本要求。同过去相比，我们今天学习的任务不是轻了，而是更重了。面对前进路上的重大挑战、重大风险、重大阻力、重大矛盾，我们既要依靠学习提升能成事的真本领，也要依靠实践练就敢担当的宽肩膀。广大党员、干部要从习近平新时代中国特色社会主义思想中汲取奋发进取的智慧和力量，熟练掌握其中蕴含的领导方法、思想方法、工作方法，不断提高履职尽责的能力和水平，凝心聚力促发展，驰而不息抓落实，立足岗位做贡献，推动中国式现代化取得新进展新突破，充分彰显习近平新时代中国特色社会主义思想鲜明的实践品格。

4. 践行宗旨为民造福

要教育引导广大党员、干部牢固树立以人民为中心的发展思想，坚持一切为了人民、一切依靠人民，自觉问计于民、问需于民，始终同人民同呼吸、共命运、心连心，通过做大“蛋糕”不断增进民生福祉，着力解决人民群众急难愁盼问题，把惠民生、暖民心、顺民意的工作做到群众心坎上，增强人民群众获得感、幸福感、安全感。

人民立场是中国共产党的根本政治立场，为民造福是立党为公、执政为民的本质要求。开展学习贯彻习近平新时代中国特色社会主义思想主题教育，“践行宗旨为民造福”是五个具体目标之一。

“江山就是人民，人民就是江山”“‘国之大者’就是人民的幸福生活”“为民造福是最大政绩”……党的十八大以来，习近平总书记以“我将无我，不负人民”的深厚情怀和使命担当，领导全党全国各族人民开创新时代历史伟业。坚持人民至上，是习近平新时代中国特色社会主义思想的理论基点、价值支点、实践原点。党的二十大报告系统阐述了习近平新时代中国特色社会主义思想的世界观、方法论和贯穿其中的立场观点方法，“必须坚持人民至上”排在“六个必须坚持”的首位。践行宗旨为民造福，就要站稳人民立场、把握人民愿望、尊重人民创造、集中人民智慧，真正做到把“人民至上”内化于心、外化于行。

2023 年 4 月，习近平总书记在广东考察时强调，“把人民群众满意不满意作为评判主题教育成效的根本标准”。各级党委（党组）要高度重视、精心组织，加强党的创新理论掌握运用，抓好调查研究成果转化，解决群众急难愁盼问题，专项整治突出问题，最终以群众满意不满意作为根本评判标准。各级领导干部要树立正确的权力观、政绩观、事业观，不慕虚荣，不务虚功，不图虚名，切实做到为官一任、造福一方。

行程万里，不忘初心。党的二十大闭幕后不久，习近平总书记在延安考察时强调：“中国共产党是人民的党，是为人民服务的党，共产党当家就是要为老百姓办事，把老百姓的事情办好。”为人民而生，因人民而兴，始终同人民在一起，为人民利益而奋斗，是我们党立党兴党强党的根本出发点和落脚点。

5. 廉洁奉公树立新风

要教育引导广大党员、干部增强纪律意识、规矩意识，持续纠治“四风”，把纠治形式主义、官僚主义摆在更加突出的位置，做到公正用权、依法用权、为民用权、廉洁用权，推动形成清清爽爽的同志关系、规规矩矩的上下级关系、亲清统一的新型政商关系，当好良好政治生态和社会风气的引领者、营造者、维护者。

“廉洁奉公树立新风”，是学习贯彻习近平新时代中国特色社会主义思想主题教育的五个具体目标之一。治国必先治党，党兴才能国强。在新时代十年伟大变革中，全面从严治党之所以取得历史性、开创性成就，产生全方位、深层次影响，根本在于以习近平同志为核心的党中央坚强领导，在于习近平新时代中国特色社会主义思想科学指引。在强国建设、民族复兴的新征程上，坚定不移深入推进全面从严治党，就要把思想和行动统一到习近平总书记重要讲话精神和党中央决策部署上来，提高政治站位，强化政治担当，狠抓工作落实，为全面建设社会主义现代化国家开好局起好步提供坚强保障。

党的作风就是党的形象。在第十八届中央纪律检查委员会第二次全体会议上，习近平总书记指出：“改进工作作风的任务非常繁重，八项规定是一个切入口和动员令。”落实中央八项规定精神，以严明纪律整饬作风，丰富了自我革命有效途径，赢得了人民群众由衷称赞。实现“廉洁奉公树立新风”的目标，必须抓住“关键少数”以上率下，持续深化纠治“四风”，重点纠治形式主义、官僚主义；必须弘扬党的光荣传统和优良作风，促进党员干部特别是领导干部带头深入调查研究，扑下身子干实事、谋实招、求实效；必须加强新时代廉洁文化建设，涵养求真务实、团结奋斗的时代新风。

党性是党员干部立身、立业、立言、立德的基石。只有把世界观、人生观、价值观的总开关拧紧了，把思想觉悟、精神境界提高了，才能从不敢腐到不想腐，筑牢拒腐防变的堤坝。深入学习贯彻习近平新时代中国特色社会主义思想，就要深刻感悟党的创新理论的真理力量、实践力量、人格力量，夯实理想信念的思想根基，涵养廉洁自律的道德修为。守住拒腐防变防线，最紧要的是守住内心。我们必须坚持学懂弄通做实党的创新理论，强化自我修炼、自我约束、自我改造，正心明道、怀德自重，勤掸“思想尘”、多思“贪欲害”、常破“心中贼”，以内无妄思保证外无妄动。

党章中，“清正廉洁”“勤政为民”明确了要求；宪法宣誓誓词中，“恪尽职守、廉洁奉公”昭示着决心。中国共产党人为的是大公，守的是大义，求的是大我。通过深入开展主题教育，广大党员、干部明大德、守公德、严私德，以忠诚干净担当的实际行动奋勇争先、建功立业，必能不断谱写全面建设社会主义现代化国家新的华章。

（三）全面落实重点措施

这次主题教育不划阶段、不分环节，要把理论学习、调查研究、推动发展、检视整改等贯通起来，有机融合、一体推进。

1. 强化理论学习

坚持读原著、学原文、悟原理，坚持多思多想、学深悟透，全面学习领会习近平新时代中国特色社会主义思想的科学体系、核心要义、实践要求，做到整体把握、融会贯通。大力弘扬理论联系实际的马克思主义学风，紧密结合新时代波澜壮阔的历史进程和伟大变革，深刻把握习近平新时代中国特色社会主义思想产生和发展的实践基础；紧密结合统揽伟大斗争、伟大工程、伟大事业、伟大梦想，统筹推进“五位一体”总体布局，协调推进“四个全面”战略布局的时代要求，深刻把握这一思想关于治国理政的新理念新思想新战略；紧密结合工作职责需要，深刻把握这一思想关于相关领域的重要论述以及做好具体工作的思路、举措、办法。把全面学习和重点学习结合起来，引导广大党员、干部坚持干什么就重点学什么、缺什么就重点补什么，增强学习的针对性，努力提高学习实效。各级党委（党组）要采取理论学习中心组学习、举办读书班等多种形式开展集中学习、深入研讨交流。领导干部要上讲台、讲党课，以身作则、以讲促学。坚持以党内教育引导和带动全社会的学习，让党的创新理论“飞入寻常百姓家”。

2. 深入调查研究

按照党中央关于在全党大兴调查研究的工作方案，组织广大党员、干部特别是各级领导干部扑下身子、沉到一线，深入农村、社区、企业、医院、学校、“两新”组织等基层单位，把脉问诊、解剖麻雀，进行问题梳理、难题排查，运用党的创新理论研究新情况、解决新问题。坚持问题导向，增强问题意识，敢于正视问题，善于发现问题，既看“高楼大厦”又看“背阴胡同”，真正把情况摸清、把问题找准、把对策提实。改进调研方式，力戒形式主义、官僚主义，多到困难多、群众意见集中、工作打不开局面的地方和单位调研。善于换位思考，走近群众，真诚倾听群众呼声、真实反映群众愿望、真情关心群众疾苦，准确了解群众的所忧所盼。注重调研成果转化运用，在调查的基础上深化研究，提高调研成果质量，切实把调研成果转化为解决问题、改进工作的实际举措，防止调查多研究少、情况多分析少，防止提出的对策建议大而化之、空洞抽象、不解决实际问题。统筹安排、合理确定调研时间、地点，防止扎堆调研、作秀式调研。调研过程中要轻车简从，简化公务接待，不给基层增加负担。

3. 推动高质量发展

紧紧围绕高质量发展这个全面建设社会主义现代化国家的首要任务，以强化理论学习指导发展实践，以深化调查研究推动解决发展难题，把学习和调研落实到完成党的二十大部署的各项任务中去，以推动高质量发展的新成效检验主题教育成果。认真落实党中央关于立足新发展阶段、贯彻新发展理念、构建新发展格局、推动高质量发展的一系列要求和决策部署，增强系统观念和大局意识，做好着力扩大内需、深化供给侧结构性改革，加快建设现代化产业体系，全面推进乡村振兴，实施科教兴国战略、人才强国战略、创新驱动发展战略，在发展中保障和改善民生，推动绿色发展、推进美丽中国建设，推进全面依法治国，建设社会主义文化强国，维护社会稳定等方面工作，形成共促高质量发展的强大合力。紧密结合实际，打破思维定式，转变思想观念，紧盯本地区本部门本单位影响和制约高质量发展的问题短板及其根源，开展靶向治疗，正确处理速度和质量、发展和安全、发展和环保、发展和防疫等重大关系，不断提高推动高质量发展的系统性、整体性、协同性。需要着重强调，各级领导班子要牢记党和人民嘱托，发扬“功成不必在我、功成必定有我”的精神，坚持一张蓝图绘到底，对已有的部署和规划，只要是科学的、切合新的实践要求的、符合人民群众愿望的，就要坚持，一茬接着一茬干，防止换届后容易出现的政绩冲动、盲目蛮干、大干快上以及“换赛道”“留痕迹”等现象。

4. 抓好检视整改

坚持边学习、边对照、边检视、边整改，把问题整改贯穿主题教育始终，让人民群众切实感受到解决问题的实际成效。领导班子要对照《意见》列举的问题，对标对表习近平新时代中国特色社会主义思想和党中央重大决策部署，系统梳理调研发现的问题、推动发展遇到的问题、群众反映强烈的问题，结合巡视巡察、审计监督发现的问题，一项一项制定整改措施，能改的马上改，一时解决不了的，要盯住不放、持续整改，确保整改到位，防止久拖不决、整而不改。党员、干部特别是领导干部要把自己摆进去、把职责摆进去、把工作摆进去，对照检视出来的问题进行党性分析，认真开展批评和自我批评，做到见人见事见思想，着力从思想根源上解决问题。各地区各部门各单位要抓好突出问题的专项整治，敢于动真碰硬，务求取得实效。坚持“当下改”与“长久立”相结合，对主题教育中学习贯彻习近平新时代中国特色社会主义思想的好做法好经验，及时以制度形式固定下来。对反复出现的问题注重从制度上找原因，做好完善机制、建章立制的工作，防止问题反弹。

中央和国家机关在党和国家治理体系中处于特殊重要位置，离党中央最近，服务党中央最直接，对开展好这次主题教育具有风向标作用。这次主题教育，中央和国家机关各部门要带好头、作表率，示范带动主题教育走深走实。同时，要在主题教育中抓好机关和系统内干部队伍教育整顿，切实加强政治教育、党性教育，严守规矩、严明法纪，要严肃教育纯洁思想，严格整顿纯洁组织，努力建设让党中央放心、让人民群众满意的模范机关，走好践行“两个维护”的第一方阵。

（四）切实加强对主题教育的领导

这次主题教育是一件事关全局的大事，时间紧、任务重、要求高，各级党委（党组）要高度重视，精心组织实施，确保圆满完成主题教育各项任务。

1. 明确领导责任

这次主题教育在中央政治局常委会领导下开展，成立中央主题教育领导小组及其办公室，负责主题教育的领导和指导。领导小组成员单位要充分发挥职能作用，形成齐抓共管合力。各级党委（党组）要扛起主体责任，把主题教育谋划好、组织好、落实好。党委（党组）主要负责同志要切实履行第一责任人职责，亲自谋划、靠前指挥、督促指导，不当“甩手掌柜”、不当“二传手”。党委（党组）成员要认真履行一岗双责，加强对分管领域、分管部门开展主题教育的指导督促。行业系统主管部门要加强对本行业本系统开展主题教育的指导。相关部门要明确责任、密切配合，形成良好的组织指导格局，使主题教育善始善终、取得实际成效。要把主题教育开展情况作为领导班子和领导干部年度考核、党组织书记抓基层党建工作述职评议考核的重要内容。

2. 强化督促指导

中央派出指导组，对主题教育开展情况进行督促指导。省区市党委和行业系统主管部门（党委）党组派出巡回指导组，加强对所属地区、部门和单位的督促指导。市县两级不组建指导组。各级指导组要采取巡回指导、随机抽查、下沉走访、座谈访谈等方式，严督实导、以导带督，既指出存在的问题，又帮助研究对策。要针对不同地区、不同领域、不同行业的特点分类指导，精准施策，防止“一刀切”。要紧紧依靠地区部门单位党委（党组）开展工作，加强沟通交流，及时交换意见，推动问题解决。需要注意的是，形式主义、官僚主义是这次主题教育要重点检视整改的问题，那么这次主题教育就坚决不能搞形式主义，不能搞形式化、套路化、表面化那一套。对可能出现的各种形式主义，要提前预判、有效防范、坚决克服。

3. 注重统筹兼顾

2023 年是全面贯彻党的二十大精神的开局之年，又要推进党和国家机构改革，任务重、头绪多。各地区各部门各单位要坚持围绕中心、服务大局，把开展主题教育同贯彻落实党中央各项决策部署结合起来，同推动本地区本部门本单位的中心工作结合起来，同推进机构改革结合起来，做到两手抓、两促进，推动党员、干部将焕发出来的学习、工作热情转化为攻坚克难、干事创业的强大动力。要结合实际，统筹安排第一批、第二批主题教育，确保前后衔接、有序推进。

4. 加强宣传引导

要充分发挥各级党报、党刊、电视台、广播电台等宣传主渠道作用，注重运用新媒体，深入宣传党中央部署要求，宣传主题教育的重大意义、目标任务、进展成效。创新方式方法，充分发挥主流媒体和新兴媒体作用，正面引导网上舆论，注意防止“低级红”“高级黑”。宣传正面典型，总结一批可复制可推广的好经验好做法。深刻剖析反面典型，以案例明法纪、促整改，有效发挥警示作用。

三、自觉把思想和行动统一到习近平总书记重要讲话精神上来，扎实开展好主题教育

学习贯彻习近平新时代中国特色社会主义思想主题教育工作会议的召开，标志着主题教育正式启动。以县处级以上领导干部为重点在全党深入开展主题教育，是党的二十大作出的重大部署。党中央对此高度重视，习近平总书记亲自审定主题教育工作方案，多次作出重要指示批示。2023 年 3 月 30 日，中央政治局会议专题研究了在全党开展主题教育的《意见》，并举行集体学习，为全党作出了示范。4 月 3 日，习近平总书记发表重要讲话，从战略和全局高度深刻阐述主题教育的重大意义，明确提出主题教育的总要求和目标任务，对主题教育各项工作作出全面部署。习近平总书记的重要讲话高屋建瓴、精辟深邃、内涵丰富，具有很强的政治性、思想性、指导性，为全党开展主题教育提供了根本遵循。习近平总书记的重要讲话为解决大党独有难题、推进新时代党的建设新的伟大工程提供了科学指引，标志着我们党对共产党执政规律的认识达到了新的境界，是又一篇马克思主义纲领性文献。党的十八大以来，每次主题教育都是习近平总书记开讲“第一课”，聆听之后都是醍醐灌顶的洗礼、触及灵魂的叩问、不忘初心的感召；无论是讲意义的振聋发聩、讲目标的拨云见日，还是讲问题的语重心长、讲对策的鞭辟入里，都让人深受教育，真理的味道、思想的力量、领袖的魅力深深触动人心；习近平新时代中国特色社会主义思想是一本读不完的书，一经掌握群众，就会转化为强大物质力量，只要我们坚持不懈学下去、悟进去，就一定能从必然王国走向自由王国，一定能创造出更多令人刮目相看的人间奇迹。要自觉地把思想和行动统一到习近平总书记重要讲话精神上来，扎实开展好主题教育，真正来一次理论大学习、思想大武装，为奋进新征程、建功新时代提供强有力的政治引领和政治保障。

（一）全面加强理论武装

习近平总书记指出，开展这次主题教育，根本任务是坚持学思用贯通、知信行统一，把习近平新时代中国特色社会主义思想转化为坚定理想、锤炼党性和指导实践、推动工作的强大力量，使全党始终保持统一的思想、坚定的意志、协调的行动、强大的战斗力，努力在以学铸魂、以学增智、以学正风、以学促干方面取得实实在在的成效。我们要把加强党的创新理论武装作为重中之重，推动党员、干部真学真懂真信真用，切实做到筑牢信仰之基、补足精神之钙、把稳思想之舵。

我们党的历次党内集中教育，都是以思想教育、理论武装打头。延安整风运动，通过系统学习毛泽东同志著作，使全党在毛泽东思想旗帜下达到了空前一致团结，极大促进了抗日战争胜利。这次主题教育，就是要用党的创新理论武装全党，推动全党全国人民在习近平新时代中国特色社会主义思想伟大旗帜下实现空前的团结统一，朝着强国建设、民族复兴目标不断迈进。最根本的，就是要教育引导广大党员、干部进一步加深对习近平新时代中国特色社会主义思想的理解把握，更加深刻领悟“两个确立”的决定性意义，增强

“四个意识”、坚定“四个自信”、做到“两个维护”，更加自觉在思想上政治上行动上同以习近平同志为核心的党中央保持高度一致。

1. 坚持读原著、学原文、悟原理

经党中央批准，主题教育确定了8种学习材料，包括党的二十大报告和党章、《习近平著作选读》《习近平新时代中国特色社会主义思想专题摘编》等。要一篇一篇读，逐段逐句悟。古人讲，“读书百遍，其义自见”。我们就是要通过反复研读、仔细琢磨，真正做到学懂弄通。要全面领会习近平新时代中国特色社会主义思想的科学体系、核心要义、实践要求，熟练掌握这一重要思想的世界观、方法论和贯穿其中的立场观点方法，力求每次学习都能得到提高。毛泽东同志曾经把马克思主义世界观方法论称为党内“共同语言”；“六个必须坚持”是继续推进党的理论创新的科学方法，也是习近平新时代中国特色社会主义思想的世界观和方法论的重要体现，这就是党内的“共同语言”，要重点学习、深刻领悟、全面把握。坚持干什么学什么、缺什么补什么，深入学习习近平总书记关于本地区本部门本领域的重要讲话和重要指示批示精神，跟进学习习近平总书记最新重要讲话和文章，牢牢把握推动工作的根本遵循。

2. 学以致用、知行合一

理论的价值在于指导实践，学习的目的全在于运用。习近平总书记在讲话中指出的学习走形式装样子、不系统不深入、学用脱节等问题，根子都在于学风不纯不正。我们要大力弘扬马克思主义学风，坚持用科学理论之“矢”去射强国建设、民族复兴之“的”，真正把学习落实到铸牢理想信念上，推动用党的创新理论统一思想、统一意志、统一行动，坚定正确政治方向；落实到锤炼坚强党性上，强化自我修炼、自我约束、自我改造，坚守共产党人的精神家园；落实到做好本职工作上，善于运用马克思主义立场观点方法分析解决问题、推动事业发展。学习的成效要看是不是真正触动思想、触及灵魂，切莫学归学、说归说、做归做，学用脱节。

3. 领导干部要领学带学促学

县处级以上领导干部是这次主题教育重点，要发挥示范带动作用。办好读书班，组织领导班子成员坐下来、静下心去学，时间一般不少于一周。各级党委（党组）理论学习中心组要列出若干专题，联系实际开展研讨，交流运用党的创新理论解决实际问题的具体案例和体会，提出加强和改进工作的思路措施。读书班与研讨可以结合起来，不能简单以专家讲座、理论辅导代替专题研讨。讲好专题党课，主要负责同志带头讲，其他班子成员到分管领域、部门等基层单位或所在支部讲。重点讲学习贯彻党的创新理论的收获体会，讲改进工作的方法举措，防止泛泛而谈、空洞无物。还要抓好个人自学，拿出“挤”和“钻”的精神，真正把学习作为一种生活态度、一种工作责任、一种精神追求。

各级党委（党组）在抓好领导干部学习的同时，要组织好党支部和基层党员、干部学习，推动党的创新理论进机关、进企事业单位、进城乡社区、进校园、进军营、进各类新经济组织和新社会组织、进网站。党支部要依托“三会一课”、主题党日等开展学习，用好红色教育资源，增强学习的针对性实效性。注重抓好青年党员、离退休干部职工党员和流动党员的学习，确保学习全覆盖。党员、干部要自觉当好“宣传员”，以党内教育带动全社会学习，使党的创新理论更好为人民所喜爱、所认同、所拥有。

（二）大兴调查研究之风

习近平总书记多次强调，调查研究是我们党的传家宝，是做好各项工作的基本功。把大兴调查研究作为重要内容，是这次主题教育的一个鲜明特色。我们要坚持调研开路，运用党的创新理论研究新情况、解决新问题，不断获取新的规律性认识。

党中央关于在全党大兴调查研究的工作方案，聚焦全面贯彻落实党的二十大精神、推动高质量发展，明确提出12个方面主要内容。县处级以上领导班子要紧扣这些内容，针对相关领域或工作中最突出的难点问题确定具体课题，抱着解决问题的目的开展专项调研。班子成员要领题调研。运用习近平新时代中国特色社会主义思想的世界观、方法论和贯穿其中的立场观点方法，深入分析问题，充分研讨论证，提出对策建议。对经过充分研究、比较成熟的调研意见，要及时转化为推动工作的思路办法和政策举措。各级党组织要组织党员、干部到一线调研。要把发现问题和解决问题结合起来，着力推动解决一批发展所需、改革所急、基层所盼、民心所向的问题。建立调研成果转化运用清单，加强效果评估，防止为调研而调研，不能用调研报告代替调研成果，不能只调查研究而不解决问题。

调查研究要取得实效，关键是方法要对头。党中央工作方案中提出6种方式，即事关全局的战略性调研、破解复杂难题的对策性调研、新时代新情况的前瞻性调研、重大工作项目的跟踪性调研、典型案例的解剖式调研、推动落实的督查式调研，这些都要运用好。党的领袖在这方面为我们树立了光辉榜样。毛泽东同志历时32天调研后起草《湖南农民运动考察报告》，习近平总书记在浙江走遍全省提出“八八战略”。我们要认真学习、对照看齐。习近平总书记提出过调查研究“深、实、细、准、效”五字诀，我们要牢记在心、见之于行。

要大力改进作风，多采取“四不两直”方式，多到困难多、群众意见集中、工作打不开局面的地方和单位开展调研。坚决防止作秀式、盆景式和蜻蜓点水式调研。严格执行中央八项规定及其实施细则，加强统筹，防止扎堆调研、多头调研、重复调研，不给基层添负担。

（三）切实解决突出问题

习近平总书记指出，要坚持边学习、边对照、边检视、边整改，把问题整改贯穿主题教育始终，让人民群众切实感受到解决问题的实际成效。这次主题教育要坚持问题导向，奔着问题去、带着问题学、对着问题改，解决真问题、真解决问题。

1. 找准查实突出问题

对标对表习近平新时代中国特色社会主义思想，认真查找班子和个人在贯彻党中央决策部署，在立足新发展阶段、贯彻新发展理念、构建新发展格局、推动高质量发展，在履职尽责等方面存在的问题。系统梳理调研发现的问题、推动发展遇到的问题、群众反映强烈的问题，以及巡视巡察、审计监督等发现的问题，逐个单位列出问题清单。要从政治、思想、能力、作风、纪律等方面进行党性分析，从根子上找原因和差距。党性分析不能千人一面，不能搞成模板化的“通用文章”。

2. **扎实开展整改整治**

对查摆出来的问题，要发扬共产党人最讲认真的精神，逐项制定整改措施，能改的马上改，一时解决不了的要明确具体措施、整改时限、责任分工，紧盯不放、一抓到底。这次主题教育明确了专项整治任务，各地区各部门各单位要结合实际，针对群众反映强烈、长期没有解决的突出问题，制定专项整治方案，实行清单化管理、挂账销号。专项整治方案及落实情况，要以适当方式向党员群众通报，主动接受监督。要把“当下改”和“长久立”结合起来，抓好建章立制，固化整改整治成效。整改整治要防止大而化之、避重就轻、避实就虚，防止做表面文章、搞数字整改甚至弄虚作假。中央主题教育领导小组办公室设立整改整治组负责这项工作，对典型案例及专项整治阶段性成果，采取适当方式通报。

3. **高质量开好民主生活会**

民主生活会是锤炼党性的“三昧真火”。主题教育结束前，县处级以上领导班子要召开专题民主生活会，基层党组织召开专题组织生活会。党员、干部要把自己摆进去、把职责摆进去、把工作摆进去，深刻查找差距不足，打扫思想上的政治灰尘。批评和自我批评要有党味辣味，红脸出汗、排毒治病，切忌以工作建议代替批评意见、以班子问题代替个人问题、以工作问题代替思想问题。党委（党组）主要负责同志主持起草班子对照检查材料，班子成员要联系实际自己动手撰写发言提纲，报主要负责同志把关。要坚决防止拼凑、抄袭、代写专题民主生活会和组织生活会材料行为。

习近平总书记明确要求，中央和国家机关各部门要在主题教育中抓好机关和系统内干部队伍教育整顿。这是党中央在新时代新征程上推进全面从严治党的一项重要举措。总的来说是坚持从实际出发，结合近年来查处的突出问题和典型案例，举一反三、对照检视，与主题教育的检视整改有机结合起来，有什么问题就解决什么问题。要聚焦“强化政治忠诚、整顿突出问题、健全严管体系、建设模范机关”的目标，着力解决思想不纯、组织不纯等突出问题，在主题教育的理论学习、调查研究、推动发展、检视整改、建章立制等重点措施中安排教育整顿相关内容，与主题教育一体部署推进。党中央将印发干部队伍教育整顿的工作方案，做出具体安排，中央和国家机关各部门要从实际出发制定实施方案，在主题教育中统筹推进。要注意把握政策，抓好警示教育。中央主题教育领导小组办公室和中央指导组要加强督促指导。干部队伍教育整顿工作政策性强，在具体实施中要稳妥推进，防止层层加码，防止搞形式、走过场。

（四）扑下身子真抓实干

习近平总书记指出，要紧紧围绕高质量发展这个全面建设社会主义现代化国家的首要任务，以强化理论学习指导发展实践，以深化调查研究推动解决发展难题，把学习和调研落实到完成党的二十大部署的各项任务中去，以推动高质量发展的新成效检验主题教育成果。这次主题教育总要求中明确要“重实践、建新功”，具体目标中有“实干担当促进发展”，工作安排中有“推动发展”，指向是一致的，就是要教育实践两手抓、两促进，在改造主观世界的同时改造客观世界。

1. 全力推动高质量发展

这是主题教育的重要着力点。党的二十大对未来5年战略任务和重大举措作了全面部署，要在主题教育中不断深化认识，拿出本地区本部门本单位贯彻落实的具体措施，明确时间表、路线图、责任书，一步一个脚印向前推进。特别是要完整、准确、全面贯彻新发展理念，结合实际找准自身服务和融入新发展格局的切入点、发力点。按照“破难题、促发展”要求，厘清制约高质量发展的短板弱项，拿出解决问题的实招硬招。当前，要围绕扩大内需、深化供给侧结构性改革、建设现代化产业体系、推进乡村振兴等重点任务，锚定目标真抓实干，扑下身子当好“施工队长”，以钉钉子精神抓好落实。各级领导班子和领导干部要从实际出发谋划推进事业和工作，不好高骛远，不脱离实际。要坚持政贵有恒，发扬“功成不必在我、功成必定有我”的精神，一张蓝图绘到底，防止因政绩冲动“换赛道”。通过设立党员示范岗、党员责任区，开展承诺践诺、岗位练兵、比学赶超等活动，引导党员、干部履责担当、积极作为。

2. 不断增强能力本领

对党员、干部来说，主题教育是补短板、强本领的难得契机。第一位的是增强政治能力，通过严格的思想淬炼和政治历练，不断提高政治判断力、政治领悟力、政治执行力。增强履职本领，努力掌握同本职工作相关的各方面知识，成为行家里手、内行领导。增强服务群众本领，把惠民生、暖民心、顺民意的工作做到群众心坎上。现在我国面临的风险挑战很多，各种“黑天鹅”“灰犀牛”事件随时可能发生。要增强防范化解风险本领，坚持底线思维，增强忧患意识，发扬斗争精神，时刻警惕和防范政治、经济、社会、意识形态等方面可能出现的重大风险，加强跟踪研判和应急处置，做到心中有数、手中有策、应对有效。

3. 弘扬求真务实作风

要把纠治形式主义、官僚主义摆在更加突出位置，对上面脱离实际“机关化”、下面走形式、报喜不报忧等种种作风之弊、行为之垢来一次大扫除。推动党员、干部树立正确的权力观、政绩观、事业观，说实话、务实事、求实效，不搞那些花拳绣腿、中看不中用的表面文章。

（五）着力让群众得实惠

习近平总书记指出，要教育引导广大党员、干部牢固树立以人民为中心的发展思想，坚持一切为了人民、一切依靠人民，自觉问计于民、问需于民，始终同人民同呼吸、共命运、心连心。我们要把为民办实事作为主题教育的重要内容，走好新时代党的群众路线，解决人民群众急难愁盼问题，让主题教育深入人心、打动人心、激励人心。

1. 坚持开门搞教育

开展主题教育，不能“自说自话”“自弹自唱”。要向群众敞开大门，调动群众积极性，采取个别访谈、开座谈会等多种方式，把群众意见诉求收集起来、反映上来、体现到主题教育之中。同时，向群众讲清楚主题教育的重点措施、整改情况等，自觉接受群众监督，让群众来评价。

2. 用心用情为群众办实事、解难题

主动回应群众关切，借鉴“民有所呼、我有所应”“接诉即办”等经验做法，聚焦就业、教育、医疗、托幼、养老等突出问题，建立台账，逐项抓好落实，同时完善解决民生问题的制度机制，让群众看得见、摸得着、有获得感。要坚持尽力而为、量力而行，不提不切实际的目标，不开空头支票。不能什么事情都贴上为民办实事的标签，也不能简单用本该做的常规动作代替为民办实事。

3. 组织党员、干部直接联系服务群众

落实好党员领导干部直接联系群众制度，多深入基层、深入联系点，同群众坐在一条板凳上，既听顺风话也听逆耳言。对群众普遍关切的问题，要及时开题作答、解疑释惑、化解矛盾。要广泛开展党员志愿服务，引导党员在服务群众、奉献社会中发挥作用。

（六）压实压紧领导责任

习近平总书记指出，这次主题教育是一件事关全局的大事，时间紧、任务重、要求高。各级党委（党组）要高度重视，坚持高标准高质量，确保圆满完成主题教育各项任务。中央主题教育领导小组已成立，在中央政治局常委会领导下开展工作。各级党委（党组）要按照党中央要求，抓紧成立主题教育领导小组，主要负责同志要亲自抓，履行好第一责任人责任。领导小组办公室具体负责日常工作，要加强工作协调和政策指导。领导小组成员单位要充分发挥职能作用，形成工作合力。行业系统主管部门要加强对本行业本系统主题教育的指导督促。当前，一些部门单位还涉及机构改革，有的单位要接受新一轮中央巡视，要把开展主题教育和落实机构改革任务、做好巡视工作统筹安排，防止顾此失彼、单打一。

这次主题教育不划阶段、不分环节，五项重点措施一体推进，目的是从开始就把学和做结合起来、把查和改贯通起来、把破和立统一起来，提升主题教育效果。各级党委（党组）要科学把握，精心制定实施方案。两批主题教育要衔接好，第一批单位的整改任务，第二批单位要主动配合；第二批单位查找出来的“表现在基层、根子在上面”和单靠基层难以解决的问题，第一批单位要主动认领，形成“回路”，合力解决。

第一批主题教育，党中央将派出58个指导组，各省区市党委和行业系统主管部门党委（党组）也要组建巡回指导组。指导组和巡回指导组要把准定位，采取巡回指导、随机抽查、下沉走访、座谈访谈等方式，对各地区各部门各单位开展主题教育进行督促指导，做到到位不越位、指导不包办。要与所指导的地区和部门单位共同学习提高，检视整改“同题共答”。要带头加强理论学习，把好关口，尽到责任，对工作不力的要及时纠正。市县两级不设指导组，由省级巡回指导组负责督促指导。

要做好主题教育评估和总结。通过领导班子全面自评、指导组研判分析、办公室随机抽查等方式，评估主题教育效果。领导班子和领导干部年度考核、党组织书记抓党建述职评议考核中，要把主题教育开展情况作为重要内容。

需要强调的是，主题教育要在注重实效、提高质量上下功夫，决不能走过场、喊口号、摆花架子。不对写读书笔记、心得体会等提出硬性要求，不得随意要求基层填报材料，严格控制简报数量，严格控制网络平台载体痕迹管理。对可能出现的形式主义要提前预判、有效防范、坚决克服。严防各种“低级红”“高级黑”。要坚持正面宣传引导，总结推广好经验好做法，选树先进典型，营造良好舆论氛围。

80 多年前，毛泽东同志在六届六中全会上发出号召，“来一个全党的学习竞赛”。党的十八大以来，习近平总书记多次要求，“全党来一个大学习”。深入开展学习贯彻习近平新时代中国特色社会主义思想主题教育，就是全党正在进行的一场新的学习竞赛、一个新的大学习。我们要更加紧密地团结在以习近平同志为核心的党中央周围，以高度政治责任感和扎实工作作风，把主题教育组织好开展好，为全面建设社会主义现代化国家、全面推进中华民族伟大复兴注入更加强劲动力。

【知识链接】

习近平总书记的实践观

近期，党中央决定，在全党大兴调查研究，作为在全党开展的主题教育的重要内容，推动全面建设社会主义现代化国家开好局起好步。

调查研究是马克思主义实践观的根本要求。实践观点是马克思主义哲学的核心观点。实践决定认识，是认识的源泉和动力，也是认识的目的和归宿。习近平总书记的实践观是马克思主义在中国特色社会主义发展中的实践观点，着眼于实现中华民族伟大复兴，围绕着把我国建设成为社会主义现代化强国这一主题展开。

在党的二十大报告中，习近平总书记指出：“只有把马克思主义基本原理同中国具体实际相结合、同中华优秀传统文化相结合，坚持运用辩证唯物主义和历史唯物主义，才能正确回答时代和实践提出的重大问题，才能始终保持马克思主义的蓬勃生机和旺盛活力。”习近平总书记立足于实际，站在新时代前沿，回答了一系列世界难题，进一步丰富了马克思主义哲学实践观，为我们提供了切实的理论指导。

实践是理论之源

2018 年 5 月 4 日，在纪念马克思诞辰200 周年大会上，习近平总书记指出，马克思一再告诫人们，马克思主义理论不是教条，而是行动指南，必须随着实践的变化而发展。一部马克思主义发展史就是马克思、恩格斯以及他们的后继者们不断根据时代、实践、认识发展而发展的历史，是不断吸收人类历史上一切优秀思想文化成果丰富自己的历史。

实践在发展，实践观也在不断发展。

党的十八大以来，以习近平同志为主要代表的中国共产党人团结带领全党全国各族人民从理论和实践结合上系统回答了新时代坚持和发展什么样的中国特色社会主义、怎样坚持和发展中国特色社会主义等重大时代课题，创立了习近平新时代中国特色社会主义思想。在党的二十大报告中，习近平总书记指出：“坚持和发展马克思主义，必须同中国具体实际相结合。我们坚持以马克思主义为指导，是要运用其科学的世界观和方法论解决中国的问题，而不是要背诵和重复其具体结论和词句，更不能把马克思主义当成一成不变的教条。”“坚持和发展马克思主义，必须同中华优秀传统文化相结合。只有植根本国、本民族历史文化沃土，马克思主义真理之树才能根深叶茂。”这些重要论述凸显了习近平新时代中国特色社会主义思想的实践性特征。

习近平新时代中国特色社会主义思想的主要实践来源有两个方面。一方面，是党的十八大以来的伟大实践和所取得的辉煌成就。十年来，以习近平同志为核心的党中央，提出实现中华民族伟大复兴的中国梦，以中国式现代化全面推进中华民族伟大复兴，统筹推进“五位一体”总体布局、协调推进“四个全面”战略布局，推动我国迈上全面建设社会主义现代化国家新征程。另一方面，源自习近平总书记极不平凡的个人经历和丰富的从政经验。长期的基层历练中，习近平总书记积累了丰富的党的领导工作经验与深厚的人民情怀，他在实践中有着切身感受和深度思考。

习近平总书记在党的二十大报告中指出：“我们必须坚持解放思想、实事求是、与时俱进、求真务实，一切从实际出发，着眼解决新时代改革开放和社会主义现代化建设的实际问题，不断回答中国之问、世界之问、人民之问、时代之问，作出符合中国实际和时代要求的正确回答，得出符合客观规律的科学认识，形成与时俱进的理论成果，更好指导中国实践。”

中华人民共和国成立后特别是改革开放以来，我们党带领人民以经济建设为中心坚定不移解放和发展社会生产力，在短短几十年时间里推动我国成为世界第二大经济体，使人民群众物质文化需要基本得到满足、生活质量得到显著提高，各项社会事业获得长足发展，人民安居乐业，社会安定有序。

党的十八大以来，我们党在已有基础上继续前进，“不断实现理论和实践上的创新突破，成功推进和拓展了中国式现代化”。习近平总书记立足于坚持以经济建设为中心的基点，深刻回答了在新时代“为什么要以经济建设为中心、实现什么样的经济建设、怎么样以经济建设为中心”等系列问题，为新时代中国经济的持续发展指明了方向。2021 年 7 月 1 日，在天安门城楼上，习近平总书记对百年大党开辟中国式现代化新道路的伟大成就做出深刻总结：“我们坚持和发展中国特色社会主义，推动物质文明、政治文明、精神文明、社会文明、生态文明协调发展，创造了中国式现代化新道路，创造了人类文明新形态。”

作为当代中国马克思主义、二十一世纪马克思主义，习近平新时代中国特色社会主义思想坚持马克思主义科学性和实践性的有机统一，从理论和实践的结合上深刻回答了关系党和国家事业发展、党治国理政的一系列重大时代课题，是经过实践检验、富有实践伟力的强大思想武器，贯穿着强烈的问题意识、鲜明的实践导向。

坚持理论联系实际

习近平总书记指出，我们党是高度重视理论建设和理论指导的党，强调理论必须同实践相统一。我们坚持和发展中国特色社会主义制度，必须高度重视理论的作用，增强理论自信和战略定力。在治国理政的实践中，习近平总书记始终坚持“实践、认识、再实践、再认识”，彰显出马克思主义认识论和方法论的高度统一，展现了马克思主义者求真务实、知行合一、实践第一的内在品格与科学态度。

习近平总书记先后在庆祝中国共产党成立 100 周年大会上的重要讲话和党的二十大报告中强调“把马克思主义基本原理同中国具体实际相结合、同中华优秀传统文化相结合”。可以说，“两个结合”命题的提出，既是中国共产党百年历史经验和理论创新的高度概括，也是进一步坚持和发展马克思主义的现实要求。它充分表明了中国共产党对坚持和发展什么样的马克思主义以及如何推动马克思主义理论创新等命题的认识，达到了一个新的高度。

在新时代，中国特色社会主义伟大事业尽管取得了历史性成就，发生历史性变革，但也面临着前所未有的复杂情况与艰巨任务，亟待解决实践遇到的新问题、改革发展稳定存在的深层次问题、人民群众急难愁盼问题、国际变局中的重大问题、党的建设面临的突出问题。面对国际国内形势发生的深刻变化，以习近平同志为核心的党中央坚持实践观点，统筹国内国际两个大局，贯彻党的基本理论、基本路线、基本方略，统揽伟大斗争、伟大工程、伟大事业、伟大梦想，坚持稳中求进工作总基调，战胜一系列重大风险挑战，解决了许多长期想解决而没有解决的难题，办成了许多过去想办而没有办成的大事，推动党和国家事业取得历史性成就、发生历史性变革。

党的十八大以来，习近平总书记多次强调，坚持理论和实践相结合，注重在实践中学真知、悟真谛，加强磨练、增长本领。十年来，稳经济、促发展，战贫困、建小康，控疫情、抗大灾，应变局、化危机……原创性思想，关键性抉择，战略性举措，变革性实践，突破性进展，标志性成果，以习近平同志为核心的党中央带领全党全国各族人民，不断实现理论与实践上的创新突破。从根本上解决中国的个性问题，必须在共性与个性的具体结合中探索出一条适合中国国情的中国式现代化新路。而开辟这条现代化新路，必须把坚持和发展马克思主义的理论诉求、中华民族的未来命运同中华优秀传统文化的历史根基紧紧联系在一起，推陈出新、革故鼎新，将马克思主义基本原理同中华优秀传统文化中的治国思想、人文精神与价值观念融会贯通，开创出一条超越西方现代化的中国道路来解决实践难题，为马克思主义中国化时代化不断注入与时俱进的强大生命力。

坚持研究与运用相统一、理论与实践相结合，以宽广的视野、长远的眼光研究中国发展面临的一系列重大问题，不断提高全党运用科学理论分析和解决实际问题的能力，以应对重大挑战、抵御重大风险、克服重大阻力、解决重大矛盾。坚持用习近平新时代中国特色社会主义思想指引方向，引导全党自觉增强“四个意识”、坚定“四个自信”、做到“两个维护”，使全党始终保持统一的思想、坚定的意志、协调的行动、强大的战斗力。

坚持问题导向

习近平总书记指出，一种理论的产生，源泉只能是丰富生动的现实生活，动力只能是解决社会矛盾和问题的现实要求。解决现实要求即注重问题导向。坚持问题导向是马克思主义的鲜明特点，理论创新也只能从问题开始。从某种意义上说，理论创新的过程就是发现问题、筛选问题、研究问题、解决问题的过程。

中国共产党科学回答了新时代坚持和发展什么样的中国特色社会主义、怎样坚持和发展中国特色社会主义，建设什么样的社会主义现代化强国、怎样建设社会主义现代化强国，建设什么样的长期执政的马克思主义政党、怎样建设长期执政的马克思主义政党等重大时代课题。这三个“什么样”和“怎样”，关系着实现中华民族伟大复兴的方向性质问题、目标路径问题、力量保证问题，科学回答了新时代中国之问、世界之问、人民之问、时代之问。

“问题是事物矛盾的表现形式”。坚持问题导向必须贯彻事物矛盾运动的基本原理。正视矛盾、解决矛盾，最为关键的就是要善于抓住事物其中的主要矛盾。

新时代，以习近平同志为核心的党中央解民生之忧，谋民生之利，立足人民最关心最直接最现实的利益问题和社会热点问题寻源讨本，探寻人民的真实诉求和问题的本质源头，指明我国不平衡不充分发展的主要矛盾制约。习近平总书记聆听时代声音，总结历史经验，把握战略主动，高瞻远瞩，指挥若定，强调要把增强问题意识、坚持问题导向作为我国社会主义现代化建设的正确思维方式和科学工作方法，有力破解我国发展的难题与挑战。

坚持问题导向彰显了习近平新时代中国特色社会主义思想的理论勇气、原创智慧和实践品格，是习近平新时代中国特色社会主义思想的世界观和方法论之一。

党的十九大报告明确指出党的建设新的伟大工程在“四个伟大”的相互关系中起决定性作用，但近年来部分地方主体责任失之于宽、失之于弱是提高党的建设质量的短板和弱项，我们党刀刃向内，全面从严治党，将增强主体的履职能力、促进主体责任的落实监督常态化作为主要方面，在问题的重点和弱项上全力突破，有效推动伟大的自我革命和社会革命。党的二十大报告指出，我们要增强问题意识，聚焦实践遇到的新问题、改革发展稳定存在的深层次问题、人民群众急难愁盼问题、国际变局中的重大问题、党的建设面临的突出问题，不断提出真正解决问题的新理念新思路新办法。坚持问题导向的方法是新时代中国特色社会主义事业不断改革创新的理论成果。

这一方法论要求我们在实际工作中处理好全局和局部、当前和长远、宏观和微观、主要矛盾和次要矛盾、特殊和一般的关系。这一方法论是马克思主义事物普遍联系观点在实践中运用的思想结晶，也是改革的系统性、整体性、协同性实践的理论升华。

大兴调查研究

党的十八大以来，以习近平同志为核心的党中央加大了调查研究的力度，习近平总书记的足迹遍布全国各地。党的十八大一结束就轻车简从，到中国改革开放的前沿深圳和广东其他地方考察调研。在领导全党打响脱贫攻坚战之初，习近平总书记从河北阜平到湖南湘西十八洞村，在贫困山区实地调查研究中形成了“精准脱贫”的新思路；此后，习近平总书记一次又一次深入贫困地区进行实地调研，提出脱贫攻坚的重要举措。

党的十九大后，习近平总书记进一步指出：“党的十九大描绘了未来发展的宏伟蓝图，要完成大会确定的各项目标任务，就必须在全党大兴调查研究之风。各级领导干部要带头调研、经常调研，扑下身子，沉到一线，全面了解情况，深入研究问题，把准事物的本质和规律，找到破解难题的办法和路径。”强调在调查研究中“要实事求是，有一是一、有二是二，既报喜又报忧，特别要力戒形式主义、官僚主义，坚决反对在调查研究中走马观花、浅尝辄止、一得自矜、以偏概全，草率地下结论、做判断”。

习近平总书记在党的二十大报告中要求弘扬党的光荣传统和优良作风，促进党员干部特别是领导干部带头深入调查研究，扑下身子干实事、谋实招、求实效。党的二十大后，在新一届中共中央政治局首次召开的民主生活会上，习近平总书记再次强调，要大兴调查研究之风。

进入新时代，党中央关于全面深化改革、全面依法治国等重大决策和“十三五”规划、“十四五”规划以及京津冀协同发展、长江经济带、粤港澳大湾区、长三角一体化、黄河流域生态保护和高质量发展等重大战略，都是在习近平总书记亲自深入的调查研究中形成的。

近期，中共中央办公厅印发的《关于在全党大兴调查研究的工作方案》要求各地区各部门“真诚倾听群众呼声，真实反映群众愿望，真情关心群众疾苦”“真正把情况摸清、把问题找准、把对策提实”。

调查研究必须把握实事求是这一重大原则。一定要坚持党性原则，从客观实际出发，既不回避矛盾，也不掩盖问题，要坚持结论产生在调查研究之后，建立在科学论证的基础上。在调查研究中愿不愿、能不能、敢不敢实事求是，不只是认识水平问题，而且是党性问题。对调查了解到的真实情况和各种问题，要坚持有一是一、有二是二，既报喜又报忧，不唯书、不唯上、只唯实，营造和保持讲真话、讲实话、讲心里话的良好氛围，坚决反对上下级和干部之间逢迎讨好、相互吹捧，坚决反对把党内生活庸俗化。

历史从未终结，实践仍将继续。我们党的理论是来自人民、为了人民、造福人民的理论，人民的创造性实践是理论创新的不竭源泉。习近平总书记指出，“马克思主义不是书斋里的学问，而是为了改变人民历史命运而创立的，是在人民求解放的实践中形成的，也是在人民求解放的实践中丰富和发展的，为人民认识世界、改造世界提供了强大精神力量”。在新征程上，宏伟目标，催人奋进，壮阔征程，核心领航。让我们以时不我待、只争朝夕的奋斗精神，向着强国建设、民族复兴更加光明美好的未来，踔厉奋发、阔步前进！

（资料来源：刘一丁．习近平总书记的实践观［J］．瞭望（上旬刊），2023（5））.

【拓展阅读】

习近平调查研究“五字诀”丨跟总书记学调研

2003 年 2 月 25 日，《浙江日报》头版新开了一个专栏：“之江新语”。首篇文章的题目是《调研工作务求“深、实、细、准、效”》，署名“哲欣”，这是时任浙江省委书记习近平的笔名。

在这篇不到 300 字的短文里，习近平提出做好调查研究工作的“五字诀”，即“深、实、细、准、效”。他强调，各级领导干部在调研工作中，一定要保持求真务实的作风，努力在求深、求实、求细、求准、求效上下功夫。

“深”

“深”，就是要深入群众，深入基层，善于与工人、农民、知识分子和社会各界人士交朋友，到田间、厂矿、群众和社会各层面中去解决问题。

真实的情况、深层次的问题，往往被表象所掩盖，只有“扎”下去，才能“捞”上来。1930 年，毛泽东写《寻乌调查》期间，曾问红四军宣传队：“你们在寻乌做了调查没有？”大家答：“调查了。”毛泽东继续问：“你们讲一讲寻乌做生意哪一类最多？”有个别人说：“大概是做豆腐的最多吧！”毛泽东继续追问：“寻乌哪几家做豆腐做得最好？”这下，大家被彻底问住了。毛泽东在寻乌搞调查，把当地各类物产产量、价格，各行业人员数量、比例等，都弄得一清二楚。

2011 年 11 月，中央党校秋季学期第二批入学学员开学典礼上，习近平提到毛泽东寻乌调查的事例，指出“这种深入、唯实的作风值得我们学习”。深入一线、掌握一手材料，也始终是习近平的工作作风。他在福建宁德任地委书记时，到任3个月就走遍9个县，后来去了“车岭车上天，九岭爬九年”的下党乡，成为第一个到那里的地委书记。他说：“当县委书记一定要跑遍所有的村，当市委书记一定要跑遍所有的乡镇，当省委书记一定要跑遍所有的县市区。”

“实”

“实”，就是作风要实，做到轻车简从，简化公务接待，真正做到听实话、摸实情、办实事。

“但是，现在调查研究好像还有一个‘功能’，就是让别人知道我在调查研究，我在忘我工作，我在接触群众。而这个‘功能’在一些人那里似乎渐渐变成了调查研究的主要功能，调查研究的本来目的倒变成次要的，甚至可有可无的了。”2013年9月，在参加河北省委常委班子专题民主生活会时，习近平批评这种现象，“如果没有记者、没有摄像机，那么在他们看来，这个活动还去不去就要考虑了，就要琢磨一下还有没有意义，没有留声留影，那不就等于没有去活动吗？显然，这其中有个导向问题。”

说到底，调查研究不是作秀，而是要把功夫下到察实情、出实招、办实事、求实效上。在河北正定工作时，习近平调研就习惯不打招呼，直接下乡、下厂、入户。有一次，在乡镇调研时，当地领导上了几个“硬菜”，习近平直接说：“不行，不能搞这个，我就吃家常便饭。”

近日，中办印发《关于在全党大兴调查研究的工作方案》，提到了“四不两直”。啥是“四不两直”？就是不发通知、不打招呼、不听汇报、不用陪同接待，直奔基层、直插现场的调研方法。

“细”

“细”，就是要认真听取各方面的意见，深入分析问题，掌握全面情况。

调查研究是一项细致的工作，要看得仔细、问出究竟，把事情真相和全貌调查清楚。在福建工作期间，习近平七下晋江，进社区、访农村、走基层、下企业。有企业负责人回忆，来公司调研的领导很多，习近平是第一个提出要看化验室的。2002年10月，在长期调研和深入思考基础上，习近平在《福建日报》发表万字长文，深入阐述“晋江经验”，文中还写到了这家企业。

那么，怎么确保调研结果真实可信呢？习近平多次强调要用好“交换、比较、反复”的方法，要求重视听取各方面意见，包括少数人的意见、反对的意见。他指出，兼听则明、偏听则暗，能听到不同声音不是坏事，经过多次“否定之否定”的过程，进行的思考、作出的决策才能符合实际。

“准”

“准”，就是不仅要全面深入细致地了解实际情况，更要善于分析矛盾、发现问题，透过现象看本质，把握规律性的东西。

有人说，调研要有“半杯水”心态。“半杯水”里装什么？装问题。相应地，用“另外半杯”装回“干货”，提出解决问题的新思路新办法。曾在福州一起共事的同事说，习近平经常下基层，但不是没有想法地盲目下去，而是带着问题去调研。

对调研得来的大量材料和情况，该怎么研究分析？习近平强调“由此及彼、由表及里”。在浙江工作时，习近平曾赴丽水调研欠发达地区发展问题，他发现很多农民由于家庭贫困，初中毕业就出去打工，文化素质不高，收入也不高。习近平调研回来后，就和省里商量，给贫困地区的孩子提供免费的中专教育。“扶贫”先“扶智”，从问题关键抓起。

“效”

“效”，就是提出解决问题的办法要切实可行，制定的政策措施要有较强操作性，做到出实招，见实效。

习近平十分注重调研实效。在浙江任职期间，他多次到下姜村实地考察，解决了许多实际问题。比如，老支书姜银祥提出“想请省里帮我们建沼气”。习近平当即肯定：“这个提议好!”几天后，省农村能源办公室便派专家入村进行指导。在种茶大户姜德明家开座谈会时，有人提出“缺人才”“缺技术”，习近平表态：“省里研究一下，给你们村派一个科技特派员来。”不久，浙江省中药研究所高级工程师进驻下姜村。

调查研究是以解决问题为根本目的。习近平指出，对经过充分研究、比较成熟的调研成果，要及时上升为决策部署，转化为具体措施；对尚未研究透彻的调研成果，要更深入地听取意见，完善后再付诸实施；对已经形成举措、落实落地的，要及时跟踪评估，视情况调整优化。

“深、实、细、准、效”，5个字通俗易懂、十分好记，是做好调研工作的真本领、大学问。学习领悟习近平调查研究“五字诀”，方能更好地深入群众、掌握实情、发现问题、把握规律、找到良策。

（资料来源：学习小组. 习近平调查研究“五字诀”丨跟总书记学调研. 学习小组微信公众号，2023 - 04 - 09.）

思考题

1. 如何深刻认识学习贯彻习近平新时代中国特色社会主义思想主题教育的重大意义？

2. 如何牢牢把握学习贯彻习近平新时代中国特色社会主义思想主题教育的总要求？

3. 如何紧紧锚定学习贯彻习近平新时代中国特色社会主义思想主题教育的根本任务和具体目标？

4. 如何全面落实学习贯彻习近平新时代中国特色社会主义思想主题教育的重点措施？

5. 如何自觉把思想和行动统一到习近平总书记重要讲话精神上来，扎实开展好主题教育？

专题三　“一带一路”十年的中国成就与世界意义

“一带一路”是“丝绸之路经济带”和“21 世纪海上丝绸之路”的简称，2013 年 9 月和 10 月由中国国家主席习近平分别提出建设“丝绸之路经济带”和“21 世纪海上丝绸之路”的合作倡议。“一带一路”倡议以“五通”为合作重点，促进各国互联互通，实现沿线国家多元、独立、平衡、可持续发展。十年来，按照高标准、可持续、惠民生的目标发展至今的实践证明，“一带一路”不仅为全球发展注入了新活力提供了新机遇，更为改革全球治理体系、促进国际关系公平公正化发挥了建设性作用。以共商共建共享为原则推动“一带一路”建设是中国共产党对外开放理论和实践的重大创新，在世界百年未有之大变局加速演进的背景下，“一带一路”为世界提供了以互联互通推进新型全球化的确定性，提供了中国以高水平对外开放实现高质量发展的确定性，共建“一带一路”已成为深受欢迎的国际公共产品和国际合作平台。十年间，“一带一路”为中国提供了更广阔的发展空间，也为世界提供了崭新的发展机遇。

一、“一带一路”倡议提出的背景

（一）“一带一路”的内涵

2013 年 9 月 7 日，中国国家主席习近平在哈萨克斯坦纳扎尔巴耶夫大学发表题为《弘扬人民友谊　共创美好未来》的演讲，提出共同建设“丝绸之路经济带”。2013 年 10 月 3 日，习近平在印度尼西亚国会发表题为《携手建设中国—东盟命运共同体》的演讲，提出共同建设“21 世纪海上丝绸之路”。

“一带一路”倡议借鉴历史上丝绸之路的文化符号与互通意义，是由中国发起的，世界各国纷纷响应，是各国共同智慧的结晶与集体共识的产物。它不是古丝绸之路的简单升级，而是借用古丝绸之路的历史符号，融入新的时代内涵；“一带一路”更不是“带”和“路”的地理概念，而是中国向世界提供的国际合作平台和公共产品，是一项开放包容的经济合作倡议。在世界经济高度一体化、世界格局日益复杂化的当今时代，“一带一路”倡议在传承丝绸之路平等互利、友好往来、文明互鉴精神的基础上，融入了新形势下中国与世界互联互通、协同发展的共同需求。和平合作、开放包容、互学互鉴、互利共赢的丝路精神，是共建“一带一路”的核心。

（二）共建“一带一路”的原则

共商共建共享是推进“一带一路”的根本原则。国家发展改革委、外交部、商务部 2015 年发布的《推动共建丝绸之路经济带和 21 世纪海上丝绸之路的愿景与行动》中指出，共建“一带一路”遵循以下基本原则：①恪守联合国宪章的宗旨和原则。遵守和平共处五项原则，即尊重各国主权和领土完整、互不侵犯、互不干涉内政、和平共处、平等互利。②坚持开放合作。“一带一路”相关的国家基于但不限于古代丝绸之路的范围，各国和国际、地区组织均可参与，让共建成果惠及更广泛的区域。③坚持和谐包容。倡导文明宽容，尊重各国发展道路和模式的选择，加强不同文明之间的对话，求同存异、兼容并蓄、和平共处、共生共荣。④坚持市场运作。遵循市场规律和国际通行规则，充分发挥市场在资源配置中的决定性作用和各类企业的主体作用，同时发挥好政府的作用。⑤坚持互利共赢。兼顾各方利益和关切，寻求利益契合点和合作最大公约数，体现各方智慧和创意，各施所长，各尽所能，把各方优势和潜力充分发挥出来。

（三）“一带一路”的建设目标

和平之路——构建以合作共赢为核心的新型国际关系，打造对话不对抗、结伴不结盟的伙伴关系。各国应该尊重彼此主权、尊严、领土完整，尊重彼此发展道路和社会制度，尊重彼此核心利益和重大关切。

繁荣之路——聚焦发展这个根本性问题，释放各国发展潜力，实现经济大融合、发展大联动、成果大共享。

开放之路——打造开放型合作平台，维护和发展开放型世界经济，共同创造有利于开放发展的环境，推动构建公正、合理、透明的国际经贸投资规则体系，促进生产要素有序流动、资源高效配置、市场深度融合。我们欢迎各国结合自身国情，积极发展开放型经济，参与全球治理和公共产品供给，携手构建广泛的利益共同体。

绿色之路——我们要践行绿色发展的新理念，倡导绿色、低碳、循环、可持续的生产生活方式，加强生态环保合作，建设生态文明，共同实现2030年可持续发展目标。

创新之路——坚持创新驱动发展，加强在数字经济、人工智能、纳米技术、量子计算机等前沿领域合作，推动大数据、云计算、智慧城市建设，连接成21世纪的数字丝绸之路。我们要促进科技同产业、同金融深度融合，优化创新环境，集聚创新资源。我们要为互联网时代的各国青年打造创业空间、创业工场，成就未来一代的青春梦想。

文明之路——以文明交流超越文明隔阂，以文明互鉴超越文明冲突，以文明共存超越文明优越，推动各国相互理解、相互尊重、相互信任。

二、“一带一路”的十年成绩

2023年，“一带一路”倡议提出已有十周年。倡议提出以来，秉持共商共建共享原则，高质量共建“一带一路”结出累累硕果，成为当今世界深受欢迎的国际公共产品和国际合作平台。接下来应继续推动高质量共建“一带一路”，希望可以取得更多新成果，让这条造福世界的“发展带”更加繁荣、惠及人类的“幸福路”更加宽广。

“一带一路”倡议实施以来，在以习近平同志为核心的党中央坚强领导下，我国统筹谋划推动高质量发展、构建新发展格局和共建“一带一路”，坚持共商共建共享原则，把基础设施“硬联通”作为重要方向，把规则标准“软联通”作为重要支撑，把同共建国家人民“心联通”作为重要基础，推动共建“一带一路”高质量发展，取得实打实、沉甸甸的成果。

（一）凝聚国际共识，深化政策沟通

1.“一带一路”倡议合作平台不断发展壮大

加强政策沟通是“一带一路”建设的重要保障。加强政策沟通不仅能够有助于夯实政治基础，增进政治互信，而且有助于凝聚合作共识，将“一带一路”倡议由中国倡议转变为国际共识。“一带一路”倡议得到越来越多国家和国际组织的积极响应，成为当今世界深受欢迎的国际公共产品和国际合作平台。截至 2023 年 1 月，中国已经同 151 个国家和 32 个国际组织签署了 200 余份共建“一带一路”合作文件，涵盖投资、贸易、金融、科技、社会、人文、民生等领域，覆盖 40 个亚洲国家、27 个欧洲国家、52 个非洲国家、11 个大洋洲国家、9 个南美洲国家和 12 个北美洲国家。“一带一路”倡议还与联合国发展和区域发展相对接，促进参与国的互联互通，有效促进了参与国的合作与发展。“一带一路”倡议同联合国 2030 年可持续发展议程有效对接，形成了促进全球共同发展的政策合力。在区域层面，“一带一路”倡议与《东盟互联互通总体规划》、非盟《2063 年议程》、欧盟“欧亚互联互通战略”等区域发展规划或合作倡议有效对接，达成促进互联互通、支持区域经济一体化的共识。通过推动与欧盟的“容克计划”、波兰的“琥珀之路”、俄罗斯的“欧亚经济联盟”、哈萨克斯坦的“光明之路”、蒙古国的“发展之路”、印度尼西亚的“全球海洋支点”、菲律宾的“大建特建”计划等的合作，实现“一带一路”倡议与各国发展规划的有效衔接。与东盟、非盟、拉美和加勒比国家共同体等区域组织积极对接，借助多边舞台推动产能合作，已发布《中国—东盟产能合作联合声明》《澜沧江—湄公河国家产能合作联合声明》等文件。此外，我国与法国、韩国等 10 多个国家建立了第三方市场合作机制，将我国优势产能、发达国家的先进技术和广大发展中国家的发展需求有效对接；与多国及多个国际组织在数字经济、标准化建设、知识产权保护等领域开展务实合作。

在共商共建共享原则下，我国着力打造共商国际化平台与载体，“一带一路”国际合作高峰论坛成为“一带一路”框架下最高规格的国际合作平台。2017 年和 2019 年，我国先后成功主办两届“一带一路”国际合作高峰论坛。2019 年 4 月 25 日至 27 日，第二届“一带一路”国际合作高峰论坛在北京举办，共 150 个国家、92 个国际组织的 5000 余名外宾参加了第二届“一带一路”国际合作高峰论坛并出席圆桌峰会，围绕“共建‘一带一路’、开创美好未来”的主题，就推进互联互通、加强政策对接以及推动绿色和可持续发展等议题深入交换意见，完善合作理念，明确合作重点，强化合作机制，为高质量共建“一带一路”达成了广泛共识。本次峰会达成了 6 大类 283 项务实成果，签署了 640 多亿美元的项目合作协议，又一次证明了“一带一路”倡议成果惠及世界。

2.“一带一路”倡议合作内容不断深化升级

十年来，“一带一路”倡议合作的内容不断升级优化，合作内容不断向深层次、宽领域发展。合作的内容拓宽到交通、能源、经贸、人文、抗疫、绿色发展等领域，在能源、数字经济、绿色发展方面达成了多项合作协议，形成了多个领域的合作机制。例如，共建“能源‘一带一路’”平台，与沿线国家合作建立多边机制，打造“一带一路”能源合作伙伴关系，自 2019 年 4 月提出能源合作“一带一路”以来，截至 2023 年 4 月，能源合作伙伴关系成员国数量达到33个。“数字丝绸之路”赋予“一带一路”崭新内涵，成为“一带一路”高质量发展的重要引擎。数字基础设施建设有力提升“一带一路”发展动能。近年来，数字基础设施建设日益加快，关键性的互联网基础设施相继落地。我国与多国共同发起的《“一带一路”数字经济国际合作倡议》致力于拓展数字经济领域合作，促进数字化转型，建设互联互通的数字丝绸之路；签署《关于加强“网上丝绸之路”建设合作促进信息互联互通的谅解备忘录》，推动共建“一带一路”国家在移动支付、数字基础设施、智慧城市等领域开展国际产能合作，推动数字技术与经济融合，缩小各国之间的数字鸿沟。截至2022年底，我国已与共建“一带一路”国家签署80多个政府间科技合作协定，与17个国家签署“数字丝绸之路”合作谅解备忘录，与23个国家建立“丝路电商”双边合作机制，为数字丝绸之路建设奠定了重要的制度基础。绿色“一带一路”概念的提出为“一带一路”合作机制的升级转型注入了新动力。我国于2019年启动“一带一路”绿色发展国家联盟，截至目前联盟已有40多个国家的150余个合作伙伴。

深化与相关国家在生态环保、可持续发展等领域的合作。例如在绿色发展领域，以实现能源的清洁、可持续发展为目标，积极推动区域互联互通，分享清洁能源政策规划和技术应用等经验，我国提出中国—东盟清洁能源能力建设计划，我国与阿拉伯国家建立清洁能源培训中心，还有建立中国—中东欧能源项目对话与合作中心、构筑中国—非盟能源伙伴关系、建设亚太经合组织可持续能源中心，促进能源的可持续发展。为更好支撑共建国家的绿色低碳发展需求，中国以“一带一路”生态环保大数据服务平台为依托，开发对外投资环境风险评估工具，发布生态环保大数据服务平台，加强生态环保技术创新与交流，实施了绿色丝路使者计划，培训了120多个国家3000人次环境管理人员和专家学者，凝聚绿色发展共识和合力。此外，《“一带一路”绿色投资原则》已获共建国家和发达经济体44家金融机构参与，共推“一带一路”绿色投融资发展。绿色发展国际联盟的主要目标是促进实现“一带一路”绿色发展国际共识、合作和一致行动，将可持续发展融入“一带一路”倡议，助力“一带一路”共建国家实现2030年可持续发展目标中环境与发展有关指标。

（二）推进设施架构，加强互联互通

设施联通是共建“一带一路”的优先领域。习近平总书记在2014年11月“加强互联互通伙伴关系”东道主伙伴对话会上指出：“丝绸之路首先得要有路，有路才能人畅其行、物畅其流。”“一带一路”沿线国家和地区多为发展中国家，其薄弱的基础设施是制约经济发展的重要障碍。通过将设施联通作为共建“一带一路”的优先方向，不仅为沿线国家和地区经济发展注入新动力，更为政策沟通、贸易畅通、资金融通和民心相通提供基础性支撑。基础设施是互联互通的基石，是“一带一路”建设的优先领域。

1. 经济走廊建设取得明显进展

六大经济走廊的公路、铁路、港口等交通基础设施建设，“一带一路”的战略支柱和区域经济合作网络的重要框架，是打通亚太经济圈和欧洲经济圈的经济通道，是释放沿线国家经济发展潜力、改变中国和亚欧经济地理格局的关键。六大经济走廊分别是中蒙俄、新亚欧大陆桥、中国—中亚—西亚、中国—中南半岛、中巴和孟中印缅经济走廊。十年

来，六大经济走廊建设亮点纷呈，为建立和加强各国互联互通伙伴关系、畅通亚欧大市场发挥了重要作用。新亚欧大陆桥、中蒙俄、中国—中亚—西亚经济走廊经过亚欧大陆中东部地区，不仅将充满经济活力的东亚经济圈与发达的欧洲经济圈联系在一起，更畅通了连接波斯湾、地中海和波罗的海的合作通道。中国—中南半岛、中巴和孟中印缅经济走廊经过亚洲东南部这一全球人口最稠密地区，连接沿线主要城市和人口、产业集聚区。例如，中巴经济走廊建设取得了丰硕成果，“中巴友谊路”喀喇昆仑公路二期升级改造项目、拉合尔橙线轨道交通项目、白沙瓦—卡拉奇高速公路等运行良好，在巴基斯坦当地获得广泛好评。能源工程见到明显成效，目前已投入商业运行的项目供应了巴基斯坦近三分之一的电力，改变了巴电力短缺的状况。截至2022年底，中巴经济走廊直接创造就业岗位23.6万个，巴方员工规模达到15.5万人。孟中印缅经济走廊建设方面，2021年8月，中缅印度洋新通道海公铁联运首发，环印度洋—缅甸仰光港—中国清水河口岸—临沧火车站—中国各地的贸易物流新通道试运行成功。2022年以来，中缅印度洋新通道海公铁联运/公铁联运德阳—临沧—缅甸、重庆—临沧—缅甸、深圳—临沧—仰光—印度钦奈等相继开通。临沧市委书记张之政介绍，截至2022年底，中缅印度洋新通道累计完成海公铁联运/公铁联运20批次，货运量2.18万吨，货值3.48亿元。产能合作方面，中缅油气管道、莱比塘铜矿、达贡山镍矿等重大项目建成投产，为中缅互利共赢树立了典范。中缅油气管道包括原油管道和天然气管道，是我国能源进口四大战略通道之一。中缅油气管道为缅方带来了税收、投资分红、路权费、过境费、培训基金及社会经济援助等巨大收益，并带来下游产业商机和大量就业机会。

作为我国与“一带一路”沿线国家互通互惠互联的有效载体，中欧班列连通中欧物流的作用进一步凸显。十年间，中欧班列和国际陆海贸易新通道从无到有，从弱到强，开创了亚欧国际运输新格局，打造了富有韧性的国际物流供应链，成长为具有强大辐射力、带动力和影响力的国际物流品牌。截至2023年4月底，中欧班列国内出发城市达109个，通达欧洲25个国家211个城市。截至2022年底，中欧班列累计开行突破6.5万列，运输货物超600万标箱，货值达3000亿美元。2023年1至4月份，中欧班列累计开行5611列，运送货物60.9万标箱，同比分别增长17%、32%，重箱率100%。

2. 基础设施项目有序落地实施

聚焦“六廊六路多国多港”主要架构，一批标志性项目取得实质性进展。铁路方面，中老铁路、雅万高铁、匈塞铁路全线开通运营，中泰铁路建造稳步推进。公路方面，中巴经济走廊“两大”公路顺利完工并移交通车，塞尔维亚E763高速公路通车，成为中东欧国家合作框架下首个落地项目，柬埔寨第一条高速公路正式通车，孟加拉国的帕德玛大桥建成通车，中俄黑河大桥建设竣工。在港口方面，巴基斯坦瓜达尔港、希腊比雷埃夫斯港、肯尼亚拉穆港等项目为“一带一路”沿线国家和地区提供可靠便捷的出海大通道，加快实现地区经济一体化。航空方面，国际民航运输航线网络不断拓展，截至2021年末，我国与100个国家签订双边政府间航空运输协定，与其中54个国家保持定期客货运通航，与东盟、欧盟签订区域性航空运输协定。

伴随数字经济和数字技术高速发展，“数字丝绸之路”成为“一带一路”高质量发展的重要引擎。数字基础设施建设有力提升“一带一路”发展动能，推动关键性的互联网基础设施相继落地。“一带一路”数字交通走廊和跨境光缆信息通道加快建设。我国与周边国家累计建设34条跨境陆缆和多条国际海缆，例如在海缆建设方面，“亚非欧1号”洲际海底光缆标志性项目投入运营；在新基建方面，数据中心、云计算中心等也有一些布局，相继建成中国—东盟区块链产业园、中国—马来西亚人工智能产业园，中泰共同投资建设泰国数字园区和智能园区，“数字丝路地球大数据平台”实现多语言数据共享，数字信息基础设施建设成效显著，有效推动数字技术交流、数字经济合作，高效推进沿线国家社会经济发展及数字化转型。

（三）完善金融体系，扩大资金融通

资金融通是共建“一带一路”的重要支撑和保障。我国积极与沿线国家开展金融合作，推动建立多层次的金融服务体系，为“一带一路”建设提供多元化的金融支持和服务。

1. 积极开展金融合作，推动建立多层次的金融服务体系

共建“一带一路”，坚持“平等参与、利益共享、风险共担”原则，以“企业为主体、市场化运作、互利共赢”为运行基础，推动共建“一带一路”国家间建立长期、稳定、可持续、风险可控的融资体系，助力共建“一带一路”国家实现高质量发展。我国积极推动资金融通规则标准日益完善。从《“一带一路”融资指导原则》《“一带一路”债务可持续性分析框架》到《“一带一路”绿色投资原则》，“一带一路”投融资体系逐步形成，相关制度、准则逐步完善。截至2022年年底，包括中国在内的29个国家的财政部门共同核准了《“一带一路”融资指导原则》，其宗旨是更好发挥政府和市场两种力量，推动沿线国家、国际组织、金融机构、投资者共同参与，建设长期、稳定、可持续、风险可控的多元化融资体系。截至2022年年底，来自17个国家和地区的44家签署机构和14家支持机构签署了《“一带一路”绿色投资原则》，成员机构在扩大对新兴市场绿色投资方面持续发力。

2. “一带一路”倡议为全球经济治理体系提供了全新的国际金融机制

我国与国际货币基金组织建立联合能力建设中心，为共建“一带一路”国家优化宏观经济金融框架提供智力支持；与世界银行、亚洲基础设施投资银行、亚洲开发银行等共同成立多边开发融资合作中心，推动国际金融机构及相关发展伙伴基础设施互联互通。中国主导成立亚洲基础设施投资银行、设立丝路基金，倡导建立金砖国家新开发银行，为“一带一路”建设和双多边互联互通提供投融资支持。截至2023年4月，亚投行的成员数量由启动运营时的57个增至106个，覆盖全球81%的人口和全球65%的GDP，成为成员数量仅少于世界银行的全球第二大国际多边开发机构。截至2023年4月，在基础设施建设、推动当地经济与社会发展、改善人民生活等方面，亚投行已累计批准212个项目，融资总额超过403.7亿美元，撬动资本近1300亿美元，涉及能源、交通、水务、通信、教育、公共卫生等领域的可持续基础设施建设与成员经济的绿色复苏，项目遍布全球33个国家。为了应对疫情对经济的影响，亚投行还为成员有效应对疫情冲击和恢复经济社会发展提供资金支持；同时，新设立了“低收入国家特别基金窗口”，帮助低收入成员提高项目准备和执行能力、降低融资成本。自2014年成立以来，丝路基金秉承“开放包容、互利共赢”的理念，持续为“一带一路”建设提供中长期融资。丝路基金官网显示，截至

2022年年底，丝路基金投资项目遍及60多个国家和地区，覆盖“一带一路”沿线多个国家和地区，承诺投资金额超过200亿美元，其中70%投向“一带一路”沿线国家和地区。2006年成立以来，中非发展基金已累计在非洲37个国家投资决策了110个项目。

（四）拓宽经贸合作，促进贸易畅通

贸易畅通是共建“一带一路”的着力点，是推动各国经济持续发展的重要力量。在全球经贸格局加速重构，贸易保护主义、单边主义暗流涌动的局面下，秉承“共商共建共享”理念，十年来，我国与“一带一路”沿线国家之间的贸易自由化和便利化水平稳步提升，贸易方式不断创新，贸易畅通迈上新台阶。

1. 国际贸易保持快速增长

“一带一路”倡议提出以来，我国与“一带一路”沿线国家贸易往来日益密切。中国海关数据显示，2021—2022年，中国与沿线国家年度贸易额从1.8万亿美元扩大到2.1万亿美元，增长16.7%。2013—2022年，中国与“一带一路”沿线国家货物进出总额由6.5万亿元增至13.8万亿元，年均增长8.7%。2022年，我国对“一带一路”沿线国家货物进出口总额高达138 339亿元，同比增长19.4%。中国海关数据显示，2013年沿线国家中仅马来西亚与中国货物贸易额超千亿美元，2022年，已有越南、马来西亚、俄罗斯、印度尼西亚等8个沿线国家与中国货物贸易额超千亿美元。世界银行报告显示，共建“一带一路”使参与方贸易增加4.1%，外资增加5%，使低收入国家GDP增加3.4%。受益于“一带一路”建设，2012—2021年，新兴与发展中经济体GDP占全球份额提高3.6个百分点。世界银行测算，到2030年，共建“一带一路”每年将为全球产生1.6万亿美元收益，占全球GDP的1.3%。中国国际进口博览会等重大展会、平台为“一带一路”沿线国家商品扩大出口与投资合作创造了条件。

2. 双向投资实现互惠共赢

十年来，双向投资不断增长、合作不断深化，有助于构建深度交融的产业链供应链价值链体系，形成深度利益融合，引领经济全球化的发展方向。对外直接投资总体保持增长态势。近年来，中美博弈和疫情影响，欧美国家持续收紧投资审查，更多中国企业将海外投资转向“一带一路”沿线国家。与沿线国家的产业合作已成为中国参与全球产业链分工合作的延伸、嵌入和补充，沿线国家日益成为中国企业“走出去”的重要目的地。2013—2022年，中国企业对“一带一路”沿线国家非金融类直接投资由115.9亿美元增加到209.7亿美元，占中国非金融类对外直接投资总额比重由12.5%提高到17.9%。2013—2022年，中间产品出口占中国对沿线国家出口比重由49.8%升至56.3%。中国的纺织品、电子元件、基本有机化学品和汽车零配件等商品在沿线国家市场竞争力不断增强，出口增长迅速。中国海关数据显示，中国全部大米进口、30.8%的谷物进口、85.0%的原油进口和36.1%的矿产品进口均来自“一带一路”共建国家。

十年来，境外经贸合作区提质升级，实现长足发展，数量持续增长，设施建设稳步推进，产业集聚效应逐渐显现，助力中国企业“走出去”，助力“一带一路”沿线国家构建现代化产业体系，助力打造互利共赢的产业链供应链合作体系。截至2022年年底，我国企业在沿线国家建设的合作区累计投资3979亿元，为当地创造了42.1万个就业岗位，有力

促进了合作区和东道国在互利共赢中实现共同发展。中国印尼综合产业园区青山园区、泰中罗勇工业园、中柬西哈努克港经济特区、中国埃塞俄比亚东方工业园等在促进中外企业合作、增加当地民众就业、拉动东道国经济增长等方面发挥了重要作用。中埃泰达工业园填补了埃及乃至非洲在玻璃纤维产业的空白，中马“两国双园”模式不仅成为中马两国投资合作的旗舰项目，也成为中国与东盟合作的示范项目。

（五）深化人文交流，促进民心相通

习近平总书记在出席第三次“一带一路”建设座谈会时强调，把基础设施“硬联通”作为重要方向，把规则标准“软联通”作为重要支撑，把同共建国家人民“心联通”作为重要基础。近年来，各国在文化、教育、旅游、科技创新和抗疫等方面合作上开展形式多样的民心相通项目，“一带一路”民意基础不断巩固。

1. 教育文化交流互动日益密切

“一带一路”倡议为国际人才培养与合作创造条件。倡议提出后，我国制定了《推进共建“一带一路”教育行动》，重点从国际和国内两个方面强化务实合作，加大推进力度，促进民心相通，不断为“一带一路”建设厚植民意根基。我国深入实施共建“一带一路”教育行动，加强同共建国家教育领域互联互通，建设了23个鲁班工坊，启动了海外中国学校建设试点。我国成立“中国—东盟职业教育联合会”，设立中国上海合作组织经贸学院，启动“未来非洲—中非职业教育合作计划”，深化中国—中东欧教育交流合作，点面结合的区域教育合作机制不断完善。同时，以“一带一路”为主题的文化活动明显增多，品牌化趋势明显，不断推动中外文化交流继续向全方位、深层次发展。十年来，中国同中亚国家不断加强人民友好往来，增进相互了解和传统友谊。双方结成62对友好省州市，每年数十万民众常来常往；孔子学院和孔子课堂带动“中文热”“中国文化热”在中亚国家持续升温；中亚首家鲁班工坊在塔吉克斯坦首都杜尚别投入运营；“中国—哈萨克斯坦传统医学中心”“中国—中亚农业合作中心”“中国—中亚综合农业科技示范园区”揭牌，“教育培训计划”和“减贫惠农计划”正式启动……中国与中亚国家延续千年的友好情谊更加深入人心，双方共建“一带一路”的民意基础和社会基础愈加深厚。

2. 科技创新合作推动高质量发展

自2017年“一带一路”科技创新行动计划启动以来，我国与共建“一带一路”国家在科技人文交流、共建联合实验室、科技园区合作、技术转移等方面开展合作，共同迎接新一轮科技革命和产业变革，推动创新之路建设。截至2021年末，中国与84个共建“一带一路”国家建立科技合作关系，支持联合研究项目1118项，累计投入29.9亿元，在农业、新能源、卫生健康等领域启动建设53家联合实验室。截至目前，中国启动的“一带一路”国际科技组织合作平台建设项目累计吸引200多个国际组织参与，涉及全球150多个国家和地区，共实施152个项目，支持建立或筹建30家区域科技组织、36家国际科技组织联合研究中心、5家国别科技问题研究中心，培养11.9万多名科技人才。中国主导发起的“一带一路”国际科学组织联盟，成员单位达到67家。此外，中国面向东盟、南亚、阿拉伯国家、中亚、中东欧国家、非洲、上合组织、拉美建设8个跨国技术转移平

台，并在联合国南南框架下建立“技术转移南南合作中心”。

三、“一带一路”的世界意义

十年来，“一带一路”倡议得到国际社会的普遍响应，在世界体系正经历深刻转型调整的今天，展现出其强大的号召力和光明前景，与一些地方逆全球思潮暗潮涌动、经济合作进程受阻、保护主义抬头、民粹主义泛滥等形成鲜明对比。在当前充满不确定因素的国际形势下，“一带一路”为各国实现共同发展繁荣开辟了新的路径，展现出强劲生命力和广阔前景，其世界意义正变得日渐清晰。

（一）“一带一路”推动全球化新进程

全球化是世界经济发展的一个重要促进因素。然而经济危机的爆发导致全球化发展受到阻碍，全球化的弊病正在逐渐显露。当前，英国“脱欧”、美国实施经济单边主义，发起对华贸易战并强推对华脱钩政策，在贸易领域寻找市场替代，产业领域寻求供应链转移，科技领域进行技术封锁，导致经济全球化进程因地缘政治斗争而受阻，全球经济重回本土化、阵营化、碎片化趋势。这些现象都表明全球化正面临逆转风险。中国是全球化的受益者，始终坚持全球化理念，走全球化道路。“一带一路”倡议是推动新一轮全球化的中国方案，以其平等、开放、普惠的特质，让更多国家分享中国发展红利。“一带一路”倡议将在“逆全球化”的国际背景下，为全球经济复苏和新一轮全球化注入强劲活力。

1. “一带一路”倡议蕴含新型全球化理念

在全球化面临逆转风险的今天，世界各国不能再自私地追求自身发展，而忽视全球共同发展。“一带一路”倡议中体现出了“互信”“包容”“共赢”的新型全球化理念。

“一带一路”这一宏伟蓝图需要沿线各国平等互信才能得以实现。沿线各国共同建设“一带一路”有利于加强沿线区域的互联互通，实现沿线国家的多元化可持续发展。同时可以推动各国的发展战略的对接，发掘市场潜力，创造需求、投资与就业，增强文化交流。这需要参与国树立新安全观，增进互信，加强协作。

包容性全球化是平衡和促进世界各国共同分享发展红利的必要条件之一。“一带一路”倡议延续了丝绸之路精神，彰显了“开放包容”“平等互利”“共商共建共享”的精神内涵。“一带一路”通过互联互通，将中国与沿线各国连接在一起，推动经贸合作，传播多元文化，提供就业机会，刺激消费、贸易和投资的扩大，加强沿线各国的交流与合作。在“一带一路”建设过程中，各方秉持不干涉他国内政、不谋求地区事务主导权的原则，相互尊重各国自主发展模式，共同倡导文明宽容的对话模式，包容互鉴、共生共荣。

共赢理念体现在“一带一路”倡议的合作原则与合作方式两方面。一方面，合作原则指通过共商达成共识，由共识转化为各方共同参与，即共建。共建能够使沿线国家的人民都受惠，并共同分享发展成果，实现共享。另一方面，合作方式是指“五通”，这是实现“一带一路”的出路，通过全方位推进各方合作，打造共同体，实现共赢的目标。

2. “一带一路”倡议引领新型全球化对传统全球化的超越

中国的“一带一路”倡议是对资本主义世界化的革新、对传统全球化的改革，改变了西方中心论的传统论调，摒弃了固有的零和思维、丛林法则和霸权逻辑。作为新型全球化的中国方案，“一带一路”倡议将开启世界经济新篇章，推动全球化的发展。

“一带一路”倡议所引领的新型全球化，与资本主义世界主导的传统全球化有着不同的目标和性质、理想和价值。新型全球化以东西互联、南北互通的互动型全球化超越从西向东、从北向南的单向度全球化；以平衡海陆发展的均衡全球化超越海权优先、陆海二分的海上全球化；以全覆盖、无死角的世界全球化超越欧美优先、充斥暗角的局部全球化；以开放包容的广域全球化超越以制度、文明和价值观划界的局域全球化；以均衡发展、利益共享的普惠型全球化超越以部分国家的发展牺牲他国利益为代价的畸形全球化；以多中心崛起、全方位合作、全人类共赢的全球化超越“一国独霸”“几方共治”“零和博弈”“赢者通吃”的极端全球化。

新型全球化是为了打破和消解资本主义主导的世界体系中的“中心—边缘”结构、摒弃依附型的世界体系、避免再次出现世界霸权秩序，从而构建一个去中心化的更加平等互利、包容互鉴的世界。传统的全球化是全球化的一种形式，为世界经济和各国发展带来了贡献，但却不是唯一的形式，更不是最好的形式。中国“一带一路”倡导的全球化，将是超越传统全球化的新型全球化。

3. “一带一路”倡议推动构建人类命运共同体

第一，促进真正的多边主义发展，推进经济全球化进程。共建“一带一路”的一个显著特征就是发展导向性，为共建国家提供新发展动能，创造新发展机遇。经济全球化尽管目前遭遇逆流，但它是一个客观的发展过程，必然继续向前发展，没有人可以终止其进程。我们清晰地看到，以共建“一带一路”国际公共产品和国际合作平台为基础的推进经济全球化继续发展的强大力量，正在不断增生。这是一股新型的经济全球化推进力量，正在弥补当前经济全球化驱动力的缺失，成为当前和未来经济全球化发展的重要动力。弘扬真正的多边主义精神，体现在大家的事情大家一起协商着办。共建“一带一路”正是在这样的基本精神指引下实施的。中国与“一带一路”共建国家开展了许多共建项目。有些项目已经完成，如蒙内铁路、亚吉铁路、中老铁路、雅万高铁、卡拉奇核电站、佩列沙茨跨海大桥等；有些正在紧锣密鼓地进行之中，如匈塞铁路、中泰铁路等。很多国家及其民众已经从中获得了实实在在的好处，如巴基斯坦因为电站建设完工，更多人用上了电；肯尼亚由于蒙内铁路运营使货运成本大幅降低，贸易发展得到极大促进；很多国家的民众因为共建“一带一路”项目而获得了就业机会，政府获得了更多税收。

第二，完善全球治理体系。当前全球治理体系存在诸多问题。党的二十大报告提出，中国要“积极回应各国人民普遍关切，为解决人类面临的共同问题作出贡献”，并提出未来五年要“在全球治理中发挥更大作用”。通过共建“一带一路”，中国和共建国家可以为全球治理作增量性的贡献。比如“一带一路”共建国家结成卫生合作伙伴关系，就新冠肺炎疫情防控与治疗、疫苗研发与生产、防护物资生产与供应等开展深入合作。针对全球气候变化，中国利用“一带一路”国际合作平台，在很多共建国家修建了大量可再生能源发电站，在阿联酋建设太阳能电站，在巴基斯坦建设风电站，在柬埔寨修建水电站等。此外，共建“一带一路”还有助于完善全球基础设施建设治理体系、全球金融治理体系、全球减贫治理体系等。

（二）“一带一路”提升全球价值链新动力

随着经济全球化日益发展，生产体系被细分为不同的工序和模块，重塑了世界经济格局和运行方式。在此进程中，共建“一带一路”倡议丰富了国际经济合作的理念和多边主义的内涵，为促进世界经济增长、实现各国共同发展提供了重要途径。

经济全球化使产品的生产过程被不断细分，使全世界国家之间的经济联系越来越紧密，大量的商品和服务在全球范围内流动，这种经济全球化的核心就是全球价值链。在此进程中，发达经济体一般掌握产品的核心技术，具有核心竞争力，占据价值链的高端环节，其利用对外直接投资把价值链低端环节向劳动成本低廉、资源丰富的发展中国家转移，以此提升产品制造效率、获取丰厚收益。发展中国家则通过代加工和技术模仿，加快自身的工业化、城镇化进程，实现经济发展。由此，作为主要消费国的发达经济体与作为主要生产国的发展中国家之间逐步构成了产业结构的自我调节机制。

然而，2008 年国际金融危机爆发后，世界经济的结构性问题逐步显现。新兴经济体和发展中国家的快速崛起和区域合作的日益深化，优化了其市场发展潜力，扩大了本地需求规模，跨国公司逐步将技术创新和研发环节配置到新兴经济体和发展中国家，这种“逆向创新”推动了全球价值链治理主导权和国际贸易规则发生变化。为应对这一新变化，发达经济体表现出以本地化取代国际化的倾向，采取了推动“制造业回流”等措施。与此同时，以人工智能、大数据、物联网为代表的新技术也在逐步推动全球价值链的分散化和碎片化发展。可见，全球价值链正面临“逆全球化”的冲击和结构重构的挑战。

在此背景下，共建“一带一路”倡议满足相关经济体融入全球价值链的需求，塑造开放、互联、共享的全球贸易体系和伙伴关系，为推动全球价值链整体提升提供强劲动力。共建“一带一路”倡议提出以来，越来越多的国家和地区积极响应。“一带一路”建设已经成为经济全球化的新动力，不仅能有效加快生产要素的国际流通，还可助力在世界经济增长中的产业转移，进一步激发相关经济体的发展潜力，对全球贸易和国际分工体系产生深远影响。

首先，共建“一带一路”倡议加强政治高层对话、治国理政经验交流和文化互动，以制度性安排保障相关投资与贸易协调发展，减少多边和双边合作中因不确定和不了解而产生的交易成本，引导产业间贸易向产业内贸易转换，推动构建生产的合作机制。

其次，共建“一带一路”倡议以全球价值链基础设施建设为重点，不断优化铁路、高速公路、港口构成的交通运输网络及电力和通信网络，降低跨境物流成本，巩固经济增长基础，吸引更多的产业转移和投资。

再次，共建“一带一路”倡议注重全球价值链模式创新。一方面，借助自由贸易区、经贸合作区等加强国际产能合作；另一方面，构建“互联网 +”平台，通过跨境电子商务，有效减少相关经济体之间贸易投资壁垒，不断降低相关经济体融入全球价值链分工体系的门槛，同时拓展其提升的空间。

与此同时，共建“一带一路”倡议还将沿线各国家贯通，激发出巨大的消费市场，为欧美发达经济体的经济增长、社会福利改善和发展平衡提供了机会与条件。发达经济体可以与“一带一路”沿线国家开展中间商品贸易合作，降低产品制造成本，获得动态的贸易利益，为产品技术创新积累资本。由于中间商品的技术溢出效应可促进“一带一路”沿线国家实现产业升级，从而也能推动发达经济体更好参与全球价值链转型升级。

可以说，共建“一带一路”合作框架下的全球价值链治理，基于全球产业合作，依托对外贸易和资本流动，既支持企业集群式发展、链条式转移，也有利于上下游产业链协同布局，打造生产融合、衔接紧密的全球价值链分工发展新格局，为全球价值链升级拓宽了发展思路、提供了强劲动力。

（三）“一带一路”激发世界经济新活力

近年来，世界经济长期面临动力不足、需求不振、金融市场反复动荡、国际贸易和投资持续低迷等多重风险和挑战。“一带一路”致力于通过消除供应链壁垒、挖掘各方比较优势、鼓励各方创新合作模式等，努力为世界经济发展打造新引擎。

首先，“一带一路”致力于通过提高有效供给来催生新的需求。在国际经济合作陷入困境的背景下，各方为“破局”提出了不同解决思路。美国提供的思路是进一步削减贸易壁垒，其所倡导的 TPP、TTIP 等，力求制定“高水平国际经济规则”，建设高规格的“超级自由贸易区”。与之相比，“一带一路”的思路是努力减少供应链壁垒，通过改善基础设施、行业标准、政策和服务等方面的不足，推动跨境商品自由流动，推动国际经济合作发展。在当前全球平均关税壁垒已经下降到5%左右的情况下，相对于低关税壁垒，减少供应壁垒对全球贸易的影响更大，这意味着，“一带一路”的切入点更务实有效，也更能促进贸易便利化和经济发展。

其次，“一带一路”有利于各方充分发挥比较优势。“一带一路”沿线地区人口占世界总人口的60%多，而经济总量却不到世界的30%。这一数字的“错位”凸显了“一带一路”沿线国家发展的相对落后和世界经济发展的严重失衡，但同时也意味着沿线地区经济发展存在巨大潜力和空间。“一带一路”强调沿线国家发展战略对接，有助于将中国在基础设施建设能力、资金实力等方面的优势与沿线国家在能源、劳动力等方面的优势结合起来，相互借力、相互给力，共同提升在全球产业链中的位置。

第三，“一带一路”引领国际经济合作模式创新。过去开展国际合作，往往遵循“制度先行”的逻辑，即先制定明确的制度规则，然后在制度规则框架下开展合作。这一模式对推动国际经济合作发挥了重要作用，但也存在明显缺陷。因为，制度经常存在“非中性”的问题。为解决这一问题，国际社会既应改革完善原有制度框架，也应积极探索新的合作模式。“一带一路”在尊重现有国际经济合作机制的基础上进行创新超越，鼓励合作模式创新和合作经验推广，鼓励沿线国家因地制宜、量体裁衣，根据各自经济结构、资源禀赋、发展潜力等探索专属性合作方案。

（四）“一带一路”开启各国互动新篇章

自近代以来，中国与世界的互动关系经历了沧桑巨变。在两个多世纪的历史巨变中，世界发生了很大变化，中国发生了很大变化，中国与世界的互动关系也发生了很大变化。新的历史条件下，中国应以什么样的方式与世界互动、中国能为世界和平与发展作出何种贡献、中国应如何实现与世界各国的和谐共生，既是摆在中国人面前的大课题，也是国际社会普遍关注的大问题。“一带一路”正是在这一大背景下出现的，可谓是新时期中国寻求与世界良性互动的重要“试验田”。

首先，随着综合国力的上升，中国有能力也有意愿为世界提供更多公共产品。“一带一路”在推进过程中既授人以鱼亦授人以渔，致力于在保持战略韧性的前提下，通过发挥中国的带动作用，深入挖掘沿线地区发展潜力，充分调动沿线国家各方面的积极性，积极促成互利共赢、合作发展的态势，让沿线国家以一种可持续的方式搭乘中国发展的“快车”和“便车”。这是中国坚决走出所谓“修昔底德陷阱”的具体抓手，充分体现了中国和平发展的决心，以及践行“达则兼济天下”义利观的诚意。

其次，中国愿以建设性的姿态推动国际秩序和全球治理朝着更加公正合理的方向发展。当前，以新自由制度主义为理论底色的现有国际规则体系未能反映世界权力结构的变化，缺乏针对跨国性事务的制度设计，缺乏对文明多样性的尊重，无法有效管理全球事务，“全球治理赤字”日趋扩大，国际秩序和全球治理正处在历史的转折点上。国际社会亟须继承、改进、整合、创新现有国际规则体系，使国际制度更趋中性。“一带一路”可谓是这方面的一种全新尝试。它注重与现有机制相辅相成，注重合作模式多元多样，注重制度建设与务实合作齐头并进，注重区域治理与全球治理协调共进，努力为全球治理体系的发展注入一些新要素。

第三，中国崛起代表的是一种文明的崛起，“一带一路”则是践行中国文明观的重要场所。过去几个世纪，由于西方物质力量上的优势，人们在如何看待世界各大文明的问题上也形成了一种“代差”式思维，似乎物质力量强的文明就是先进的，物质力量弱的文明就是落后的，弱势文明理应按强势文明的标准彻底改造自身。站在今天的立场来看，这种认识显然是不科学的，文明因多样才有交流互鉴的价值，因平等才有交流互鉴的前提，因包容才有交流互鉴的动力。“一带一路”所倡导的共商、共建、共享原则，所注重的“互联互通”理念、所承续的互学互鉴精神、所力推的“民心相通”工程都体现着中国的这一文明观立场。应该说，秉持这样的理念开展国际合作，才是促进不同文明互动交流的最佳方式。

四、推动共建“一带一路”高质量发展

推动共建“一带一路”高质量发展，是《第二届“一带一路”国际合作高峰论坛圆桌峰会联合公报》和《中华人民共和国国民经济和社会发展第十四个五年规划和2035年远景目标纲要》的重要内容。党的二十大报告在总结新时代十年伟大变革及其所取得的巨大成就时明确指出，共建“一带一路”成为深受欢迎的国际公共产品和国际合作平台。报告对我国迈上全面建设社会主义现代化国家新征程、向第二个百年奋斗目标进军的各项战略任务和重点工作进行了部署，提出要继续推动共建“一带一路”高质量发展。

（一）把握多元化契机 拓展第三方市场合作

在“一带一路”这一跨国经济合作行动中，作为积极的倡议者、推动者、参与者，我们要更扎实、更有章法地开展相关工作，抓住全球公共产品提供方更加多元化的契机，积极推动“一带一路”的多边化、国际化和机制化。更加主动与《联合国2030年可持续

发展议程》的目标和工作进行对接，加强国际宏观经济政策协调，推动“一带一路”更多内容转化为国际组织的决议、标准、规则、议案，使“一带一路”倡议真正成为全球公共产品，成为全球各国共同应对挑战的合作之路、维护人民健康安全的健康之路、促进经济社会恢复的复苏之路、释放发展潜力的增长之路。

第三方市场合作（中国企业与有关国家企业共同在第三方市场开展经济合作）是我国首创的国际合作新模式，是共建“一带一路”新的重要平台。近年来，在“一带一路”合作框架下，我国已与法国、日本、意大利、英国等14个国家签署16份第三方市场合作文件。在达成共识的基础上，我国与有关国家建立了第三方市场合作委员会或者合作工作组，逐步建立和完善了政府间的协调制度和合作机制，确定了合作的主要区域、重点行业，形成了重点合作的项目清单。

下一步，要巩固已有的中欧第三方市场合作成果，继续拓展与其他国家建立第三方市场合作机制，通过搭建第三方市场合作工作机制平台、举办第三方市场合作论坛、设立第三方市场合作基金等多样化方式，发挥各方技术、资金、产能、市场等互补优势，充实和加强“一带一路”国际合作的内涵，促进互利共赢。同时，可考虑加大引入发达国家作为第三方参与重大投资项目的风险评估，建立对项目评估、跟踪、启动前的可行性研究等一系列风险管理流程，为“一带一路”高质量发展营造良好的国际环境。

（二）聚焦核心内容，突出立体化空间布局

在未来推进重点中，应突出“共商、共建、共享”原则处理国家合作关系，突出“五通”（政策沟通、设施联通、贸易畅通、资金融通、民心相通）的核心内容，突出“陆海空网”立体化空间布局以及多维度推进“一带一路”，如健康丝绸之路、绿色丝绸之路、能源丝绸之路、数字丝绸之路等。

推动“一带一路”贸易投资高质量发展。贸易投资基础好，见效快，各参与方容易达成共识，可成为“一带一路”高质量发展的先行示范。应以东盟、中日韩、中东欧、非洲等为重点经贸合作区域，以境外经贸合作园区建设、跨境电子商务合作等数字贸易、第三方市场合作为重点，推动进口与出口、货物贸易与服务贸易、贸易与双向投资、引进来与走出去、贸易投资与产业协调发展，促进国际国内要素有序自由流动、资源高效配置、市场深度融合，实现贸易投资高质量发展。积极推动共建“一带一路”相关国家加强贸易投资规则衔接，推动削减非关税壁垒，提高技术性贸易措施透明度，提升贸易投资便利化水平，共同扩大对外开放。

推动高水平建设数字“一带一路”。这是加快构建开放型经济新体制以及加速新一轮经济全球化的重要驱动力。应以数字“一带一路”建设为契机，加大对信息基础设施的投资，促进数字软硬“互联互通”，破除数字经济和数字贸易发展的壁垒，全力构建数字“一带一路”区域价值链。积极推动“一带一路”数字技术创新合作，深入对接不同区域、不同国家、不同合作对象的需求，积极参与构筑数字经济发展的区域平台和数字规则治理的新框架，推动数字“一带一路”建设朝着相互尊重、公平正义、合作共赢方向发展。

坚持绿色发展。绿色之路是“一带一路”倡议走向高质量发展阶段的必然选择，是

中国自身发展理念成功实践的总结。应鼓励和引导企业参与“一带一路”建设、参与沿线相关国家经济建设时贯彻绿色发展理念，逐步完善生态环境管理制度、生态环境损害赔偿制度及生态补偿机制，探索建立环境评估体系。立足沿线国家多样化、差异化的绿色发展需求与能力，与沿线国家共同列出绿色低碳领域重点任务和需求清单，建立专门的绿色技术协调管理机构，设计共建合作机制与平台，促进多层次绿色项目合作，推动形成“一带一路”绿色合作制度框架，逐步建立以市场为导向的“一带一路”绿色合作模式，提升中小企业参与建设“一带一路”的能力。

（三）高峰论坛引领，完善多边合作平台

经过10年的努力，共建“一带一路”国际合作已形成以高峰论坛为引领、各领域多双边合作为支撑的基本架构，为长远发展提供了有效机制保障。

逐步推动“一带一路”国际合作高峰论坛机制化实体化发展。应以关键通道、关键城市、关键园区、关键项目取得的重大成效树立“一带一路”样板工程和最佳实践范例，在国际高峰论坛框架下开展多边研讨、交流与合作。同时充分借鉴相关国际论坛的成熟经验与做法，探索设立秘书处常态化组织机构，逐步完善相关决策机制、协调机制、执行机制等关键职能，有序推动向机构实体化、人员专职化和部门专业化发展，更好发挥其在“一带一路”建设中的重要支撑和引领作用。

健全和完善多边合作平台，加快“一带一路”规则标准融合衔接。积极推动“一带一路”沿线国家与联合国及其附属的基金会、环境署、粮食署等机构在改善民生方面的合作。积极拓展与上海合作组织、欧洲联盟、东南亚国家联盟、亚太经合组织、金砖国家组织等沿线地区和跨地区国际组织在贸易、投资、产业及全球价值链方面的合作。有序推进交通、农业、法治、知识产权等方面的标准对接，不断健全完善现有覆盖交通运输、税收征管、绿色环保等诸多领域的多边对话合作平台，为拓展深化“一带一路”相关合作提供有力支持。

探索建立多样化的机制平台。探索设立域外国家参与“一带一路”建设的开放机制平台，世界各国、国际和地区组织，只要有意愿都可参与进来，成为“一带一路”的支持者、建设者和受益者，携手推动更大范围、更高水平、更深层次的大开放、大交流、大融合。积极推动参与国的宏观经济政策协调与沟通，统筹兼顾财政、货币、就业、产业和结构性改革政策，为加强形成趋同化、协同化和有利于世界经济发展的政策取向提供新平台和渠道。

（四）坚持实践导向，全面加强机制建设

机制化建设有助于明确各方权利和义务，是重大合作倡议行稳致远的强大保障。应坚持问题导向、实践导向，通过解决实践中出现的问题来促进机制建设，推动“一带一路”建设由项目导向逐步向规则导向转变，为高质量共建“一带一路”提供坚实支撑。

完善项目发展机制。应强化项目遴选调查与风险评估机制，完善“一带一路”建设重点项目信息储备库，对项目进行全方位、全过程的动态跟踪、监测与预警；健全完善项目合法合规经营制度，规范企业投资行为，鼓励企业在进行项目建设时注重保护环境、履

行减贫等社会责任，积极回应当地社会诉求，实现项目建设中的各方共赢。

完善贸易畅通机制。应积极对接《区域全面经济伙伴关系协定》（RCEP），最大限度消除贸易壁垒、加强贸易便利化；按照构建高标准自由贸易区网络的要求，推动以周边为基础，面向欧亚非和拉美大市场的高标准自由贸易网络建设；加强海关、检验检疫、投资保护、出入境管理等方面的合作，进一步推动贸易自由化便利化进程；坚定维护世界贸易组织（WTO）多边贸易体制，同时推动互联网、物联网、区块链与贸易的有机融合，加快发展跨境电商等外贸新业态、新模式，促使更多国家融入全球产业链、供应链、价值链网络体系。

健全风险共担、收益共享的投融资机制。应统筹国际资源和国内资源、政府资本和社会资本、直接融资和间接融资，打造互利共赢、多元平衡、风险共担、收益共享的融资机制。进一步落实好《“一带一路”融资指导原则》，继续发挥共建“一带一路”专项贷款、丝路基金、各类专项投资基金等的作用，支持多边开发融资合作中心有效运作。创新投融资模式，推广股权投资、PPP 项目融资等方式，充分发挥公共资金的带动作用，动员长期资本及企业资本参与，针对不同性质项目分类施策，建立健全各有侧重的融资保障体系。

建构“一带一路”高质量持续发展评价体系。“一带一路”高质量可持续发展是涉及多国别、多主体、多领域、多层面、多环节的非常复杂和长时段的系统工程，应从高质量发展所含的绿色发展、协调发展、包容、可持续性等维度设计可定量描述的“一带一路”高质量发展指标体系，定期评价，及时准确地监测分析高质量建设状况，以及各因素对高质量建设进程的影响。

（五）深化理论内涵，发挥智库支撑作用

“一带一路”是一项理论与实践紧密结合的世纪工程，实现高质量发展，需要在组织架构、项目建设、体制机制、可持续发展等环节上下功夫，也需要加强学术研究、理论支撑和话语体系建设，为“一带一路”建设行稳致远提供支撑。

加快规范“一带一路”理论与话语体系。发挥智库、媒体对“一带一路”理论与话语体系构建的支撑作用，进一步厘清和深化“一带一路”建设的理论内涵，从人类命运共同体、区域合作等角度阐释“一带一路”建设，聚焦重点国家、重点项目、重点园区取得的最佳实践，阐释“一带一路”建设在世界经济复苏、发展潜力、携手应对公共卫生安全挑战、减贫扶贫、改善当地民生等方面的积极作用。结合构建人类命运共同体和以合作共赢为核心的新型国际关系，从全球治理等层面深挖“一带一路”建设理论内涵，逐渐形成基于实践的“一带一路”高质量发展理论与话语体系。

强化“产学研”合作，深入开展调研。“一带一路”建设推进中，不同区域、不同国家的发展水平、资源条件、制度文化、发展诉求及合作需求差异较大，可以考虑针对重点通道、重点国家和重点项目形成政府、行业协会、智库、企业协同下的可行性研究以及项目推进实施、跟踪、成本回收、收益评估等新型运作模式。长期、深入、动态开展国别研究和实地调查研究，深入分析“一带一路”对参与国经济社会发展的长期影响，以及重大项目的区域、国别及产业领域规划，重大项目规划落实对资源环境、市场供需及对外经

贸关系平衡的影响，聚焦“重点国家、重点领域、重点园区、重点项目”建设，适时形成具有战略前瞻性和引领性的研究及建议，助推“一带一路”高质量发展。

支持国内智库开展“一带一路”合作与交流。通过与相关国家智库的研讨交流等多种方式，向全球阐释“一带一路”建设取得的进展与成效。进一步做实“一带一路”智库合作联盟，广泛动员参与国智库及其他国际智库，联合开展重大问题研究，建立智库索引，共享研究资源等，提升智库合作平台机制水平。

当前，世界经济持续低迷，共建“一带一路”对于促进世界经济增长、推动全球治理发挥着更加重要的作用。未来，中国将进一步加强基础设施互联互通，不断提升贸易投资质量和效益，持续深化人文领域交流合作，稳步拓展绿色发展、公共卫生安全、数字领域等方面的合作新空间，完善风险防控体系，持续为共建“一带一路”作出实质贡献。

【知识链接】

六大经济走廊

“六廊六路多国多港”是共建“一带一路”的主体框架，为各国参与“一带一路”合作提供了清晰的导向。

其中，“六廊”即新亚欧大陆桥、中蒙俄、中国—中亚—西亚、中国—中南半岛、中巴和孟中印缅六大国际经济合作走廊。

新亚欧大陆桥经济走廊。新亚欧大陆桥经济走廊由中国东部沿海向西延伸，经中国西北地区和中亚、俄罗斯抵达中东欧。

新亚欧大陆桥经济走廊建设以中欧班列等现代化国际物流体系为依托，重点发展经贸和产能合作，拓展能源资源合作空间，构建畅通高效的区域大市场。

中蒙俄经济走廊。2014 年 9 月 11 日，中国国家主席习近平在出席中国、俄罗斯、蒙古国三国元首会晤时提出，将“丝绸之路经济带”同“欧亚经济联盟”、蒙古国“草原之路”倡议对接，打造中蒙俄经济走廊。2015 年 7 月 9 日，三国有关部门签署了《关于编制建设中蒙俄经济走廊规划纲要的谅解备忘录》。2016 年 6 月 23 日，三国元首共同见证签署了《建设中蒙俄经济走廊规划纲要》，这是共建“一带一路”框架下的首个多边合作规划纲要。在三方的共同努力下，规划纲要已进入具体实施阶段。

中国—中亚—西亚经济走廊。中国—中亚—西亚经济走廊由中国西北地区出境，向西经中亚至波斯湾、阿拉伯半岛和地中海沿岸，辐射中亚、西亚和北非有关国家。

2014 年 6 月 5 日，中国国家主席习近平在中国—阿拉伯国家合作论坛第六届部长级会议上提出构建以能源合作为主轴，以基础设施建设、贸易和投资便利化为两翼，以核能、航天卫星、新能源三大高新领域为突破口的中阿“1 + 2 + 3”合作格局。2016 年 G20 杭州峰会期间，中哈（哈萨克斯坦）两国元首见证签署了《中哈“丝绸之路经济带”建设与“光明之路”新经济政策对接合作规划》。中国与塔吉克斯坦、吉尔吉斯斯坦、乌兹别克斯坦等国签署了共建丝绸之路经济带的合作文件，与土耳其、伊朗、沙特、卡塔尔、科威特等国签署了共建“一带一路”合作备忘录。中土双方就开展土耳其东西高铁项目合作取得重要共识，进入实质性谈判阶段。

中国—中南半岛经济走廊。中国—中南半岛经济走廊以中国西南为起点，连接中国和中南半岛各国，是中国与东盟扩大合作领域、提升合作层次的重要载体。

2016年5月26日，第九届泛北部湾经济合作论坛暨中国—中南半岛经济走廊发展论坛发布《中国—中南半岛经济走廊倡议书》。中国与老挝、柬埔寨等国签署共建“一带一路”合作备忘录，启动编制双边合作规划纲要；推进中越陆上基础设施合作，启动澜沧江—湄公河航道二期整治工程前期工作，开工建设中老铁路，启动中泰铁路，促进基础设施互联互通；设立中老磨憨—磨丁经济合作区，探索边境经济融合发展的新模式。

中巴经济走廊。中巴经济走廊是共建“一带一路”的旗舰项目，中巴两国政府高度重视，积极开展远景规划的联合编制工作。

2015年4月20日，两国领导人出席中巴经济走廊部分重大项目动工仪式，签订了51项合作协议和备忘录，其中近40项涉及中巴经济走廊建设。“中巴友谊路”——巴基斯坦喀喇昆仑公路升级改造二期、中巴经济走廊规模最大的公路基础设施项目——白沙瓦至卡拉奇高速公路顺利开工建设，瓜达尔港自由区起步区加快建设，走廊沿线地区能源电力项目快速上马。

孟中印缅经济走廊。孟中印缅经济走廊连接东亚、南亚、东南亚三大次区域，沟通太平洋、印度洋两大海域。

2013年12月，孟中印缅经济走廊联合工作组第一次会议在中国昆明召开，各方签署了会议纪要和联合研究计划，正式启动孟中印缅经济走廊建设政府间合作。2014年12月召开孟中印缅经济走廊联合工作组第二次会议，广泛讨论并展望了孟中印缅经济走廊建设的前景、优先次序和发展方向。

（资料来源：中国一带一路网．https：//www. yidaiyilu. gov. cn/zchj/rcjd/60644. htm）

【拓展阅读】

以共建“一带一路”助益开放繁荣的美好未来

以共商共建共享为原则推动“一带一路”建设是中国共产党对外开放理论和实践的重大创新，在世界百年未有之大变局加速演进的背景下，“一带一路”为世界提供了以互联互通推进新型全球化的确定性，提供了中国以高水平对外开放实现高质量发展的确定性，共建“一带一路”已成为深受欢迎的国际公共产品和国际合作平台。

开放是人类文明进步的重要动力，是世界繁荣发展的必由之路。“一带一路”的底色是文明互鉴、开放合作，通过共商共建共享增强各国发展动能，推动经济全球化不断向前，让发展成果更多、更公平地惠及各国人民。

以开放纾发展之困

开放是构建美好世界的必然要求。今天，和平赤字、发展赤字、安全赤字、治理赤字加剧，人类社会面临前所未有的共同挑战。应对共同挑战、迈向美好未来既需要经济、科技的力量，也需要文化、文明的力量。在严峻复杂的国际形势下，共建“一带一路”以实际行动对冲贸易保护主义，维护开放型世界经济格局。

世界银行研究报告显示，2013年到2021年中国对世界经济增长的平均贡献率高达

38.6%，超过七国集团国家贡献率的总和。在这一时期，中国与“一带一路”共建国家实现了经济协同增长，这有赖于双方密切的贸易投资往来。截至2022年8月底，中国与“一带一路”共建国家货物贸易额累计约12万亿美元，对后者非金融类直接投资超过1400亿美元。

共建“一带一路”已成为跨越地理限制、突破文化差异、融合发展需求的开放式、全球性合作平台，并将扎扎实实地为世界经济复苏作出重要贡献。推动共建“一带一路”高质量发展的过程，也是推进高水平对外开放的过程。在基础设施建设方面，现代化铁路网、高速公路网、自动化港口和机场等项目的落地，助益高水平互联互通；在贸易投资方面，领域的拓宽、结构的优化、方式的创新、便利化水平的提高等，助益更大范围、更宽领域、更深层次的开放格局；在制度保障方面，规则、规制、管理、标准等制度型开放的深化，营商环境市场化、法治化、国际化程度的提升，助益高水平开放型经济新体制的形成。

以开放汇合作之力

开放是构建新发展格局的重要内涵，是促进人类社会不断进步的时代要求。保护主义、民粹主义、单边制裁、极限施压以及“筑墙设垒”“脱钩断链”等，都无助于营造和平与发展的国际环境，无助于培育全球发展新动能。美国2022年8月通过的《通胀削减法案》，已严重扰乱国际贸易投资，甚至受到欧盟、日本、韩国等反对。世界贸易组织估计，如果全球经济分化成两个贸易集团，从长远来看，将降低国际分工专业化水平和技术溢出效应，导致全球GDP减少5%。发展中国家会因此失去参与全球生产网络的机会，难以提升劳动技能、分享科技发展红利，无法改善人民生活水平；对于发达国家而言，商品价格的进一步提高无疑将加剧通货膨胀。

“一带一路”倡议通过打造基础设施的“硬联通”、规则标准的“软联通”以及共建国家人民的“心联通”，构建以合作共赢为核心的新型国际关系。截至目前，中国已经同151个国家、32个国际组织签署200余份共建“一带一路”合作文件，基本形成了“六廊六路多国多港”的互联互通架构。具体合作项目做到了原料本土化、就业本地化、标准国际化、管理全球化。例如，印尼德龙工业园采取本土化战略，就地开采镍矿石加工成镍铁坯，再就地加工成不锈钢，产品的工业附加值大幅提高，仅2021年就在印尼纳税超过30亿元人民币。同时，通过技能培训，带动本地4万余人就业，占员工总数八成以上。巴基斯坦卡洛特水电站项目涉及中国进出口银行、国家开发银行、丝路基金和国际金融公司（IFC）四方贷款，需要满足巴政府、三峡集团、IFC等多方的要求。项目方融合中国标准与国际标准，形成了一套具有国际化特色的可持续发展与社会管理体系。根植于汇集合作之力的土壤，“一带一路”项目不断开花结果。

为推动共建“一带一路”持续在开放中促合作、谋共赢，需要在以下三个方面发力：首先，要夯实合作机制，推动世界贸易组织、亚太经合组织等多边机制更好发挥作用，扩大金砖国家、上海合作组织等合作机制的影响力，落实全球发展倡议、全球安全倡议。其次，要拓宽合作领域，在强化传统贸易投资领域合作之外，加强国际安全合作、国际反腐合作、国际科技交流合作，特别是要推动数字创新合作。最后，要提升合作理念，以合作成果矫正意识形态偏见，站在历史正确的一边，站在人类文明进步的一边，推动构建人类命运共同体，创造人类文明新形态。

以开放聚创新之势

开放是中国新发展理念的核心内容，是全球创新发展的动力保障。建设创新型国家需要自主创新与开放创新双轮驱动，而自主创新又需要开放环境。从“李约瑟之谜”到“钱学森之问”，中国近代“受制于人”无不与创新不足有关。中国经济要不断发展，创新就是重要的驱动力。

开放带动创新。“一带一路”倡议就是一项创新，正带动着科技创新。北斗系统覆盖巴基斯坦、沙特、缅甸等30余个共建国家，提供精准可靠的定位和导航服务；风云气象卫星帮助发展中国家预测自然灾害；中国将与阿联酋等发展中国家在航天领域深度合作，助力后者实现“探月”梦想。在数字创新领域，“丝路电商”朋友圈不断扩大，2022年一季度中国对沿线国家和地区跨境电商出口增幅达92.7%。在创新平台建设上，科技部批准建设“一带一路”联合实验室，整合各国学科优势，建立产学研的全面长期合作，涵盖医学、生物、农业、生态、可再生能源等诸多领域。

共建“一带一路”已成为开放创新的坚实平台基础，助力形成具有全球竞争力的开放创新生态。首先，夯实国际科技交流平台，充分利用国际发展知识中心、全球发展促进中心等已设机构，推动构建全球发展知识网络，积极融入全球创新网络。其次，积极探索更加多元的合作领域，以更加开放的思维和举措推进国际科技交流合作，使中国成为全球科技开放合作的广阔舞台。最后，通过提升科技自主创新能力，增加发展中国家在全球创新格局中的底气、在全球科技治理中的影响力和话语权。

以开放谋共享之果

开放是搭乘中国发展快车、共享中国机遇的应有之义，是共商共建共享全球治理观的生动体现。其中，共商是基础，共建是过程，共享是目的。共建“一带一路”是全球性倡议，不仅对所有国家开放，也愿将成果与收益同全世界共享。第三方市场合作是中国在“一带一路”建设中倡导的国际共享模式，将中国的优势产能、发达国家的先进技术和发展中国家的发展需求有效对接，在优势互补的基础上，共同在第三方市场开展经济合作。近年来，中国先后同法国、日本、意大利、英国等14个国家达成第三方市场合作共识，积极搭建“1+1+1>3”的共赢模式，合作领域涵盖基础设施、健康医疗、国际物流、金融服务以及能源开发等。

共建“一带一路”的红利是实实在在的。例如，孟加拉国帕德玛大桥的建成，为其带来每年1.5%的GDP增长，受益人口超过8000万；巴基斯坦卡洛特水电站的运转，预计每年可节约标准煤约140万吨，减少二氧化碳排放350万吨，满足500万人的用电需求；截至2022年7月，中欧班列累计开行超过5.7万列，通达欧洲24个国家的196个城市，带动中欧贸易双向、持续增长。在人文交流合作领域，中国迄今已在国外建设23个鲁班工坊，开设数控机床、光伏发电、3D打印、工业机器人等前沿专业，不断为当地培养职业技术人才；中医药海外中心的合作共建，不仅助力深化全球卫生治理合作，也促进了各国民众对中国文化的理解和认同。

世界又一次站在历史的十字路口。世界向何处去？全球化向何处去？越是关键时刻，越需要“结伴成行”，越需要互联互通。2023年是“一带一路”倡议提出10周年，中方将考虑举办第三届“一带一路”国际合作高峰论坛，为亚太和全球发展繁荣注入新动力。共建“一带一路”追求的是发展，崇尚的是共赢，传递的是希望。

（资料来源：中国一带一路网. https://www.yidaiyilu.gov.cn/info/iList.jsp?cat_id=10002&info_id=302081&tm_id=126）

思考题

1. “一带一路”绿色发展有什么意义？
2. 如何理解“一带一路”倡议对于构建国际合作新模式的意义？
3. “一带一路”倡议未来发展的趋势和将会遇到的挑战是什么？

专题四　绘就宜居宜业和美乡村的幸福底色

党的十八大以来，以习近平同志为核心的党中央高度重视“三农”工作，站在统筹中华民族伟大复兴战略全局和世界百年未有之大变局的高度，引领推进新时代农业农村现代化事业发展，带领全党全国各族人民为农业强、农村美、农民富不懈奋斗，推动农业农村取得历史性成就、发生历史性变革，主要农产品产量和单产水平在世界范围内位居前列。但是，作为农业大国而不是农业强国，“三农”问题仍然是我国经济社会发展的焦点问题。现阶段，城乡二元结构问题、进城农民工问题、农村空心化问题等依旧突出。如何发展现代农业，实现农业现代化与工业化、城镇化和信息化的同步协调发展，提高农民收入，培养新农民，是我们党和政府一直关心的问题。

党的二十大报告强调：“全面推进乡村振兴。全面建设社会主义现代化国家，最艰巨最繁重的任务仍然在农村。”民族要复兴，乡村必振兴。乡村建设是实施乡村振兴战略的重要任务，也是国家现代化建设的重要内容。强国必先强农，农强方能国强。从中华民族伟大复兴战略全局看，农业强国是社会主义现代化强国的根基，也是现代化强国的重要支撑，没有农业强国就没有整个现代化强国。中国要美，农村必须美。美好的村居环境，是乡村振兴的题中应有之义，没有宜居宜业的美丽乡村，社会主义现代化就是不全面的。

一、建设宜居宜业和美乡村的提出及重大意义

我们党高度重视乡村建设，党的十六届五中全会提出“生产发展、生活宽裕、乡风文明、村容整洁、管理民主”的社会主义新农村建设目标和要求，党的十九大提出“产业兴旺、生态宜居、乡风文明、治理有效、生活富裕”的实施乡村振兴战略总要求。党的十九届五中全会提出实施乡村建设行动，强调把乡村建设摆在社会主义现代化建设的重要位置。党的二十大进一步提出“建设宜居宜业和美乡村”这一重大部署。这一以贯之地体现了我们党对乡村建设规律的深刻把握，充分反映了亿万农民对建设美丽家园、过上美好生活的愿景和期盼。

（一）建设宜居宜业和美乡村的提出

2013 年中央一号文件首次提出建设“美丽乡村”，主要要求是“加强农村生态建设、环境保护和综合整治，努力建设美丽乡村”。美丽乡村是在“美丽中国”的语境下、基于农村生态文明建设提出的，是“绿水青山就是金山银山”理念在农村的落实。美丽乡村“应以耕读文化为魂，以优美田园为韵，以生态循环农业为基，以朴素村落民居为形”，逐渐从单一的“环境美”拓展到“生活美”“产业美”“人文美”等内涵。2015 年，国家质量监督检验检疫总局、国家标准化管理委员会发布《美丽乡村建设指南》，提出了以村为单位的美丽乡村建设标准，包括村庄规划和建设、生态环境、经济发展、公共服务、乡

风文明、基层组织、长效管理等建设要求，美丽乡村的外延得到进一步拓展。

2017 年，党的十九大报告把握大势、总揽全局，作出了“中国特色社会主义进入新时代”的重大判断。习近平总书记明确指出，“这是我国发展新的历史方位”。站在这样一个新的历史起点，“三农”工作重心从脱贫攻坚转向全面实施乡村振兴战略。党的十九大同时作出了实施乡村振兴战略的重大部署，全国上下围绕到 2050 年实现农业强、农村美、农民富的目标，把打赢脱贫攻坚战作为全面建成小康社会的底线任务，把确保乡村振兴取得重要进展作为“三农”工作的重要任务。推进美丽乡村建设，具体包括：一是推动电力、交通、网络、供水、医疗、教育等基础设施从“有没有”向“好不好”转变，不断提高基础设施质量和综合服务水平。通过建设推动乡村从干净整洁向美丽宜居升级，从全面推开向整体提升转变，从探索机制向长治长效深化，推动乡村发展再上新台阶。二是立足以国内大循环为主体、国内国际双循环相互促进的新发展格局，把满足国内需求作为发展的出发点和落脚点，加快构建完整的内需体系，内需是新发展格局的关键和要害所在，农村则是内需的潜力和后劲所在，要继续把公共基础设施建设的重点放在农村，加快补上短板。三是坚持“绿水青山就是金山银山”的理念，统筹经济社会发展，到 2050 年把我国建成富强民主文明和谐美丽的社会主义现代化强国，基础在“三农”，必须让亿万农民在共同富裕的道路上赶上来，让美丽乡村成为现代化强国的标志、美丽中国的底色。四是统筹整合东西部优势，加快区域要素流动。西部地区地域广阔，生态、人力等资源丰富，东部地区经济实力较强，产业动能转换需求迫切。东西部地区存在禀赋差异，各自具有比较优势，可以形成优势互补，合理配置资源，提高综合国力。亟须坚持把东西部协作作为加强区域合作、优化产业布局、拓展对内对外开放新空间的重要举措，促进国民经济循环更加畅通，共谱“协奏曲”，形成“大合唱”。

2020 年，习近平总书记在中央农村工作会议上首次提出乡村振兴要实现农业高质高效、农村宜居宜业、农民富裕富足。2021 年 3 月，习近平总书记在福建考察时强调，要以实施乡村建设行动为抓手，改善农村人居环境，建设宜居宜业美丽乡村。2022 年 5 月，中共中央办公厅、国务院办公厅印发《乡村建设行动实施方案》，提出“乡村建设是实施乡村振兴战略的重要任务，也是国家现代化建设的重要内容”；“建设宜居宜业美丽乡村”，突出在“硬件”和“软件”上同步改善农村生产生活条件，同时改善农村公共服务、基础设施和乡村治理。2022 年 9 月，农业农村部、住房和城乡建设部联合部署开展美丽宜居村庄创建示范。“宜居宜业美丽乡村”，是围绕农村美，对农村发展提出的明确要求，再叠加宜居宜业，突出了美丽乡村建设与产业健康发展、人民安居乐业的内在联系，展现了人民群众对美丽乡村建设的新的向往。宜居宜业美丽乡村建设，结合乡村建设行动提出，上承“绿水青山”的生态文明，下启“城乡共美”的发展要求，突出农村基础设施建设与基本公共服务供给，着力缩小城乡发展差别。

2022 年 10 月，习近平总书记在党的二十大报告中首次提出“统筹乡村基础设施和公共服务布局，建设宜居宜业和美乡村”。习近平总书记强调，建设宜居宜业和美乡村是农业强国的应有之义，进一步指明了乡村建设的核心内涵、主攻方向和重点任务。乡村建设不仅要推进基础设施、公共服务等看得见、摸得着的“硬件”建设，还要注重精神文明、文化传承、以文化人、成风化俗等“软件”建设；乡村振兴不仅要注重外在塑形，更要注重内在铸魂；现代化建设不仅要推进“物”的现代化，还要推进“人”的现代化和治理体系与治理能力现代化。建设宜居宜业和美乡村是对宜居宜业美丽乡村建设的深化和发展，是对乡村建设目标的进一步丰富和拓展，是党和国家关于乡村建设理论创新和实践创新的最新成果。与“宜居宜业美丽乡村”相比，宜居宜业和美乡村的内涵更加丰富，指向更加鲜明，突出强调乡村建设既要见物也要见人，既要塑形也要铸魂，既要抓物质文明也要抓精神文明，要突出中华传统文化的底层逻辑和价值底板，实现乡村由表及里、形神兼备的全面提升。虽然从字面上只是把“美丽”换成了“和美”，但这标志着我国乡村建设阶段的历史性转变。

2023年，是实施乡村建设行动的第二年，乡村建设各项工作由开局部署谋划转向深入推进落实。2023年2月13日发布的中央一号文件，明确了今年全面推进乡村振兴重点工作的九个方面33条任务，强调必须坚持不懈把解决好“三农”问题作为全党工作重中之重，举全党全社会之力全面推进乡村振兴，加快农业农村现代化。文件指出，要加快建设农业强国，建设宜居宜业和美乡村并对此作出了具体部署，要求一手抓硬件建设，逐步让农村基本具备现代生活条件；一手抓软件建设，着力塑造人心和善、和睦安宁的乡村精神风貌。

（二）建设宜居宜业和美乡村的重大意义

建设宜居宜业和美乡村，塑造和谐共生、和而不同、和睦相处的乡村文化，打造有良好就业创业环境且保留农味乡韵的宜居乡村，为我国乡村形态良性发展提供了建设目标，反映了亿万农民对美好生活的期待，具有深远的历史意义和重大的现实意义。

1. 建设宜居宜业和美乡村是全面建设社会主义现代化国家的重要内容

没有农业农村现代化，就没有整个国家现代化，如何处理工农关系、城乡关系，在一定程度上决定着现代化的成败。党的二十大提出了中国式现代化的本质特征，中国式现代化是人口规模巨大的现代化，是全体人民共同富裕的现代化，是物质文明和精神文明相协调的现代化，是人与自然和谐共生的现代化，是走和平发展道路的现代化。全面建设社会主义现代化国家，实现中华民族伟大复兴，最艰巨最繁重的任务依然在农村，最广泛最深厚的基础依然在农村。当前，与快速推进的工业化、城镇化相比，农业农村发展步伐还跟不上，城乡发展不平衡、乡村发展不充分仍是社会主要矛盾的集中体现。

新时代新征程，做好全面推进乡村振兴这篇大文章，补上“三农”短板，夯实“三农”基础，促进农业全面升级、农村全面进步、农民全面发展，建设宜居宜业和美乡村，这是农业农村发展新的历史方位，也是“三农”工作新的历史使命。建设宜居宜业和美乡村传承中华文明，以中国式现代化推进中华民族伟大复兴的内在体现，彰显着中华民族的古老智慧和价值追求。稳固农业农村基础，有效改变城乡发展不平衡、农村发展不充分的现状，实现乡村物质文明和精神文明相协调，构建人与自然和谐共生的美丽家园，为乡村居住的数亿人民提供良好的基础设施与公共服务，是全面建设社会主义现代化国家最广泛最深厚的基础。

2. 建设宜居宜业和美乡村是农民过上现代化生活的迫切需要

习近平总书记强调，要牢记亿万农民对革命、建设、改革作出的巨大贡献，把乡村建设好，让亿万农民有更多获得感。近年来，农村生产生活条件已有很大改善，乡村面貌发生焕然一新的变化。农村不是凋敝落后的代名词，完全可以与城镇一样，建设成为现代生活的重要承载地。2021 年，我国农村户籍人口 7.6 亿人、常住人口 4.98 亿人，未来即便是城镇化率达到70%以上，还将有数亿人生活在农村，他们与城镇居民一样，也向往在居住地就能过上现代化生活。

当前，个别地方在乡村建设中出现了一些急功近利、急于求成的现象，有的盲目大拆大建、造山填湖，破坏传统风貌，有的机械化照抄照搬、低水平复制城市模式和西洋景观，这些都不可取。这些问题的产生，很大程度上是理念出了偏差，没有尊重农民群众的建设意愿。要综合考虑乡村人文资源、自然禀赋、经济社会发展水平，加快建设人和村美的社会主义新乡村。要顺应农民群众对美好生活的向往，把“和”文化融入乡村建设，彰显乡村的“土气”，焕发农民的“生气”，融入时代的“朝气”，通过坚持不懈地推进宜居宜业和美乡村建设，持续提高农村生活质量、缩小城乡发展差距，努力将农村打造成农民就地过上现代化生活的幸福家园。

3. 建设宜居宜业和美乡村是焕发乡村文明新气象的内在要求

中华文化崇尚和谐，中国“和”文化源远流长，蕴含着天人合一的宇宙观、协和万邦的国际观、和而不同的社会观、人心和善的道德观。作为中华优秀传统文化的传承者和弘扬者，我们必须坚持把马克思主义基本原理同中国具体实际相结合、同中华优秀传统文化相结合，积极引领和践行“和”文化与“和”理念。深刻把握“和”文化的主要内涵和时代特征，并将其融入乡村建设的全过程，为乡村建设注入“和”文化活的灵魂，彰显农业农村现代化的中华文化特质。

习近平总书记强调，农村是我国传统文明的发源地，乡土文化的根不能断，农村不能成为荒芜的农村、留守的农村、记忆中的故园。农村优秀传统文化是我国农耕文明曾长期领先于世界的重要基因密码，也是新时代提振农村精气神的宝贵精神财富。在城镇化和市场经济的冲击下，一些优秀传统乡土文化逐渐衰落凋零，一些各具特色的传统村落正在加速消失，封建迷信、铺张浪费等陈规陋习亟待纠正治理。推进宜居宜业和美乡村建设，把我国农耕文明优秀遗产和现代文明要素结合起来，赋予新的时代内涵，让我国历史悠久的农耕文明在新时代展现其魅力和风采，进一步改善农民精神风貌，提高乡村社会文明程度。

4. 建设宜居宜业和美乡村是有效应对外部风险挑战的必然要求

加快发展乡村产业、加强社会主义精神文明建设、加强农村生态文明建设、深化农村改革、实施乡村建设行动、推动城乡融合发展见实效、加强和改进乡村治理等七个方面的工作内容，是全面推进乡村振兴落地见效的关键。党的二十大报告针对上述工作重点，分别在农业和农村两个领域制定了目标任务，即以加快建设农业强国为重点，完成2035 年基本实现农业现代化的目标，同时以宜居宜业和美乡村建设为重点，使农村基本具备现代生活条件。要求现代农业的竞争力、影响力、掌控力与和美乡村的和谐性、美丽性、富裕性相辅相成，扎实推动乡村产业、人才、文化、生态、组织振兴。

习近平总书记强调，对我们这样一个拥有 14 亿人口的大国来说，“三农”向好，全局主动。稳住农业基本盘、守好“三农”基础是应变局、开新局的“压舱石”。世界上一些国家过度贫富分化，导致社会撕裂和政治极化，教训深刻。面对世界百年未有之大变局，必须以国内发展的确定性应对外部环境的不确定性。积极推动城乡融合发展，促进共同富裕，以稳定农业生产与确保粮食安全，让农民在城乡间可进可退，保障农村生活和就业预期。更重要的是，建设宜居宜业和美乡村，推动城乡区域结构深刻调整，激发农村市场活力，扩大内需、创造供给，增强国内大循环内生动力和可靠性，为构建新发展格局提供基础支撑。

二、建设宜居宜业和美乡村的内涵及初步成就

建设宜居宜业和美乡村，其目标任务是全方位、多层次的，涉及农村生产生活生态各个方面，涵盖物质文明和精神文明各个领域，既包括“物”的现代化，也包括“人”的现代化，还包括乡村治理体系和治理能力的现代化。建设宜居宜业和美乡村需要把握好各部分之间的对接关系，促进各个部分统筹协调、相互支撑，形成系统化的提升，使农村物质文明和精神文明相得益彰。

（一）建设宜居宜业和美乡村的内涵

宜居宜业和美乡村，包括“宜居”的因素、“宜业”的因素、“和美”的因素。是具有良好人居环境，能满足农民物质消费需求和精神生活追求，产业、人才、文化、生态、组织全面协调发展的农村。其中“和”更突出地体现在提升乡村文化内核及精神风貌上，体现和谐共生、和而不同、和睦相处；“美”更侧重于建设看得见、摸得着，基本功能完备又保留乡味、乡韵的现代化乡村。

1. 农村逐步基本具备现代生活条件

近年来，在脱贫攻坚与乡村振兴的有效衔接过程中，农村基础设施和公共服务有了明显改善，但往村覆盖、往户延伸还存在明显的薄弱环节和较大的投资空间，离基本具备现代生活条件的要求还有不小的差距。农村道路、供水、能源、通信等公共基础设施还不健全，厕所、垃圾污水处理、村容村貌等人居环境条件还需持续改善，尤其是在乡村教育事业、医疗卫生、养老托幼等基本公共服务和数字化建设等方面存在显著短板。建设宜居宜业和美乡村应以具备基本现代生活条件为主攻目标。对接全面建设现代化国家，聚焦农业农村现代化需要在点上突破。进一步建立健全城乡要素双向流动和平等交换机制，在资金投入、要素配置、基本公共服务、人才配备等方面优先保障宜居宜业和美乡村建设发展，大力改善农村基础设施建设，让农民的生活条件跟上现代化生活步伐。

其一是农村生产生活生态空间布局持续优化。科学画好生态保护红线、永久基本农田、城镇开发边界“三条控制线”，合理规划村庄农业生产、生态观光、产业发展、日常生活区域，明确村庄布局分类。保护具有生态特色的乡村风貌。传统村落、民族村寨、传统建筑得到保护发展，乡土特征、文化特质、地域特点得以充分体现，生态服务业迅速发展，绿色生产生活方式深入人心，让城乡居民望得见山、看得见水、记得住乡愁。

其二是农村现代化基础设施建设日益完善。农村道路桥梁、农田水利、垃圾污水处理、安全住房等基础性、民生性、兜底性建设基本完成，数字乡村信息基础设施和新型能源设施等适应现代科学技术的先进设施不断完善。保持干净整洁的卫生环境，农业面源污

染得以有效遏制，农村卫生厕所普及率稳步提高，农村生活污水治理水平不断提升，农村生活垃圾无害化处理水平明显提升，长效管护机制全面建立。

其三是农村基本公共服务逐步实现城乡一体化。农村教育、医疗卫生、社会保障、养老、文化体育等公共服务水平得到全面提升，全民覆盖、普惠共享、城乡融合的基本公共服务体系初步建成。乡村水电路气信和物流等生活基础设施基本配套完备，农村住房建设质量稳步提高，生产生活便利化程度进一步提升。农村基本公共服务公平可及。全民覆盖、普惠共享、城乡一体的基本公共服务体系逐步健全，城乡基本公共服务均等化扎实推进，教育、医疗、养老等公共服务资源县乡村统筹配置、合理布局，农村基本公共服务水平不断提升。

2. 农村形成就地就近就业与多元增收的宜业空间

产业振兴是乡村振兴的重中之重，能够为农民提供就地就近且相对体面的工作岗位是乡村发展的核心，但是现阶段农村就业机会普遍缺乏、创业成功率较低，新型农业经营主体和农村集体经济普遍经营规模较小、产业层次不高、联农带农作用偏弱，农民资本普遍有限且组织化程度不足，县域经济发展受产业基础和发展空间双重制约。为创造更多就地就近就业机会，建设宜居宜业和美乡村，需努力实现以下目标。

其一是农村经济转型升级。努力改善就业环境，最大限度促进农民充分就业，努力拓展农业多种功能，发掘乡村多元价值，在“土特产”上下功夫，通过乡村一二三产业融合发展提供更多就业岗位，通过营商环境持续改善，吸引各类人才留乡返乡就业创业。有效整合并释放农村资源红利，资产运营监管成熟完善，数字、网络、物流、能源等新业态创新发展，与市场主体形成多元利益联结关系，经济实力进一步壮大。

其二是县域经济大力发展。现在越来越多农民选择离土不离乡，在县域内就近就地就业。2021 年农民工监测调查报告显示，有 1.62 亿农民工在县域内就业，占全国 2.93 亿农民工总数的 55%。需要全面拓宽乡村发展空间，增加县域就业容量，带动更多农民实现就地就近就业增收。中心村及其所在县城的基础设施、产业体系、市场体量、综合服务能力得到充分发展，营商环境显著改善，返乡入乡创业园和孵化的产业经济链条基本形成。

其三是城乡融合发展体制机制更加完善。农业多种功能、乡村多元价值得到有效开发，乡村产业发展提供更多就近、稳定的就业岗位，农民生产经营能力、就业技能和质量显著提高。乡村发展空间更加广阔。农村营商环境显著改善，政策支持和服务保障不断强化，各类人才留乡返乡入乡就业创业，成为带动乡村发展的主力军。城乡要素平等交换，双向流动的制度性通道基本打通，农民在城乡之间可进可退、自由流动，农民增收渠道进一步拓宽，农民增收长效机制进一步健全，农民生活水平不断提高，城乡居民收入差距逐步缩小。

3. 农村以“和文化”为内涵推进城乡精神文明建设融合发展

和美乡村建设要更多体现乡村建设由外到内、由形到神的内在统一，更多体现乡村建设要从物质丰富到精神富足的重大变换，更多体现传统农耕文明与现代文明形态的有机统一，强化乡村振兴的文化底层逻辑。弘扬社会主义核心价值观，把传统农耕文明的优秀基因和文化内核与现代文明有机结合，为中国式现代化注入乡村特色和中华文明特质，建设人和村美的社会主义新乡村，实现乡村“人”的全面发展，做到人与人和谐相处、人与自然和谐共生、个人修身和善端正、人与社会和而不同，让乡村社会和谐安宁。

其一是农民思想文化素质全面提升。不仅要“富口袋”，更要“富脑袋”。乡村振兴不能仅盯着经济发展和物质生活改善，不能忽视乡村治理和农村精神文明建设，需要在加强“硬件”建设的同时，更加注重在滋润人心、德化人心、凝聚人心的“软件”上下功夫。农村基层党组织需进一步抓实建强，推动党组织领导下自治、法治、德治相结合的乡村治理体系不断健全，乡风文明程度明显提升。马克思主义在农村意识形态领域的指导地位不断巩固，社会主义核心价值观深入人心，优秀传统文化繁荣发展，农村移风易俗取得扎实进展，农民科学文化素质和法制观念持续提升。

其二是家风乡风民风明显改善。乡村不仅要塑形，更要铸魂。孕育在乡土社会的“和文化”蕴含着人与人和睦相处、人与自然和谐共生以及人与社会和而不同等丰富内涵，是中华优秀传统文化的重要组成部分。农民社会公德、职业道德、家庭美德、个人品德显著提升，乡村诚信体系建设持续推进，“和睦相处、和谐共生、和而不同”的新风正气得到弘扬。农民精神风貌全面提振，良好社会风尚蔚然成风。

其三是移风易俗工作有序推进。随着农村生产生活方式改变和社会结构变化，农村精神文明建设面临诸多挑战，优秀传统乡土文化衰落、非法宗教活动抬头，各种陈规陋习有沉渣泛起之势。高价彩礼、不文明婚闹等阶段性问题得到专项治理，人情攀比、大操大办、厚葬薄养等长期性陋习在部分地区蔓延势头得到有效遏制，农民群众自我管理、自觉践行移风易俗的长效机制基本形成。

4. 城乡协调发展的美丽图景更加鲜亮

和美乡村还要求城镇和乡村各美其美、协调发展，把和而不同的理念贯穿到城乡发展和建设、治理的全过程。城镇化既不是用现代城镇“吃掉”传统乡村，也不是简单地减少农民甚至消灭农民。要遵循城乡长期共生并存的客观规律，在城镇化进程中，保持历史耐心，不强迫农民上楼进城，着力构建农民在城乡之间可进可退、自由流动的体制机制；促进城乡要素双向流动、平等交换，加快破除体制机制障碍，全面打通城乡要素流动通道，着力构建工农互促、城乡互补、协调发展、共同繁荣的新型工农城乡关系，最终达到城乡各美其美、美美与共。

其一是坚持城乡和谐共生的原则。强化以工补农、以城带乡，加快形成工农互促、城乡互补、协调发展、共同繁荣的新型工农城乡关系，努力实现农民在城乡之间可进可退、自由流动。农业转移人口市民化扎实推进，城市基本公共服务逐步向常住人口全覆盖，进城落户农民的土地承包经营权、宅基地使用权和集体收益分配权得到有效保护。城乡融合发展体制机制更加完善。城乡要素自由流动制度性通道基本打通，城乡发展差距和居民生活水平差距不断缩小，以县城为重要载体的城镇化扎实推进，县域城乡融合发展取得显著进展。

其二是建设宜居宜业和美乡村应以突出乡味、体现乡韵为特色所在。建设宜居宜业和美乡村不能简单照搬城市做法，不能千村一面。需要立足乡村地域特征，与自然生态融为一体，统筹考虑产业发展、人口布局、公共服务、土地利用、生态保护等，科学合理规划农村生产生活的空间布局和设施建设；需要保留优秀传统乡土文化、赓续红色文化、传承农耕文明、保留民族特色等，发掘乡村多元价值，推动乡村自然资源增值，促进传统乡土文化与现代文明融合发展，让乡村文明展现出独特魅力和时代风采。

其三是建设宜居宜业和美乡村应以统筹推进、分区施策为工作策略。乡村建设是一个系统工程，要做好顶层设计的落实、落细、落地，分层分解责任，确定任务分工、发展目标、重点任务和保障机制等，形成上下联动、分级建设的良好局面。应深刻理解把握习近平新时代中国特色社会主义思想的世界观和方法论，整体谋划农村经济建设、政治建设、文化建设、社会建设、生态文明建设和党的建设，扎实推动乡村产业、人才、文化、生态、组织振兴。科学把握农业农村发展的差异性，因地制宜，分类指导、分区施策，稳扎稳打、久久为功，推进不同地区、不同发展阶段的宜居宜业和美乡村建设。

（二）建设宜居宜业和美乡村的初步成就

新时代以来，以习近平同志为核心的党中央坚持把解决好“三农”问题作为全党工作的重中之重，深刻指出“乡村振兴为农民而兴，乡村建设为农民而建”的根本遵循，坚持农业农村优先发展，全面推进乡村振兴。提出了一系列“三农”工作新理念、新思想、新战略，引领我国乡村建设和乡村治理取得历史性成就、发生历史性变革。

1. 人居环境明显改善

在全国不懈努力之下，当前我国乡村人居环境基本实现干净整洁有序。截至2021年底，全国农村卫生厕所普及率超过70%，其中，东部地区、中西部城市近郊区等有基础、有条件的地区农村卫生厕所普及率超过90%。全国范围内农村生活垃圾进行收运处理的自然村比例稳定保持在90%以上。乡村基本实现农民院里院外更加美丽、农民生活习惯更加整洁卫生、生活方式更加绿色环保。水电气路网等公共基础设施趋于完备，乡村数字化信息基础设施建设加速，截至2021年末，全面通电、通公路和通电话基本实现，以行政村为单位，光纤网络、移动通信网络、有线电视网络的建设率分别为99.0%、99.9%和94.2%，62.7%的行政村建有电子商务配送站点。农村人居环境整治取得重要阶段性成效，截至2021年末，农村生活垃圾、生活污水集中处理普及率分别达96.3%、47.6%，超过95%的村庄开展了清洁行动，5万个村建有乡村旅游和休闲农业设施，目前共有6批8173个村落被列入中国传统村落名录，村庄基本实现干净整洁有序。

2. 民生建设提档升级

进入新时代以来，城乡基本公共服务均等化建设持续发力，普惠性、兜底性、基础性民生建设基本完成。现行标准下九千多万农村贫困人口全部脱贫，区域性整体贫困得到解决，完成了消除绝对贫困的艰巨任务。覆盖全国的义务教育、新型农村合作医疗、农村最低生活保障、新型农村社会养老保险等实现了从无到有再到好的历史性发展。截至2021年12月，全国建有各类基层医疗卫生机构近98万个，卫生人员超过440万人，保证平均每个村至少拥有一个卫生室，实现街道、社区、乡镇、村屯全覆盖。中国特色社会救助体系基本建成，农村低保和特困供养制度基本成熟定型，开展农村低收入人口动态监测，根据重病、残疾、就学、失业、无业等情况实行分层分类帮扶，2020年，农村分散和集中两类供养五保人数分别为372万人和74万人，基本实现了病有所医和老有所养。

3. **精神文明建设扎实推进**

乡村文化建设是乡村振兴的硬骨头。在国家政策引导和各级政府的推动下，农村思想道德建设持续提升，文明乡风、良好家风、淳朴民风广泛培育，邻里守望、诚信重礼、勤俭节约的文明乡村不断涌现。截至2021年底，全国县级以上文明村、文明乡镇占比分别超过65%、80%。连续5年举办农民丰收节，乡村文化生活丰富多彩，村级综合性文化服务中心覆盖率达96%。社会主义核心价值观深入践行，中华优秀传统文化传承弘扬，累计认定6819个中国传统村落。农村思想政治教育力度不断增强，依托新时代文明实践中心、县级融媒体中心等平台开展“听党话、感党恩、跟党走”宣传教育活动，马克思主义在农村意识形态领域的指导地位更加巩固，社会主义核心价值观得到大力宣传弘扬，爱国主义深入人心。截至2021年12月，新时代文明实践中心试点在全国范围内已由50家逐步扩展到500家。各级党委、政府高度重视丰富农民群众的精神生活，面向农村地区组织开展多项体现农耕农趣农味的群众性文化体育活动，推广积分制、村规民约、家庭家教家风等经验，农民精气神进一步提振。

4. **治理体系稳步实施**

推进乡村治理体系和治理能力现代化是实现乡村全面振兴、巩固党在农村执政基础、满足农民群众美好生活需要的必然要求。近年来，党组织领导下的自治、法治、德治相结合的乡村治理体系逐步健全，农村基层党组织战斗堡垒作用进一步加强。充满活力、和谐有序的善治乡村加快形成，农村移风易俗进一步深化，村规民约实现全覆盖，乡村治理效能不断提升。基层党组织带头人队伍和党员队伍实现整体优化，推动49.1万个村“两委”班子完成新老换届工作，3.6万个软弱涣散村党组织完成集中整顿，村党组织书记兼任村委会主任比例达95.6%。村党组织书记中致富带富能力较强的比例提高了23.6%，18.6万名驻村第一书记、56.3万名工作队员实现有序轮换，战斗堡垒作用得到有效实现。乡村社会治理主体从一元向多元转变，扶贫理事会、道德评议会、红白理事会、乡村志愿队等群众性组织良性发展，农村网格化管理经验和数字化赋能技术得到广泛推广，有效打通基层治理的“最后一公里”。

三、建设宜居宜业的和美乡村，绘就幸福家园

2023年是全面贯彻落实党的二十大精神的开局之年，目前我国建设宜居宜业和美乡村过程中面临诸多现实困难和挑战，我们要落实中央一号文件，要准确理解建设中国特色农业强国的内涵要义，按照党中央部署，坚持农业农村农民统筹考虑，注重软件硬件一体推进，不折不扣完成好既定目标任务，推进乡村振兴不断取得新进展，确保农业强国建设开好局起好步。

（一）高质量建设宜居宜业和美乡村面临的现实挑战

从乡村建设目标要求和实际需求出发，乡村建设任务具有体量大、面积广、周期长的特点。当前，建设宜居宜业和美乡村，基础设施短板还比较多，各方面投入保障还有待加强，还存在社会力量参与乡村建设贡献占比较低、挖掘不足、参与度不够、返贫风险大等诸多问题和挑战。

1. 农村基本建设水平相对低下

近年来，我国农村经济社会发展水平有了明显提升，但与城市相比，农村基本公共服务供给依旧不足，与农民群众日益增长的美好生活需要不相适应。

第一，农村生产性配套硬件相对落后。落后的或者是不相适应的农业发展基础设施一定会阻滞农业生产可持续发展以及农村现代化进程。总体来看，我国农业发展硬件设施相对薄弱，现代化农业基地以及农田水利设施建设水平低下，特别是一些老少边穷地区，农业生产基础设施投入强度明显不足。例如，供水灌溉、产业道路、土地整治、农田改造、仓储流通、网络通信等基础设施建设投入强度不足，利用效率不高。

第二，农村生活性基础设施供给不足。从农村教育、医疗、养老以及公共文化等一些核心指标来看，生活性基础设施供给与农民对美好生活的需要，农村社会发展的需要明显不匹配和不相适应。农村地区义务教育校舍设施亟待改建扩建，心理咨询室、图书室、体育美育以及劳动教育场所供给严重短缺。农村地区优质医疗资源明显短缺，社会化养老保障基础设施建设不够完备。农村地区公共文化生活比较匮乏，娱乐方式较为单调，农民的精神生活不能得到满足，乡村的精神文明建设也受到阻碍。此外，受到体制机制束缚，农村地区已有的生活性基础设施维护、保养以及利用率普遍不高。生活性设施要么常年"摆而不办"，长期闲置，无人问津，使用效率不高，要么是无人看管，年久失修，破旧不堪，运行成本高。

第三，数字乡村建设亟待加强。近年来，数字乡村建设取得了很大进展，为数字中国发展奠定了良好基础。当前我国数字乡村建设进入深水区。一方面，数字乡村基础设施建设、数字治理建设、智慧农业建设、数字经济建设、数字文化建设的广度和深度存在明显短板，特别是一些关涉乡村振兴全面推进等重要领域的管理、服务以及治理数字化水平明显不高。另一方面，乡村数字化建设相关的立法政策、保障制度、长效机制以及建设标准等方面还不完善。

2. 农业农村发展水平相对偏低

当前我国农业生产基础还不稳固，农村发展短板弱项依旧凸显，这直接制约了建设宜居宜业和美乡村的步伐。

第一，农业技术发展落后。当前在全国范围内并未形成以现代农业、科技设备和生态农业技术为支撑的生态农业格局。一方面，部分地区对农业技术的研究和推广不够重视，在技术创新的层面上难以获得足够的投资力度，科研工作所需要的经费也比较匮乏，导致农业技术方面无法得到有效的创新。另一方面，当前我国尚未建立起完善健全的农业推广服务制度体系和高效统一的农业技术管理制度，造成相关技术研究领域的人力、物力、财力浪费严重，农业技术的立项、农民的知识水平以及经济承载能力出现脱节情况，转化率较低、成果数量较少，农业技术在引入农业经济过程中出现了一系列问题，影响了我国乡村振兴的进程。

第二，农业生产经营模式缺乏创新。一方面，长期推行的家庭联产承包责任制度，促使我国农村地区产生了特定的农业生产经营模式。传统小农经营模式存在显著弊端，造成农业生产经营各个环节的信息无法共享，影响农业生产经营各个环节实现经济效益最大化。另一方面，农民安于现状的心理不利于农业生产经营模式的创新。农村区块链是一种具备创新性的经营模式，契合了当前农村地区劳动资本萎缩的现实，将区块链技术赋能农业农村，对于高质量发展乡村振兴具有极大的推动作用。然而，很多农民已经习惯了传统的生产和管理模式，对于农业区块链模式的接受程度不高，存在一定的抵触心理，阻碍了我国农业农村创新发展。

第三，农业发展可持续性不足。一方面，农业产业结构单一，发展后劲较为乏力。尽管中国的农产品在产量上不断创新高，但单一的产业结构难以支撑农业的可持续发展。单一的产业结构会被轻易复制和取代，缺乏竞争力。从长远发展来看，制约了农村经济的发展。另一方面，传统农业发展观念积淀深重，农业绿色发展意识薄弱。作为农业生产的主体，农民的认识、观念和思想直接左右着农业是否可持续发展。受传统小农意识和乡村文化的影响，绝大多数农民更多适应于自给自足的生活状态，农业生态发展意识和能力较为薄弱，对绿色农业的认识不够清晰，也缺乏农业现代化发展长期规划和生态保护意识，造成农业绿色发展动力不足，制约着农业生产的可持续发展。

3. 乡村振兴专门人才紧缺明显

由于农业产业效益偏低、农村环境相对落后等资源禀赋差异明显和比较优势不足，农村发展人才引不进、留不住的社会现象突出，成为建设宜居宜业和美乡村的主要制约因素。

第一，农村人口结构性流失严重。随着城镇化进程的加快，经济社会发展要素资源不断向城市或城镇集聚，农村社会结构发生急剧变迁，农村人口规模性外流成为不可阻挡的历史趋势，尤其是农村青壮年劳动力几乎全部涌向城市。数据显示，农业生产经营人员中，35 岁以下的人员只有 19.2%，55 岁以上的为 33.6%；而且从事农业经营人员的学历程度都普遍偏低，其中初中及以下学历的比例超过了 90%，大专及以上比例只有 1.2%。据第七次全国人口普查数据，农村常住人口仅占农村户籍人口的 50% 左右，在中西部贫困地区这一比例更低，15～39 岁的农村青年人口常住乡村的比例小于 30%。

第二，农村人才教育基础薄弱。农村的基础教育水平直接关系到农村人才队伍的培养。一方面，自我国九年义务教育实施以来，农村教育得到快速发展，但与此同时，受到基础教育的优秀农村人才大量流向城市，而从城市流入农村的基础教育工作者人数稀少，使得农村人才教育逐步进入恶性循环。另一方面，近年来，由于城市的“虹吸效应”，农村大量劳动力资本向城市流动，短期丰厚的收入导致很多农村家长忽视了教育的长期效益，农村的专业教育缺乏吸引力，多数农村学生接受中等教育后直接选择外出务工，长此以往造成农村人才教育基础薄弱。

第三，农村人才建设制度不够健全。当前我国乡村人才建设机制不健全直接限制了乡村振兴的实施效果。首先，新型职业农民培育长效机制尚未形成，相关政策制度不配套，导致农业技术推广、应用范围和效力不够。其次，服务乡村振兴高端人才项目运行机制不健全，无法制度化引进农业科技领军人才，人才“飞地”模式还没有形成。最后，农村人才使用评价激励制度没有形成，分级分类评价体系以及引才聚才平台体系等尚不健全，造成再吸引，人才返乡的过程中无法根据相应的标准给予人才精准的使用、评价和激励。

4. 城乡发展不平衡仍然突出

农村居民的收入与城镇居民相比，仍然存在较大差距。城乡融合程度较低，城乡发展不平衡仍然较为突出，农民的可持续增收手段相对缺乏，农民的自我发展能力不足。

第一，城乡居民收入差距大。从城乡居民的收入来源看，农民收入渠道比城镇居民匮乏，增收基础也比较薄弱，增收能力相对欠缺。尽管国家一直在努力拓宽农民的增收渠道，但受制于市场的规则限制和农民自身增收能力的制约，实现持续性增收难度依然较大。统计数据显示，我国城乡居民人均可支配收入从2015年的11 421.7元（农村）和31 194.8元（城镇）增长到2021年的18 930.9元（农村）和47 411.9元（城镇），农村和城镇居民人均可支配收入分别增长了7509.2元和16 217.1元，增幅分别为65.75%和51.97%。

第二，城乡劳动力流动不畅。改革开放以来，城市获得优先发展权，发展机会增多的同时对于劳动力的需求也急剧增加，农村相当一部分劳动力选择进城务工，造成了大量农村劳动力和资本向城市流动，农村区域自身发展所需人才资源减少。同时，受城市虹吸效应影响，农村地区人口规模呈现逐年下降趋势。近些年来，尽管党和国家出台了一系列惠农强农政策，鼓励大学生和城市优秀人才返乡创业，但由于农村基础设施、生活质量等因素限制，难以激发城乡劳动力积极流动。我国作为一个传统农业大国，虽然2021年人口城镇化率已经达到64.72%，但由于人口基数大，农村居民仍有5.56亿人，农村居民多数为留守老人、妇女和儿童，农村没有充足的劳动力和资本，农村经济得不到发展。

第三，城乡居民社会权利不均。由于受到城乡二元制度惯性的影响，流入城市的农村人口在就业、医疗、教育、住房等方面很难享受与城市居民均等的社会权利。一方面，由于户籍制度的制约，进城务工农民在教育、医疗、住房等公共服务方面与城市居民的福利待遇存在较大差异。另一方面，由于资本对城市的天然偏向，导致城乡社会保障制度衔接不畅，尚未建立起有效的城乡社会兜底保障机制，农村居民在城镇参保后无法转入农村。

5. 农村规模性返贫风险依旧存在

随着2020年底绝对贫困治理取得历史性成就，我国进入相对贫困治理新阶段。与绝对贫困相比，相对贫困具有人口基数大、贫困维度广、致贫风险高等特点。因此，需要解决相对贫困问题，化解农村规模性返贫风险。

第一，自然灾害风险冲击易致返贫。自然灾害与贫困的显著正向性是大规模致贫、返贫最为直接的诱因。即使在科技发展飞速的今天，直接取自土地的农业在很大程度上受到气候、土壤等自然地理条件限制和影响。可以说，农业生产对自然环境有天然依附性，自然灾害给农民的生活生产带来巨大冲击，特别是一些自然条件较差地区的农民仍然无法摆脱“靠天吃饭”的窘境。因此，与其他产业相比，农业面临更加严苛的自然风险。我国是农业大国，相当一部分贫困人口以农业为生，而现代灾害风险管理主要依靠先进的科技手段和大规模基础设施投入，相对贫困地区普遍基础设施薄弱，技术水平难以应对灾害侵袭。

第二，脱贫人口内生发展动力不足。在“输血式”帮扶政策下，贫困人口容易产生“福利依赖"倾向。统计数据显示，自开始开展脱贫攻坚工作以来，我国累计投入了约1.6万亿元的财政专项扶贫资金，保障贫困人口享受到各级政府和帮扶单位的优惠政策。这些优惠政策在保障了贫困人口基本生活的同时，也在一定程度上助长了贫困人口的“福利依赖”倾向。“福利依赖”由扶贫政策衍生出来，一定程度上导致扶贫对象发生偏离，出现“搭便车”现象，浪费有限的福利资源，破坏社会的公平公正，加剧贫困户

“等、靠、要”的思维依赖，让农村发展陷入恶性循环。

第三，贫困治理机制缺乏持续性。农村相对贫困治理要保障精准扶贫成果惠及广大农民群体，防止返贫发生，确保落实乡村振兴战略，需要建立起较为完善的转换衔接机制，但现阶段尚未对相对贫困标准进行明确界定，缺乏对其有效治理的实践经验。在现行扶贫标准下，部分地区仍然将居民收入水平作为衡量指标，一些地区甚至出现“数字脱贫”“表格脱贫”等不良现象，对相对贫困人口的识别很大程度上受到工作人员主观认定的差异化影响，进一步加大了相对贫困识别难度。

（二）抓住重点，推动宜居宜业和美乡村建设取得新成效

党的二十大报告对建设宜居宜业和美乡村进行了全面部署，提出了明确要求。要从政治高度和全局高度，抓紧抓好重点任务落实落地，推动宜居宜业和美乡村建设不断取得新进展新成效。

1. 构建现代乡村产业体系

产业是发展的根基。乡村“五大振兴”，产业振兴是第一位的。只有产业兴旺了，才能让农业经营有效益、成为有奔头的产业，才能让农民增收致富、成为有吸引力的职业，才能让农村留得住人、成为安居乐业的美丽家园。要做大做强种养业。始终绷紧粮食安全这根弦，大力推进农业强国建设，全面落实好藏粮于地、藏粮于技战略，不断提高粮食和重要农产品供给保障水平。要促进农村一二三产业融合发展。依托农业农村资源，发展乡村二三产业，延长产业链、提升价值链，推动乡村产业发展向深度和广度进军，提高质量效益和市场竞争力。要树立带动农民就业、促进农民增收的发展导向。立足整个县域统筹规划产业发展，充分发挥各类产业园区带动作用，科学布局生产、加工、销售、消费等环节，把产业增值环节更多留在农村、增值收益更多留给农民。要完善联农带农机制。正确把握工商资本在发展乡村产业中的作用定位，设置好“红绿灯”，加强全过程监管，引导工商资本发挥自身优势，形成与农户产业链上优势互补、分工合作的格局，带动农民致富增收。

2. 巩固拓展脱贫攻坚成果

巩固脱贫成果是乡村振兴的前提，不仅要巩固下来，还要有进一步的发展，让脱贫群众生活更上一层楼。要牢牢守住不发生规模性返贫的底线。强化防止返贫监测帮扶机制落实，及时发现、及时预警、及时干预，把风险消除在萌芽状态，防止出现整乡镇返贫，切实维护和巩固脱贫攻坚战的伟大成就。要更多依靠发展来巩固拓展脱贫攻坚成果。把增加脱贫群众收入作为根本措施，把促进脱贫县加快发展作为主攻方向，统筹整合各类资源补短板、促发展，确保兜底保障水平稳步提高，确保“三保障”和饮水安全水平持续巩固提升，不断缩小收入差距、发展差距。要健全农村低收入人口和欠发达地区常态化长效化帮扶机制。健全完善农村社会保障制度，强化救助资源整合，实施分层分类帮扶救助，筑牢兜底保障网，提高农村低收入人口抗风险能力。加大对乡村振兴重点帮扶县等欠发达地区支持力度，健全支持政策体系，形成相互促进、优势互补、共同发展的区域发展新格局。

3. 扎实稳妥实施乡村建设行动

以满足农民群众美好生活需要为引领，重点加强普惠性、基础性、兜底性民生建设。要推进农村基础设施现代化建设。继续把公共基础设施建设的重点放在农村，统筹推进城乡基础设施规划建设，扎实推进农村道路、供水保障、清洁能源、农房质量安全提升、农产品仓储保鲜和冷链物流、防汛抗旱、数字乡村等设施建设，优先安排既方便生活又促进生产的建设项目。要坚持不懈改善农村人居环境。因地制宜推进农村改厕、生活垃圾处理和生活污水治理，深入推进村庄绿化美化亮化。立足乡土特征、地域特点和民族特色提升村庄风貌，注重保护传统村落和特色民居，传承好历史记忆，把挖掘原生态村居风貌和引入现代元素结合起来，打造各具特色的现代版"富春山居图"，防止机械照搬城镇建设那一套，搞得城不像城、村不像村。要促进农村基本公共服务提质增效。加快填平补齐农村教育、医疗卫生、社会保障、养老托育等基本公共服务短板，不断提高服务能力和服务水平。适应农村人口结构和社会形态变化，加大县乡村公共服务资源投入和统筹配置力度，推动形成县乡村功能衔接互补、分级解决不同问题的一体化发展格局，促进县域内基本公共服务体系持续健康发展。需要强调的是，乡村建设主要是解决"有新房没新村、有新村没新貌"问题，不是要另起炉灶搞新村建设，更不能违背农民意愿搞大规模村庄撤并、赶农民上楼。

4. 加强和改进乡村治理

乡村治理事关党在农村的执政根基和农村社会稳定安宁，必须以保障和改善农村民生为优先方向，树立系统治理、依法治理、综合治理、源头治理的理念，不断提高乡村治理体系和治理能力现代化水平。要发挥农村基层党组织在乡村治理中的领导作用。坚定不移地加强农村基层党组织建设，全面提升农村基层党组织的组织力、凝聚力、战斗力。旗帜鲜明地坚持和加强基层党组织对各类乡村组织的领导，健全党组织领导的乡村治理体系，派强用好驻村第一书记和工作队，把群众紧密团结在党的周围。要健全县乡村三级治理体系功能。牢固树立大抓基层的工作导向，推动治理重心下移、资源下沉。发挥县级在乡村治理中领导指挥和统筹协调作用，强化县级党委抓乡促村职责。整合乡镇审批、服务、执法等各方面力量，提高为农服务能力。更好发挥村级组织基础作用，增强村级组织联系群众、服务群众能力。要创新乡村治理方式方法。综合运用传统治理资源和现代治理手段，推广运用积分制、清单制、数字化等治理方式，推行乡村网格化管理、数字化赋能、精细化服务。

5. 加强农村精神文明建设

农村精神文明建设相对城市滞后，主要在于适应农民群众特点的载体平台少。要创新农村精神文明建设的工作方法。积极探索统筹推进城乡精神文明融合发展的具体方式，大力弘扬和践行社会主义核心价值观，加强农民思想教育和引导，有效发挥村规民约、家教家风作用，培育文明乡风、良好家风、淳朴民风。要加强农村公共文化阵地建设。结合农村受众和对象的特点，增加更多具有农耕农趣农味、充满正能量、形式多样接地气、深受农民欢迎的文化产品供给。要深入推动农村移风易俗。明确顶层设计和系统谋划，找准实际推动的具体抓手和载体，划清传统礼俗和陈规陋习的界限，旗帜鲜明地反对天价彩礼、反对铺张浪费、反对婚丧大操大办、抵制封建迷信，引导农民群众改变陈规陋习、树立文明新风。

6. 加快县域城乡融合发展

与大中城市相比，在县域范围内打破城乡分割格局，率先实现城乡融合发展，成本更低，也更具现实可行性。要推动形成县乡村统筹发展的格局。赋予县级更多资源整合使用的自主权，加大县乡村统筹发展力度，强化产业、基础设施、公共服务等县域内统筹布局，持续推进县域内城乡要素配置合理化、城乡公共服务均等化、城乡产业发展融合化。要加快建立健全城乡融合发展体制机制和政策体系。加强统筹谋划和顶层设计，推动在县域内基本实现城乡一体的就业、教育、医疗、养老、住房等政策体系，逐步在县域内打破城乡的界限，淡化市民农民概念，推动形成农民在工农之间自主选择、自由转换，在城乡之间双向流动、进退有据的生产生活形态，把县域打造成连接工农、融合城乡的重要纽带。

7. 健全宜居宜业和美乡村建设推进机制

建设宜居宜业和美乡村是一项长期任务、系统工程，必须稳扎稳打、久久为功，一年接着一年干、一件接着一件抓，不可一蹴而就、急于求成。要坚持乡村建设为农民而建。坚持数量服从质量、进度服从实效，求好不求快，真正把好事办好、实事办实，让农民群众在全面推进乡村振兴中有更多获得感、幸福感、安全感。要建立健全自下而上、村民自治、农民参与的实施机制。充分发挥农民主体作用、更好发挥政府作用，政府要切实提供好基本公共服务，做好规划引导、政策支持、公共设施建设等，农民应该干的事、能干的事就交给农民去干，健全农民参与规划建设和运行管护的机制。要切实加强和改进工作作风。我国农村地域辽阔，各地情况千差万别、社会风俗习惯不同，再加上农村工作直接为农民服务，随时接受农民检验，来不得半点虚假。必须从实际出发，求真务实、尊重规律，紧密结合实际谋划和推进，坚决防止和反对各种形式主义、官僚主义，坚定维护农民物质利益和民主权利，以优良作风全面推进乡村振兴。

建设宜居宜业和美乡村意义重大、任务艰巨。要更加紧密地团结在以习近平同志为核心的党中央周围，进一步学懂弄通做实习近平新时代中国特色社会主义思想，深刻领悟“两个确立”的决定性意义，不断增强政治判断力、政治领悟力、政治执行力，进一步强化做好新时代新征程“三农”工作的使命感责任感紧迫感，真抓实干、埋头苦干，奋力开创全面推进乡村振兴新局面，为全面建设社会主义现代化国家、实现中华民族伟大复兴作出新的历史贡献。

【知识链接1】

中央一号文件

“中央一号文件”，顾名思义就是中央每年发布的第一份文件，通常在年初发布。1949年10月1日，中华人民共和国中央人民政府开始发布第一号文件。现在已成为中共中央、国务院重视农村问题的专有名词。

中共中央在1982年至1986年连续五年发布以农业、农村和农民为主题的中央一号文件，对农村改革和农业发展作出具体部署。2004年至2022年又连续十九年发布以“三农”（农业、农村、农民）为主题的中央一号文件，强调了“三农”问题在中国社会主义现代化时期“重中之重”的地位。2023 年 2 月 13 日，2023 年中央一号文件《中共中央、国务院关于做好 2023 年全面推进乡村振兴重点工作的意见》发布。

（资料来源：《北京日报》，2022 年 2 月 23 日）

【知识链接 2】

“三农”

“三农”，指农业、农村和农民。所谓“三农”问题，就是指农业、农村、农民这三个问题。研究“三农”问题的目的是解决农民增收、农业发展、农村稳定的问题。实际上，这是一个居住地域、从事行业和主体身份三位一体的问题，但三者侧重点不一，必须一体化地考虑以上三个问题。中国作为一个农业大国，“三农”问题关系到国民素质、经济发展，关系到社会稳定、国家富强、民族复兴。

（资料来源：《当代中国“三农”发展研究》，中央编译出版社 2019 年 12 月）

【拓展阅读】

加快建设农业强国　推进农业农村现代化

这次中央农村工作会议的主要任务是：全面贯彻落实党的二十大精神，总结今年“三农”工作，研究部署明年工作，就加快建设农业强国进行战略部署。

党的二十大闭幕后，我第一次外出考察去了陕西延安、河南安阳看乡村振兴，一路思考在全面建设社会主义现代化国家新征程上如何加快建设农业强国、推进农业农村现代化。这次会议我来讲讲，就是表明党中央加强“三农”工作的鲜明态度，发出重农强农的强烈信号。下面，我就加快建设农业强国、加强“三农”工作讲几点意见。

一、锚定建设农业强国目标，切实抓好农业农村工作

党的二十大在擘画全面建成社会主义现代化强国宏伟蓝图时，对农业农村工作进行了总体部署。概括地讲：未来 5 年“三农”工作要全面推进乡村振兴，到 2035 年基本实现农业现代化，到本世纪中叶建成农业强国。这是党中央着眼全面建成社会主义现代化强国作出的战略部署。强国必先强农，农强方能国强。没有农业强国就没有整个现代化强国；没有农业农村现代化，社会主义现代化就是不全面的。我们必须深刻领会党中央这一战略部署，把加快建设农业强国摆上全面建成社会主义现代化强国的重要位置。

农业强国是社会主义现代化强国的根基。农业是基础，基础不牢大厦不稳。无论社会现代化程度有多高，14 亿多人口的粮食和重要农产品稳定供给始终是头等大事。满足人民美好生活需要，离不开农业发展。全面建设社会主义现代化国家，出发点和落脚点是让人民生活越过越好。现代化越往前走、物质生活越丰富，人民群众越喜欢山清水秀的田园风光，农业除了保障粮食和重要农产品供给，其生态涵养、休闲观光、文化传承的功能就越能发挥积极作用。农业是近 2 亿人就业的产业，农村是近 5 亿农民常住的家园，只有把农业农村搞好了，广大农民安居乐业，他们才有充足的获得感、幸福感、安全感。实现高质量发展，也离不开农业发展。只有农业强了，农产品供给有保障，物价稳定、人心安定，经济大局才能稳住。拓展现代化发展空间，农业农村是大有可为的广阔天地。几亿农民整体迈入现代化，会释放巨大的创造动能和消费潜能，为经济社会发展注入强大动力。畅通工农城乡循环，是畅通国内经济大循环、增强我国经济韧性和战略纵深的重要方面。扩内需、稳增长、促发展，农业强国建设是重要的发力点和突破口。农业还是国家安全的基础。农业保的是生命安全、生存安全，是极端重要的国家安全。当今世界，百年未有之大变局加速演进，新冠疫情反复延宕，来自外部的打压遏制不断升级，各种不确定难预料因素明显增多。一旦农业出问题，饭碗被人拿住，看别人脸色吃饭，还谈什么现代化建设？只有农业强起来，粮食安全有完全保障，我们稳大局、应变局、开新局才有充足底气和战略主动。

现在，农业农村仍然是我国现代化建设的短板。进入新时代，党中央坚持高度重视“三农”工作的传统，在新中国成立以来特别是改革开放以来工作的基础上，通过开展脱贫攻坚、实施乡村振兴战略等，用有限资源稳定解决14亿多人口的吃饭问题，全体农民摆脱绝对贫困、同步进入全面小康，“三农”工作成就巨大、举世公认。同时，受制于人均资源不足、底子薄、历史欠账较多等原因，“三农”仍然是一个薄弱环节，同新型工业化、信息化、城镇化相比，农业现代化明显滞后。主要表现在：农业生产效率相对较低，农业劳动生产率仅为非农产业的25.3%；农业效益比较低下；农产品国际竞争力明显不足，国内粮食等农产品价格普遍超过国际市场；农村基础设施和公共服务落后于城市；城乡居民收入比为2.5∶1、消费支出比为1.9∶1。这是党中央强调全面推进乡村振兴、加快建设农业强国的一个重要原因。

建设农业强国，基本要求是实现农业现代化。我们要建设的农业强国、实现的农业现代化，既有国外一般现代化农业强国的共同特征，更有基于自己国情的中国特色。所谓共同特征，就是要遵循农业现代化一般规律，建设供给保障强、科技装备强、经营体系强、产业韧性强、竞争能力强的农业强国。所谓中国特色，就是立足我国国情，立足人多地少的资源禀赋、农耕文明的历史底蕴、人与自然和谐共生的时代要求，走自己的路，不简单照搬国外现代化农业强国模式。

农业强国的中国特色，我看主要应该包括以下几个方面：一是依靠自己力量端牢饭碗。14亿多人口的中国，任何时候都必须自力更生保自己的饭碗，坚持产量产能一起抓、数量质量一起抓、生产生态一起抓，增强农业产业链、供应链韧性和稳定性。二是依托双层经营体制发展农业。立足小农数量众多的基本农情，以家庭经营为基础，坚持统分结合，广泛开展面向小农的社会化服务，积极培育新型农业经营主体，形成中国特色的农业适度规模经营。三是发展生态低碳农业。坚持绿色是农业的底色、生态是农业的底盘。必须摒弃竭泽而渔、焚薮而田、大水大肥、大拆大建的老路子，实现农业生产、农村建设、乡村生活生态良性循环，让生态农业、低碳乡村成为现实，做到资源节约、环境友好，守住绿水青山。四是赓续农耕文明。我国拥有灿烂悠久的农耕文明，必须确保其根脉生生不息，做到乡村社会形态完整有效，文化基因、美好品德传承弘扬，农耕文明和城市文明交相辉映，物质文明和精神文明协调发展，广大农民自信自强、振奋昂扬，精神力量充盈。五是扎实推进共同富裕。实现城乡融合发展、基本公共服务均等化，农村具备现代生活条件，农民全面发展、过上更加富裕更加美好的生活。同时，我们建设农业强国，也是在为全球可持续发展、消除贫困贡献中国力量。

加快建设农业强国是新时代新征程我们党作好“三农”工作的战略部署，必须保持战略定力、久久为功。当前，要锚定建设农业强国目标，科学谋划和推进“三农”工作。一要加强顶层设计。制定加快建设农业强国规划，针对未来5年、2035年、本世纪中叶的目标，分别制定路线图和施工图，强化规划的法规效力。制定规划要同现有规划相衔接，保持工作连续性，不能“翻烧饼”。要严格执行规划，坚决防止不把规划当回事。二要循序渐进、稳扎稳打。建设农业强国是一项长期而艰巨的历史任务，要分阶段扎实稳步推进，以钉钉子精神锲而不舍干下去。当前要把重点放在全面推进乡村振兴上，多做打基础、利长远的事情。三要因地制宜、注重实效。各地要立足资源禀赋和发展阶段，发挥自身优势，服务大局需要，作出应有贡献，从本地农业农村发展最迫切、农民反映最强烈的实际问题入手，充分调动农民群众的积极性、主动性、创造性，办一项是一项、办一件成一件，不要一股脑去搞脱离实际的“高大上”或面子工程的东西。

二、保障粮食和重要农产品稳定安全供给始终是建设农业强国的头等大事

无农不稳，无粮则乱。这一幕在古今中外反复上演。历史上，齐国诱导鲁国弃粮种桑，关键时候断粮降服鲁国；越王勾践把种子煮熟贡给吴国，趁其粮食绝收一举灭吴。今年乌克兰危机爆发以来，全球30多个国家限制粮食出口，部分国家因此社会动荡甚至政权更迭。只有把牢粮食安全主动权，才能把稳强国复兴主动权。

农业强，首要是粮食和重要农产品供给保障能力必须强。这些年，我们依靠自己的力量端稳中国饭碗，14亿多人吃饱吃好。现在，粮食需求刚性增长，端牢饭碗的压力大。必须全方位夯实粮食安全根基，既要抓物质基础，强化藏粮于地、藏粮于技，也要抓机制保障，做到产能提升、结构优化、韧性增强、收益保障、责任压实。

提升粮食产能仍然是首要任务。我国粮食产量已经连续8年保持在1.3万亿斤的高平台上，越往前走难度越大。要实施新一轮千亿斤粮食产能提升行动，抓紧制定实施方案，把任务落实下去。提产能关键还是抓耕地和种子两个要害。要坚决守住18亿亩耕地红线，坚决遏制“非农化”、有效防止“非粮化”。坚持良田粮用大原则，良田好土要优先保粮食，果树苗木尽量上山上坡，蔬菜园艺更多靠设施农业和工厂化种植。治理“非粮化”政策性很强，要统筹考虑粮食生产和重要农产品保障、农民增收的关系，留出一定过渡期，加强政策引导。要逐步把永久基本农田全部建成高标准农田，尽快提出落实办法，该拿的钱要拿到位，建设质量和管护机制也要到位，确保建一块成一块。抓种子要选准突破口，持续发力、协同攻关，把种业振兴行动切实抓出成效，把当家品种牢牢攥在自己手里。生物育种是大方向，要加快产业化步伐。

确保粮食安全，不仅要着眼平时，还要提升应急保供能力，系统梳理生产、加工、流通、储备、贸易等方面可能存在的风险点。

农民种粮能挣钱，粮食生产才有保障。要健全种粮农民收益保障机制，完善价格、补贴、保险“三位一体”的政策体系，完善农资保供稳价应对机制，稳定农民预期、降低生产风险。要创新粮食生产经营方式，延伸产业链条，实现节本增效。要出实招健全主产区利益补偿机制，探索产销区多渠道利益补偿办法。既不能让种粮农民在经济上吃亏，也不能让种粮大县在财政上吃亏。

保障粮食安全，要在增产和减损两端同时发力。当前，食物采收、储运、加工、销售、消费每个环节都有“跑冒滴漏”，情况还相当严重。据有关机构估算，每年损失浪费的食物超过22.7%，约9200亿斤，若能挽回一半的损失，就够1.9亿人吃一年。消费环节大有文章可做，不仅要制止“舌尖上的浪费”，深入开展“光盘行动”，还要提倡健康饮食。我国居民食用油和“红肉”人均消费量，分别超过膳食指南推荐标准约1倍和2倍。食物节约减损，既可有效减轻供给压力，也可减少资源使用，善莫大焉。要树立节约减损就是增产的理念，推进全链条节约减损，健全常态化、长效化工作机制，每个环节都要有具体抓手，越是损失浪费严重的环节越要抓得实。要持续深化食物节约各项行动，强化刚性约束，加大工作力度，不弃微末、不舍寸功，尽快取得更大成效。

解决吃饭问题，不能光盯着有限的耕地，要把思路打开，树立大食物观。“吃饭”不仅仅是消费粮食，肉蛋奶、果菜鱼、菌菇笋等样样都是美食。耕地以外，我国还有40多亿亩林地、近40亿亩草地和大量的江河湖海等资源。要构建多元化食物供给体系，在保护好生态环境前提下，从耕地资源向整个国土资源拓展，从传统农作物和畜禽资源向更丰富的生物资源拓展，向森林、草原、江河湖海要食物，向植物动物微生物要热量、要蛋白，多途径开发食物来源。设施农业大有可为，要发展日光温室、植物工厂和集约化畜禽养殖，推进陆基和深远海养殖渔场建设，拓宽农业生产空间领域。

在保障粮食安全的同时，必须保证其他重要农产品稳定安全供给，特别是抓好大豆和油料生产，抓好生猪和“菜篮子”工程。这些都作了部署，关键是扎扎实实抓落实。

各级党委和政府务必把粮食安全这一“国之大者”扛在肩头。衡量一个地方领导干部得不得力、合不合格，可不仅仅看GDP、能不能抓上几个项目，更主要看是否按照党中央要求，完整、准确、全面贯彻新发展理念，局部服从整体，把粮食安全这类党中央交办的大事要事办好办妥。粮食安全党政同责要求很明确，现在关键是要严格考核，督促各地真正把责任扛起来。

三、全面推进乡村振兴是新时代建设农业强国的重要任务

建设农业强国，当前要抓好乡村振兴。“三农”工作重心已经实现历史性转移，人力投入、物力配置、财力保障都要转移到乡村振兴上来。这件事刚刚破题，更为艰巨繁重的任务还在后面，决不能松劲歇脚，更不能换频道。总的要求仍然是全面推进产业、人才、文化、生态、组织“五个振兴”。“五个振兴”是相互联系、相互支撑、相互促进的有机统一整体，要统筹部署、协同推进，抓住重点、补齐短板，还要强调精准、因地制宜，激发乘数效应和化学反应，提高全面推进乡村振兴的效力效能。

产业振兴是乡村振兴的重中之重，也是实际工作的切入点。没有产业的农村，难聚人气，更谈不上留住人才，农民增收路子拓不宽，文化活动很难开展起来。各地推动产业振兴，要把“土特产”这3个字琢磨透。“土”讲的是基于一方水土，开发乡土资源。要善于分析新的市场环境、新的技术条件，用好新的营销手段，打开视野来用好当地资源，注重开发农业产业新功能、农村生态新价值，如发展生态旅游、民俗文化、休闲观光等。“特”讲的是突出地域特点，体现当地风情。要跳出本地看本地，打造为广大消费者所认可、能形成竞争优势的特色，如因地制宜打造苹果村、木耳乡、黄花镇等。“产”讲的是真正建成产业、形成集群。要延长农产品产业链，发展农产品加工、保鲜储藏、运输销售等，形成一定规模，把农产品增值收益留在农村、留给农民。产业梯度转移是个趋势，各地发展特色产业时要抓住这个机遇。总之，要依托农业农村特色资源，向开发农业多种功能、挖掘乡村多元价值要效益，向一二三产业融合发展要效益，强龙头、补链条、兴业态、树品牌，推动乡村产业全链条升级，增强市场竞争力和可持续发展能力。

（资料来源：习近平在2022年12月中央农村工作会议上的讲话，节选自《求是》2023年第6期）

思考题

1. 从“美丽乡村”到“和美乡村”到底变在哪里？
2. 什么样的乡村才称得上宜居宜业乡村？
3. 如何通过“内育”和“外引”培养乡村人才？
4. 建设宜居宜业和美乡村是长期任务、系统工程，如何遵循乡村建设规律？

专题五　向海洋进军　加快建设海洋强国

纵观历史，向海则国兴，闭海则国弱。党的十八大以来，习近平总书记多次强调建设海洋强国，要进一步关心海洋、认识海洋、经略海洋，明确指出“经济强国必定是海洋强国、航运强国”。党的二十大报告再次作出“加快建设海洋强国”重大部署。以习近平同志为核心的党中央高度重视海洋强国建设和海洋事业发展，将海洋强国建设作为中国特色社会主义事业的重要组成部分和实现中华民族伟大复兴的重大战略任务，作出了一系列重大部署、提出了一系列重要举措，为扎实推进海洋强国建设指明了前进方向、提供了根本遵循、赋予了强大动力。

一、建设海洋强国是实现中华民族伟大复兴的重大战略任务

加强海洋国土管理，维护国家海洋权益，维护国防安全，维护国家主权的完整；加强海洋资源开发利用，海洋强国是实现中华民族伟大复兴中国梦的必然要求；建设海洋强国是中国特色社会主义事业的重要组成部分，是实现中华民族伟大复兴的重大战略任务，关心海洋、认识海洋、经略海洋，才能推动我国海洋强国。2022 年 4 月 10 日，习近平总书记在中国海洋大学三亚海洋研究院调研考察时，对建设海洋强国作出重要指示，强调要推动海洋科技实现高水平自立自强，加强原创性、引领性科技攻关，把装备制造牢牢抓在自己手里，努力用我们自己的装备开发油气资源，提高能源自给率，保障国家能源安全。

（一）建设海洋强国，对于推动我国高质量发展、全面建设社会主义现代化国家、实现中华民族伟大复兴具有重大而深远的意义

21 世纪，人类进入开发海洋资源和利用海洋战略空间的新阶段，海洋在保障国家总体安全、促进经济社会发展等方面的战略地位更加突出，以海洋为载体和纽带的市场、文化等合作日益增多，世界各海洋大国和周边邻国纷纷制定新形势下的海洋战略和规划，加速向海洋布局。海洋已经成为全球合作与发展的重要领域。我国既是陆地大国，也是海洋大国，拥有广泛的海洋战略利益。虽然我国在建设海洋强国方面取得显著成绩，但也面临海洋开发利用层次总体不高、涉海科技创新自主能力不强等问题。建设海洋强国，必须着眼于中国特色社会主义事业发展全局，统筹国内国际两个大局，坚持陆海统筹，坚持走依海富国、以海强国、人海和谐、合作共赢的发展道路，通过和平、发展、合作、共赢方式，扎实推进海洋强国建设。

（二）发达的海洋经济是建设海洋强国的重要支撑

发展壮大海洋经济，不仅能满足我国破除资源瓶颈、加快新旧动能转换的迫切需要，也是扩大内部有效需求、拉动国民经济持续增长的重要途径。《2021 年中国海洋经济统计

公报》显示，2021 年全国海洋生产总值首次突破 9 万亿元，对国民经济增长的贡献率为 8.0%，海洋经济已成为国民经济新的增长点。习近平总书记强调，要提高海洋资源开发能力，着力推动海洋经济向质量效益型转变。这就要求进一步深化供给侧结构性改革，培育壮大海洋战略性新兴产业，推进自由贸易港建设，构建支撑高质量发展的陆海统筹开发保护格局。

（三）建设海洋强国必须大力发展海洋高新技术

创新是引领发展的第一动力。党的十八大以来，我国的海洋科学和技术取得了巨大进步，在深水、绿色、安全的海洋高新技术领域不断取得突破，一批海洋“国之重器”创造多项世界之最，但战略性、基础性、颠覆性的海洋科技创新能力不足，部分关键技术存在“卡脖子”问题。必须坚持把实现海洋科技高水平自立自强作为战略目标，努力突破制约海洋事业发展的技术瓶颈，形成加快建设海洋强国的强劲动能。

坚持面向世界科技前沿，持续加强海洋基础科学研究，显著提升我国在若干前沿研究领域的国际地位。2015 年我国科学家领衔在《自然》杂志发表了首篇关于西太平洋海洋与气候研究的综述文章，系统评述了太平洋西边界流及其气候效应研究的重要进展。对“地幔羽”假说、灾难性大地震的发生机理等重大世界难题发起挑战，成果相继在《科学》《自然》等期刊发表。在国际上率先解析了牡蛎、刺参、扇贝、对虾、海马、大黄鱼等海洋生物的全基因组，成功揭示其环境适应和遗传发育演化机制。中国海大陆架划界关键技术在维护我国海洋权益、拓展战略空间中发挥了重要作用。2019 年，我国海洋科学 SCI 论文发表数量已达 2538 篇，居全球第一位。2015—2019 年，SCI 论文被引频次占全球份额 15.1%，居世界第三位。

坚持面向国民经济主战场，协力攻关关键核心技术，推动海洋经济高质量发展。2012 年“981”深水半潜式钻井平台在南海首钻成功，标志着中国海洋油气资源开发开启“超深水时代”，其技术成果获国家科技进步奖特等奖。自主研发天然气水合物（可燃冰）勘查开发、开采测试、环境监测等多项核心技术，2017 年、2020 年两轮成功试采南海北部可燃冰，创造了“产气总量”“日均产气量”世界纪录。2017 年我国自主设计制造的全亚洲最大、最先进的绞吸挖泥船“天鲲号”成功下水，标志着我国疏浚产业进入世界先进水平。

坚持面向国家重大需求，自主研发形成了海洋探测装备体系，实现了由近岸到大洋、由浅海到深海的历史性跨越。2012 年我国首艘新一代海洋科学综合考察船“科学号”正式交付使用，拉开了我国从海洋系统视角开展深海大洋研究的序幕。2019 年我国第一艘自主建造的极地科学考察破冰船“雪龙 2 号”首航南极，成功在迄今人类认知最少的宇航员海海域开展综合科考。从“蛟龙号”“深海勇士号”再到“奋斗者号”，我国科学家突破自动航行与悬停定位、钛合金载人舱、固体浮力材料、高速数字水声通信、自动控制等载人潜器的多项关键核心技术，2020 年 11 月成功实现万米海底作业目标，创造了 10 909 米的中国载人深潜新纪录。我国首台具有完全自主知识产权的全海深自主遥控水下机器人“海斗一号”实现 4 次万米下潜。打破国际技术封锁与禁运，自主研发的“海燕号”和“海翼号”水下滑翔机不仅连续打破下潜深度世界纪录，而且使我国成为国际上唯一具备7000米级深度和半年以上连续自主观测能力的国家。

（四）加快建设海洋强国是人与自然和谐共生的发展之路，保护海洋生态环境，实现人海和谐是海洋强国建设的内在要求

在习近平生态文明思想指引下，我国海洋生态文明建设取得突破性进展，海洋资源开发保护制度基本健全，海洋环境污染防治力度不断加大，蓝色碳汇融入碳达峰、碳中和行动，我国海洋生态环境有了明显改观。实践证明，只要坚定不移走人海和谐的发展道路，就能让海更蓝、滩更净、岸更绿、湾更美，让人民群众吃上绿色、安全、放心的海产品，为子孙后代留下一片碧海蓝天。海洋是地球的主体、生命的摇篮、人类文明的源泉，海洋生态系统是全球最重要的生态系统，影响着全球生态系统的稳定与安全。习近平总书记指出："要高度重视海洋生态文明建设，加强海洋环境污染防治，保护海洋生物多样性，实现海洋资源有序开发利用，为子孙后代留下一片碧海蓝天。"近年来，我国陆续开展了沿海防护林、滨海湿地修复、红树林保护、岸线整治修复、海岛保护、海湾综合整治等工作，推动海洋生态保护和修复取得了积极成效。在加快建设海洋强国的新征程中，我们一定要深入学习贯彻习近平生态文明思想，坚持开发和保护并重、污染防治和生态修复并举，科学合理开发利用海洋资源，维护海洋自然再生产能力。按照《"海洋十年"中国行动框架》的要求，促进海洋可持续发展，连接人类和海洋。要深入践行绿水青山就是金山银山的发展理念，让海更蓝、滩更净、岸更绿、湾更美，让人民群众吃上绿色、安全、放心的海产品，为子孙后代留下一片碧海蓝天。

习近平总书记指出："我们人类居住的这个蓝色星球，不是被海洋分割成了各个孤岛，而是被海洋连结成了命运共同体，各国人民安危与共。"海洋的和平安宁关乎世界各国安危和利益，需要共同维护，与各国携手构建海洋命运共同体、促进合作共赢是建设海洋强国的必由之路。作为发展中的海洋大国，海洋日益成为中国走近世界舞台中央的重要主题，中国与各国携手发展将为世界提供更多机遇、注入强劲动力。

（五）加快建设海洋强国必将为构建人类命运共同体贡献更多中国方案和中国智慧

构建海洋命运共同体是构建人类命运共同体的重要组成部分。茫茫大洋、蓝蓝海波，蕴藏着人类对更好更快发展的共同愿望。2019年4月，习近平提出构建海洋命运共同体的重要倡议："我们人类居住的这个蓝色星球，不是被海洋分割成了各个孤岛，而是被海洋连结成了命运共同体，各国人民安危与共。海洋的和平安宁关乎世界各国安危和利益，需要共同维护，倍加珍惜。"构建海洋命运共同体，大力推进21世纪海上丝绸之路建设，"中国方案"为全球海洋治理与资源合作共享提供了全新思路。2021年7月6日，习近平在中国共产党与世界政党领导人峰会上指出，我们愿同国际社会加强高质量共建"一带一路"合作，共同为促进全球互联互通做增量，让更多国家、更多民众共享发展成果。积极参与亚丁湾、索马里海域护航行动，推动海洋生态文明建设，全面参与联合国框架内海洋治理机制和相关规则制定与实施，落实海洋可持续发展目标……中国一直在行动。

海洋的和平安宁关乎世界各国安危和利益，需要共同维护，与各国携手构建海洋命运共同体、促进合作共赢是建设海洋强国的必由之路。中国始终是海洋可持续发展的推动者、全球海洋治理的建设者、国际海洋秩序的维护者。积极参与了全球海洋治理，不断扩大蓝色伙伴朋友圈，推动构建海洋命运共同体。开展了全方位、多渠道、宽领域、多层次、高水平的国际海洋合作，积极承担负责任大国担当。积极参与“联合国海洋科学促进可持续发展十年（2021—2030）”计划，在气候变化、海洋碳汇、国际渔业履约、海洋生态系统维护、极地和深海探索等方面发挥重要作用，通过务实的国际海洋合作，为凝聚海洋共识、促进海洋互信和海洋福祉、有效推动蓝色经济发展贡献了中国方案和中国智慧。

在加快建设海洋强国的新征程中，中国必将担负起更多更大的全球海洋治理责任，本着相互尊重、公平正义、合作共赢精神，更深度参与全球海洋治理，共同践行海洋命运共同体理念，在国际海洋事务和全球海洋治理领域发挥更大的作用，为实现海洋可持续发展作出贡献，为世界永续和平发展贡献中国力量。

（六）加快建设海洋强国必须坚定文化自信自强

文化兴则国运兴，文化强则民族强。习近平总书记在党的二十大报告中指出：“推进文化自信自强，铸就社会主义文化新辉煌。”文化自信是更基础、更广泛、更深厚的自信，是一个国家、一个民族发展中最基本、最深沉、最持久的力量。中国的海洋文明和农耕文明、游牧文明等形态一起，组成了灿烂辉煌的中华文明，陶养了中华民族的伟大精神。高度的海洋文化自信是加快建设海洋强国的价值观基础、文化前提、重要目标。

习近平总书记指出：“建设海洋强国，我一直有这样一个信念。”加快建设海洋强国，要增强国民海洋强国自信，不断凝练海洋强国文化。要牢固树立新型海洋观，扎实推进海洋思维传习，抓实海洋精神教育，坚定海洋强国信念，坚定海洋文化自信。要将海洋文化、海洋意识教育融入党史学习教育常态化长效化中，要发挥海洋领域的“南极精神”“深潜精神”等，大力弘扬伟大建党精神，持续开展向海空卫士王伟、“守岛英雄”王继才、文圣常院士等英雄模范人物学习，大力宣传海洋先进人物事迹，为新一代海洋人奋进新时代新征程提供强大精神动力。

在加快建设海洋强国的新征程中，要深入挖掘、大力建设、大力弘扬海洋文化，传承中国海洋文明，持续发扬勇于探索、崇尚和谐的海洋精神，发挥海洋文明、海洋文化中海纳百川的开放性，兼容并蓄的亲和力，博采众长、厚积薄发的创新力，激励民众在建设海洋强国新征程上踔厉奋发、勇毅前行。

二、中国海洋强国战略的形成

自党的十八大报告完整提出中国海洋强国战略的基本内容（提高资源开发能力，发展海洋经济，保护生态环境，坚决维护国家海洋权益，建设海洋强国）后，习近平总书记在主持第十八届中共中央政治局第八次集体学习时强调建设海洋强国的四个方面的要求（即“四个转变”：要提高资源开发能力，着力推动海洋经济向质量效益型转变；要保护海洋生态环境，着力推动海洋开发方式向循环利用型转变；要发展海洋科技，着力推动海洋科技向创新引领型转变；要维护国家海洋权益，着力推动海洋权益向统筹兼顾型转变），使建设海洋强国的具体内涵和基本要求得到了充实和发展。

在此基础上，党的十九大报告丰富和发展了中国海洋强国战略内涵，形成新时代中国海洋强国战略治理体系。党的十九大报告指出，我国要坚持陆海统筹，加快建设海洋强国；要以“一带一路”建设为重点，形成陆海内外联动、东西双向互济的开放格局，即提出了加快建设海洋强国的目标，并指明了在建设海洋强国过程中应坚持的理念、原则、重点以及方向，形成新时代中国海洋强国战略治理体系。

此外，国家领导人在多个场合上的重要讲话和指示，固化了中国海洋强国战略治理体系。2018 年 3 月 8 日，习近平总书记在参加第十三届全国人民代表大会第一次会议山东代表团审议时强调，海洋是高质量发展要地；要加快建设世界一流的海洋港口、完善的现代海洋产业体系、绿色可持续的海洋生态环境，为海洋强国建设作出贡献。2018 年 6 月 12 日，习近平总书记在青岛海洋科学与技术试点国家实验室考察时强调，发展海洋经济、海洋科研是推动我国海洋强国战略很重要的一个方面，一定要抓好；关键的技术要靠我国自主来研发，海洋经济的发展前途无量。2019 年 10 月 15 日，习近平总书记在致 2019 中国海洋经济博览会的贺信中指出，要加快海洋科技创新步伐，提高资源开发能力，培育壮大海洋战略性新兴产业。为此，明确了中国海洋强国战略的主攻方向和核心领域，实现了中国海洋强国战略治理体系的固化和升华目标。

党的二十大报告指出：“发展海洋经济，保护海洋生态环境，加快建设海洋强国。”报告对建设海洋强国提出的新目标新要求，是新时代建设海洋强国的根本遵循，是谱写新时代建设海洋强国绚丽华章的行动指南，全面吹响了建设海洋强国的奋进号角，也是用新的伟大奋斗创造海洋强国建设新的伟业的力量源泉。

（一）中国海洋战略的“变”与“不变”

1. 制度轨迹：海洋战略的“变”

（1）1949—1977 年，以海洋防御为核心的海洋战略阶段。中华人民共和国成立后至改革开放前，我国海洋战略以海洋防御为核心。中华人民共和国成立初期的海洋战略侧重于军事防御，以积极的海上防御为主要原则，维护海洋安全，巩固新生政权，这一时期的海洋防御战略可以从防卫力量、防卫范围和防卫内容三个维度理解。在防御力量建设上，以建设一支强大的海军为核心目标，毛泽东在视察海军舰艇部队时多次题词：“我们一定要建立强大的海军”；在防御范围上，我国奉行沿岸防御和近岸防御的海洋防御战略，“要把一万多公里的海岸线筑成海上长城”；在防御内容上，中国为维护海洋主权，主要从宣示海岛主权、发布领海声明、收回丧失海权等方面做出了努力，提出“和平解放台湾”的构想，并通过国内立法、岛礁建设、标绘地图等方式维护中国在南海诸岛的主权；1958 年发布《中华人民共和国关于领海的声明》，明确了中国主张 12 海里的领海宽度。

（2）1978—2001 年，以发展海洋经济为核心的海洋战略阶段。从改革开放至 2002 年党的十六大召开前，我国海洋战略以发展海洋经济为核心。改革开放后，我国确定了以经济建设为中心，实行改革开放的发展方略，我国的海洋战略的重心也从维护海洋安全转向发展海洋经济，海洋经济发展战略以开放海洋和开发海洋为核心。从 20 世纪 80 年代到 90 年代，我国逐渐形成了多层次、宽领域的“经济特区—沿海开放城市—沿海经济开放区—内地”的对外开放格局。这一时期，海洋运输业、船舶制造业、海上石油业、海洋生态等海洋产业都取得了长足进展，同时注重海洋资源开发，发展海洋科技，向深海、极地领域进军。

（3）2002—2011 年，以海洋合作为核心的海洋战略阶段。党的十六大召开后至党的十八大召开前，我国海洋战略以海洋合作为核心。21 世纪是海洋的世纪，各国在海洋领域的竞合关系明显，1994 年《联合国海洋法公约》的生效使国际对海洋及其资源开发、利用、管理与保护方式向着交流合作的方向转变。2002 年党的十六大后，党中央先后提出“和谐世界”与“和谐海洋”的理念，我国由此进入建设“和谐海洋”的阶段，开展海洋合作成为这一时期我国海洋重点战略。我国海洋合作对象众多，涵盖与大国的合作、与周边国家的合作以及与发展中国家的合作；国际海洋合作的领域主要是环境保护、海洋防灾减灾等低敏感领域，包括中越北部湾合作、中印海洋合作等。此外，在《联合国海洋法公约》指导下，中国积极推进海洋领域的管理和立法工作，以便接轨国际，更好地开展国际合作，如 2004 年通过的《中华人民共和国港口法》、2009 年通过的《中华人民共和国海岛保护法》等。

（4）2012 年至今，以海洋强国建设为核心的海洋战略阶段。党的十八大召开后至今，我国海洋战略以海洋强国建设为核心。习近平总书记在世界百年未有之大变局背景下提出海洋强国战略。海洋强国战略是实现中华民族伟大复兴的关键战略之一，具有系统性、科学性和全面性。海洋强国战略是一个战略体系，包括推动海洋经济转型和陆海经济一体化高质量发展的海洋经济战略，以建设与我国国家安全和发展利益相适应的现代海上军事力量为核心的海洋安全战略，“人海和谐”的海洋生态战略，以“海上丝绸之路”建设、发展全球蓝色伙伴关系、推动构建海洋命运共同体为重点的深度参与全球海洋治理战略。海洋强国战略最大的亮点在于，它不仅是关注中国自身发展的战略，更是中国主动担当大国责任的生动体现，中国将为解决全球海洋问题贡献更多中国智慧、中国方案与中国力量。

2. 制度轨迹：海洋战略的“不变”

我国海洋战略之所以“不变”，主要是存在一定的路径依赖。总体来看，中华人民共和国成立以来的海洋战略呈现出渐进演进的特点，具有一定的稳定性，虽然关键节点将制度历程划分为几个阶段，但是不同阶段之间存在一以贯之的脉络，即路径依赖。我国海洋战略的路径依赖性表现在价值导向、变革力量和战略体系自身的稳定性。

（1）价值导向的依赖：始终贯穿着马克思主义义利观和中华传统文化的价值观。海洋防御战略阶段的“求同存异”理念、海洋经济发展时期的“搁置争议、共同开发”“一国两制”理念、“和谐海洋”理念、“人类命运共同体”理念都是马克思主义义利观和中华传统文化价值观的体现。马克思主义思想是中国共产党思想的宝库之一，马克思主义义利观追求集体主义和人类整体利益；中华传统文化中“仁政”“大同”“以和为贵”“中庸”等思想渗透在中国海洋战略中，体现为中国在海洋发展中崇尚和平、中庸的价值导向。

（2）变革力量的依赖：始终坚持中国共产党的领导。在中华人民共和国成立 70 多年的海洋战略变迁中，始终坚持党的集中统一领导，这保证了海洋战略“变”中的“不变”。中国共产党领导的海洋战略是一个连续统一的体系，中国共产党在海洋领域的决策是科学的，是符合国际发展大势和中国发展实际的，在复杂多变的国际环境和国际形势中，中国共产党着眼于国家海洋长远利益，始终将国家海洋主权和领土完整放在首位，维护国家海洋权益，重视开发海洋资源，发展海洋经济，处理国际海洋争端，促进全球海洋文化交流，打造美丽的海洋环境。

（3）战略体系自身的依赖：战略体系内容发展到较为完善的阶段。战略体系自身就具有较强的稳定性，海洋战略体系经过丰富和完善，已经可以较为稳定地划分为海洋安全战略、海洋经济发展战略、海洋科技战略、海洋文化战略、海洋生态战略等。即便随着时代发展，海洋战略体系的维度不断被完善和细分，无论海洋战略的内容如何变迁，但在大的框架上，仍然遵循这些最基本的战略类型。通过前面的梳理不难看出，我国海洋战略在70多年的发展中，仍然主要涉及海洋安全战略、海洋经济发展战略等战略类型。

3. 制度变迁形态企业文化：渐进的层叠式制度变迁

制度变迁的类型划分为制度更替、制度转换、制度漂移与制度层叠。制度更替是制度的突变，制度转换、制度漂移与制度层叠属于渐进的制度变迁。制度更替必然蕴含着旧制度的废止和新制度的产生；制度转换是对原有制度的重新诠释；制度漂移经常表现为制度“越轨”，制度虽被严格执行，但制度所处的情境被改变，从而导致制度的实际效果改变；制度层叠则是制度的新规则叠加至旧规则之上，使制度产生新的效能。

纵观中华人民共和国成立以来我国海洋战略的变迁历程，我国海洋战略历经了海洋防御战略、海洋经济发展战略、海洋国际合作战略、海洋强国战略四个阶段的历史变迁，整个变迁过程既没有发生猛烈、激进的制度更替，也未出现“阳奉阴违”的制度转换，也未呈现“名存实亡”的制度漂移，我国海洋战略制度变迁是党和国家基于国际环境和国内实际的主动选择，这种变迁是国际国内良性互动以及政府、企业、人民良性互动的结果，这四个阶段的变迁属于渐进的层叠式制度变迁。我国海洋战略的历史变迁过程之所以呈现出渐进、层叠的特征，主要有两个方面原因：第一，从战略出现的时间顺序的维度来看，时间点和顺序对制度分析具有重要意义，只要存在制度报酬递增和路径依赖现象，早期事件比后期事件的影响力就更显著。海洋战略的重要性与该战略出现时间的顺序性成正比，也就是说，前一阶段海洋战略因为对于国家来说更加重要和属于基础层面，所以出现的时间更早，即在特定的历史时期内，我国对海洋安全、海洋经济发展、海洋国际合作和海洋强国的战略需求是有时间顺序的。在这种情况下，新战略的出现就不可能完全替换掉既存的海洋战略，我国海洋战略的变迁只能是层叠，我国海洋战略体系在海洋安全战略、海洋经济战略、海洋国际合作战略和海洋强国战略叠加的基础上，不断被丰富和完善，焕发出更大的制度效能。第二，从制度互补性的维度来看，制度是一个复合体，只有相互关联的制度发生共时性变迁，才可能导致制度的颠覆。我国海洋战略在纵向上，向上包含在国家总体战略之中，向下囊括着海洋经济战略、海洋环境战略、海洋外交战略等多种战略类型；我国海洋战略在横向上，在陆海统筹理念的指导下，与陆地上各种发展战略也存在着千丝万缕的联系。“牵一发而动全身”，我国海洋战略通常只能是渐进的。

建设海洋强国已成为我国的基本国策，必须长期坚持和持续发展，所以必须在关心海洋、认识海洋、经略海洋，尤其应在发展海洋经济、加快海洋科技创新步伐方面采取措施，并在发挥其作用上积极施策和谋划，这样才能加快实现中国海洋强国战略目标。

第一，中国海洋强国战略的提出。党的十八大报告首次完整提出了我国海洋强国战略的四个方面的内容，即我国应“提高资源开发能力、发展海洋经济、保护海洋生态环境、坚决维护国家海洋权益”，这些构成了我国海洋强国战略的基本内容。其中提高资源开发能力、发展海洋经济，是我国建设海洋强国的基本手段和具体路径，而保护海洋生态环境、坚决维护国家海洋权益，是建设海洋强国的重要目标。

第二，中国海洋强国战略的发展。习近平总书记在主持就建设海洋强国进行十八届中央政治局第八次集体学习时（2013 年 7 月 30 日）强调了建设海洋强国的四个基本要求，即“四个转变”。具体内容为：要提高海洋资源开发能力，着力推动海洋经济向质量效益型转变；要保护海洋生态环境，着力推动海洋开发方式向循环利用型转变；要发展海洋科学技术，着力推动海洋科技向创新引领型转变；要维护国家海洋权益，着力推动海洋维权向统筹兼顾型转变。这些内容是对中国海洋强国战略的发展。

第三，中国海洋强国战略的深化。如上所述，中国海洋强国战略除在党的十九大报告中指出的那样进一步明确了建设海洋强国的目标、应坚持的原则和重点外，在其他重要场所也得到了深化，主要表现在以下方面：①2018 年 3 月 8 日，习近平在参加第十三届全国人民代表大会第一次会议山东代表团审议时强调，海洋是高质量发展要地；要加快建设世界一流的海洋港口、完善的现代海洋产业体系、绿色可持续的海洋生态环境，为海洋强国建设作出贡献。②2018 年 6 月 12 日，习近平在青岛海洋科学与技术试点国家实验室考察时强调，发展海洋经济、海洋科研是推动我们海洋强国战略很重要的一个方面，一定要抓好；关键的技术要靠我国自主来研发，海洋经济的发展前途无量。

（二）加快建设海洋强国的基本原则和愿景

党的十九大报告指出，经过长期努力，中国特色社会主义进入新时代，这是我国发展新的历史方位。因此，自党的十八大以来形成的新时代中国特色社会主义外交思想，成为指导中国加快建设海洋强国的基本原则和行动指南。而在新时代中国特色社会主义外交思想中最核心的内容是构建人类命运共同体。“发展海洋经济，保护海洋生态环境，加快建设海洋强国”，习近平总书记高度重视海洋强国建设，围绕海洋事业多次发表重要讲话、作出重要指示，强调“建设海洋强国是实现中华民族伟大复兴的重大战略任务”。习近平总书记关于建设海洋强国的重要论述是习近平新时代中国特色社会主义思想的重要内容。加快建设海洋强国是中国式现代化的重要内涵，也是实现中华民族伟大复兴的必由之路。

习近平总书记关于建设海洋强国的重要论述和党的二十大报告是指导新征程中海洋科技教育事业发展、破解海洋发展难题、提升建设海洋强国动力、打造海洋发展优势，实现海洋强国战略的行动指南、根本遵循。鉴于海洋问题和海洋事务的综合性和复杂敏感性，新时代中国特色社会主义外交思想所蕴含的原则和精神完全契合海洋的本质，可以为构筑人类命运共同体视域下的人类海洋命运共同体提供参考和指导。

构建海洋命运共同体，要坚持共商、共建、共享原则，深度参与全球海洋治理。建设 21 世纪海上丝绸之路，与全球开展全方位、多领域、深层次的双边多边合作，建设好维护好海上通道，积极发展蓝色伙伴关系。积极参与“联合国海洋可持续发展十年（2021—2030）”计划，持续做好南极科学考察和保护，建设“冰上丝绸之路”，参与北极务实合作，强化极地事务统筹协调和综合保障能力。加强在应对海洋与气候变化危机、合作开展海洋空间规划和海洋科学研究方面的务实合作。构建和平共处、互利共赢的涉海对话合作机制。积极参加国际海洋事务和涉海条约的制定修订，积极参与海洋新兴领域国际技术标准和行动准则的制定工作，不断提升我国在国际海洋事务中的影响力和话语权。坚持维权维稳并重，引领地区海洋事务，创造和平稳定的发展环境。坚决维护以国际法为基础的国际海洋秩序，联合开展重大海洋国际合作项目。探索开展与欧洲海洋国家海洋法律互认谈判，切实加强双边海洋事务务实合作。加强与国际海底事务管理局的合作，开展环境资源调查等活动，提高深海矿产和生物资源开发能力。增进海洋文化交流互鉴，讲好中国海洋故事。坚定文化自信自强，传承中华优秀传统文化，发展创新具有中国特色、彰显中华文明特点的海洋文化，大力宣传海洋治理、海洋生态文明建设的中国方案和中国智慧，大力宣传中国与相关国家海洋事务合作的成功范例，用生动鲜活的故事使构建海洋命运共同体的理念更加深入人心。

为此，人类海洋命运共同体含义下的中国海洋强国战略目标及愿景可界定为：在政治和安全上的目标是，不称霸及和平发展，即坚持总体国家安全观，坚决维护国家主权、安全和发展利益；在经济上的目标是，运用新发展观发展和壮大海洋经济，共享海洋空间和资源利益，实现合作发展共赢目标，具体路径是通过“一带一路”倡议尤其是21世纪海上丝绸之路建设构筑新型国际关系；在文化上的目标是，通过弘扬中国特色社会主义核心价值观，建构开放包容互鉴的海洋文化；在生态上的目标是，通过保护海洋环境构建可持续发展的海洋生态环境，实现“和谐海洋”倡导的人海合一目标，进而实现绿色和可持续发展目标。

（三）加快建设海洋强国的具体路径

中国建设海洋强国的具体路径是坚持新发展观，发展和壮大海洋经济。这是由海洋经济在国民经济中的地位和价值决定的，也是发展蓝色经济、构建蓝色伙伴关系，实现高质量发展的必由之路。而为了发展广义的海洋经济，需要稳定的海洋环境、确定合理可控的边界范围，尤其需要解决与其他国家之间存在的诸如领土主权争议、海域划界争议等问题，保障海洋经济发展环境，以实现共享海洋的空间和资源利益目标。换言之，我国应坚持走依海富国、以海强国、人海和谐、合作共赢的发展道路，通过和平、发展、合作、共赢方式，扎实推进海洋强国建设，包括优先利用政治方法解决海洋争议问题，通过制定规则管控危机，实现合作共赢处理海洋问题争议的基本方略，维护海洋安定秩序。

1. 严守“依法治海”的理念和目标，其中的法律应是国际社会普遍认可的原则、规则和制度，并受到普遍的尊重和遵守

在现代国际海洋法体系尤其在成文法的发展进程中，海洋科技和海洋装备的发展发挥了不可替代的促进作用，尤其对于大陆架制度的创设和发展、国际海底区域制度的建立、认知海洋环境和勘探海洋新资源，以及应对气候变化引发的多种海洋前沿性、挑战性课题等，都是不可或缺的重要依托。换言之，持续鼓励发展海洋科技是解决人类社会面临的现实和未来海洋问题的动力源和助推器，我国也必须持之以恒地坚持并取得成效。这是实现海洋可持续发展、人海共生目标的重要武器。

2. 加快建设海洋强国，需要大力推动海洋文化繁荣发展

把握海洋文化内涵。我国是一个海洋大国，“海上丝绸之路”反映了我国古代的航海历史、航海技术、海洋文化。中华人民共和国成立后，在党中央的坚强领导下，我们积极主动谋划海洋事业。改革开放以来特别是党的十八大以来，我国海洋事业不断发展。海洋文化随着海洋事业发展而发展，体现一个国家和民族关于海洋的思想、观念、行为和习俗等。我国海洋文化起于历史悠久的耕海牧渔和扬帆远航，必然兴于新时代海洋强国建设的进程中。推动海洋文化繁荣发展，需要深入把握海洋文化内涵。我们要在继承我国古代灿烂的海洋文化基础上，结合新时代加快建设海洋强国的内在要求，把握海洋文化的丰富内涵，通过衔接古今、立足现实、开拓创新，不断发展适应新时代要求的海洋文化。

加强海洋文化传播。一种文化的影响力、凝聚力不仅取决于其思想内容，还取决于其传播能力。推动海洋文化繁荣发展，需要以价值理念传承发展为重点，遵循文化传播规律，做好海洋文化传播工作，让我国海洋文化传得更开、传得更广，为建设海洋强国营造良好文化氛围。依托各级各类媒体平台，积极创作和传播反映我国海洋文化的文艺精品，形成亲海、爱海、强海的社会氛围。加强对外宣传工作，大力宣传我国海洋文化，提升我国海洋文化的亲和力、感召力、影响力。强化全民海洋意识。海洋意识是海洋文化的重要组成部分，只有强化全民海洋意识，才能为加快建设海洋强国提供有力支撑。强化全民海洋意识是一项系统工程，需要坚持高站位、多层次、宽视野，推动有关部门和相关主体共同努力、形成合力。加快普及海洋科学知识，提高全民海洋科学素养，引导青少年亲近海洋，形成关心海洋、热爱海洋的情感。加快海洋文化公共基础设施建设，创新海洋文化遗产保护方式和传承途径。

发展海洋文化产业。推动海洋文化繁荣发展，具有重要的经济意义。“十四五”规划和 2035 年远景目标纲要提出，“提高海洋文化旅游开发水平”。我们要着眼于更好满足人民群众日益增长的精神文化需求，扩大与海洋相关的文化产品和服务供给，推动传统海洋文化产业转型升级。按照全面发展与重点推进相结合的原则，探索海洋文化产业发展新路径，优化海洋文化产业布局，发展海洋文化产业新业态。

3. 加速动能转换，推动海洋经济高质量发展

实施《“十四五”海洋经济发展规划》，加强海洋经济规划和指导，推动海洋经济深度融入国家区域重大战略，建设一批高质量海洋经济发展示范区、特色化海洋产业集群和现代海洋城市，全面提高北部、东部、南部三大海洋经济圈发展水平。提升海洋装备制造自主化水平，建立自主可控、安全高效的海洋装备产业体系。推动海水淡化与综合利用规模化发展，在沿海缺水城市开展海水淡化规模、装备和政策试点。促进海洋清洁能源多元化开发与应用，加强海洋能资源高效利用技术装备开发和工程示范，支持海洋能规模化、商业化发展。加快海洋药物与生物制品产业化进程，推进海洋药物和生物制品产业发展中心等公共服务平台建设。推动海洋传统产业绿色低碳转型，发展深水远岸养殖和可持续远洋渔业，储近用远、安全利用海洋油气，推进港口绿色化、智能化、安全化升级改造。加快现代海洋服务业协同发展，提升现代海事商事等服务业专业化水平，促进海洋文化和旅游业品质升级，支持海洋领域数字经济融合发展。优化利用信贷、基金、保险、融资租赁等方式支持海洋经济绿色低碳发展。

4. 坚持自立自强，提升海洋科技创新水平

发展和壮大海洋经济要依靠科技进步和创新，努力突破制约海洋经济发展和海洋生态保护的科技瓶颈。为此，我国应搞好海洋科技创新总体规划，坚持有所为有所不为，重点在深水、绿色、安全的海洋高技术领域取得突破，尤其要推进海洋经济转型过程中急需的核心技术和关键共性技术的研究开发，加强原创性、引领性科技攻关，包括把装备制造牢牢抓在自己手中，努力用我们自己的装备开发海洋资源，提高能源自给率，保障国家能源供应安全。为确保这些举措的落实和目标的实现，比较有效的手段之一是加快制定和实施诸如“海洋科技促进和保护法”那样的专门性、功能性法律。

尽管经过多年各方的共同努力，我国海洋科技水平有所提高和发展，但也存在一些制约海洋科技发展的薄弱环节。主要表现在以下方面：第一，海洋产业的关键核心技术仍受制于人，源头供给不足，转化效率不高，协同创新不够紧密。第二，海洋公益服务技术支撑能力不足，海洋关键技术装备自给率较低，海洋生态环境保护与修复技术体系不完善，实施基于生态系统的海洋综合管理的技术途径和方法相对较少。第三，以企业为主体的海洋技术创新体系尚未形成，基地、园区和创新平台的服务带动能力还较为薄弱，创新生态环境有待进一步完善。第四，科技兴海的开放共享发展不足，诸如对实施“一带一路”倡议的支撑带动作用有待全面加强。为逐步消除上述薄弱环节，需要我国在政策倾斜、资金投入、税收优惠、扩大参与主体、加大市场开放与合作、人才培养、加强基础性和应用性技术以及技术转让等重要方面采取综合性、连续性措施，联合攻关，强化科技合作，实现关键核心技术突破，实现海洋科技向创新引领型转变，进而实现科技强国目标。

正如党的十九大报告指出的那样，我国加快建设海洋强国的基本路径是推进“一带一路”倡议中的海上丝绸之路进程，具体行动是发展海洋经济，基础是加快海洋科技创新步伐，这已得到《政府工作报告》的确认。不可否认，“一带一路”倡议自 2013 年提出以来，得到了多数国家的积极响应，体现了其强大的生命力和影响力，成为习近平新时代中国特色社会主义思想在外交上的新举措和新成果，尤其是党和政府对其的深化和发展，体现了中国的智慧和贡献。中国政府主要是通过发布文件和设立平台并采取措施的方式来丰富和发展“一带一路”倡议的。“一带一路”倡议不仅是国际区域合作倡议，也具有整合国内区域发展的含义。例如，《政府工作报告》（2018 年 3 月 5 日）指出，要加大西部、内陆和沿边开放力度，提高边境跨境经济合作区发展水平，拓展开放合作新空间；同时，《政府工作报告》也指出，我国应发展壮大海洋经济，坚决维护国家海洋权益。为此，我国应利用“一带一路”倡议加快发展海洋经济，尤其应坚持陆海统筹的理念。

强化海洋领域国家科技力量，优化重大创新平台布局，加强海洋领域国家实验室、国家重点实验室、国家技术创新中心和国家野外科学观测研究站等建设，建设国家深海基因库、国家深海标本样品馆和国家深海大数据中心，推进国家海洋综合试验场建设及高效运行。加强海洋基础性、前沿性和战略性技术储备，在海洋动力过程、陆海相互作用、海洋生态系统变化规律等方向实现原创性突破，超前部署海洋前沿技术和颠覆性技术研发。着力突破海洋核心装备和关键技术瓶颈，推进实施“蛟龙探海”二期、“深海矿产开发”重大科技专项、海域动态感知系统工程、海洋生态卫星工程等一批海洋科技重大项目，重点突破海洋观测监测新型传感器、无人智能平台和目标探测识别等技术，支持深海科学探测、油气矿产资源探测和生物基因资源勘探开发等装备谱系化发展，加强海洋环境保护、生态修复和重大海洋灾害应对关键技术攻关。持续实施海洋预报“芯片”工程，进一步提高海洋灾害预警报的自主化、智能化、精细化水平。提高海洋科技成果转移转化成效，打造一批创新能力强的龙头企业和“专精特新”中小企业，推动建立海洋产业创新联盟。

在国内坚持陆海统筹理念发展海洋经济，就是要在顶层设计、总体布局、协调规划、执行机构和保障制度上，加强陆地和海洋的联动性和互补性，综合性管理陆地国土及海洋的空间和资源，合理地开发和利用陆地和海洋的空间及资源，实现可持续发展，并拓展蓝色经济空间，所以应加强和深化我国海洋经济发展的治理体系。

（四）加快建设海洋强国的保障措施

建设海洋强国是一项宏大的系统工程，需要各地、各部门和全社会的共同努力，海洋系统更应在建设海洋强国中发挥应有地位和作用。

1. 不断深化认知海洋的程度，持续提升利用海洋的水平，全面优化生态海洋的格局，显著增强管控海洋的能力，努力营造和谐海洋的局面

中国海洋强国战略目标的实施，需要完善的海洋体制机制作保障。自进入新时代以来，我国在海洋体制机制上的改革已经历了两个阶段：一是重组国家海洋局阶段。主要文件为2013年3月15日印发的《国务院机构改革和职能转变方案》以及2013年6月9日国务院办公厅印发的《国家海洋局主要职责内设机构和人员编制规定》。在此阶段，将国家海洋局及其中国海监总队、公安部边防海警、农业农村部中国渔政、海关总署海上缉私警察的队伍和职责整合，重新组建国家海洋局，由自然资源部管理；国家海洋局以中国海警局名义开展海上维权执法，接受公安部业务指导；并为加强海洋事务的统筹规划和综合协调，设立高层次议事协调机构——国家海洋委员会，负责研究制定国家海洋发展战略，统筹协调海洋重大事项；国家海洋委员会的具体工作由国家海洋局承担。二是撤销国家海洋局阶段。主要文件为2018年3月21日中共中央印发的《深化党和国家机构改革方案》和2018年6月22日第十三届全国人民代表大会常务委员会第三次会议通过的《关于中国海警局行使海上维权执法职权的决定》。在此阶段，将国家海洋局的职责整合，组建自然资源部，即不再保留自然资源部、国家海洋局。此外，按照先移交后整编的方式，将国家海洋局（中国海警局）领导管理的海警队伍及相关职能全部划归武警部队。

为了使中国海警局依照《深化党和国家机构改革方案》和《武警部队改革实施方案》（2017年12月27日）的决策部署（海警队伍整体划归中国人民武装警察部队领导指挥，调整组建中国人民武装警察部队海警总队，称中国海警局）统一履行海上维权执法职责，第十三届全国人民代表大会常务委员会第三次会议于2018年6月22日通过了《关于中国海警局行使海上维权执法职权的决定》（2018年7月1日起施行）。在上述决定中规定了中国海警局维权执法的范围或任务以及在执行任务时与其他有关行政机关之间的关系两个方面的内容，从而使中国海警局在隶属中央军委领导和其他行政机关执法之间的职权上得到了协调。其中，中国海警局与其他行政机关（例如自然资源部、生态环境部、农业农村部、海关总署等）的执法协作机制需要在今后的法律规章中予以规范，包括修改现存有关海洋领域的法律规章，以适应国家机构改革新发展需要。更重要的是，为行使中国海警局在海洋维权执法职权，应尽快制定中国海警局组织法，以在较高层次的法律上进一步明确其职权和范围或任务。中国海洋强国战略的加快推进需要海洋体制机制的完善，尤其应符合现存国家机构体制改革发展要求，实施陆海统筹。所以，加快制定综合规范海洋事务的基本法（例如海洋基本法）就特别紧要，应明确各行政机构的职权，包括综合协调海洋事务的国家海洋委员会的具体职权，为加快建设海洋强国作出制度上的保障。

2. 强大的人民海军是建设海洋强国的重要保障

建设海洋强国是具有全局性指导意义的国家战略，不仅能够促进我国实现由海洋大国向海洋强国的历史性转变，也为人民海军担负新时代历史使命和转型建设明确了新的战略任务、目标要求和实践路径。维护海洋权益和海洋安全，离不开一支现代化的海军队伍。习近平指出，建设一支强大的人民海军，寄托着中华民族向海图强的世代夙愿，是实现中华民族伟大复兴的重要保障。70 多年来，人民海军一路劈波斩浪，纵横万里海疆，勇闯远海大洋，逐步发展成为一支能够有效维护国家主权、安全、发展利益的海上武装力量。

坚决维护领土主权和海洋权益，维护国家统一，妥善处理好领土岛屿争端问题，建设强大的现代化海军是建成世界一流军队的重要标志，是建设海洋强国的战略支撑，是实现中华民族伟大复兴中国梦的重要组成部分。海军作为国家海上力量主体，对维护海洋和平安宁和良好秩序负有重要责任。世纪之交，人民海军建设重点是从强调近海防御的海防型海军开始向重视远海防御的远洋型转变，实现从浅蓝色海军到深蓝色海军的转变。近年来，人民海军的人员素质、技术装备、舰船数量都得到了极大的提升，但在战斗经验和知识积累方面依然非常稚嫩，人民海军从未经历过大型海战的洗礼，长期作为国土防御的辅助工具，未能发挥出海军应有的作用和精髓，如何在和平与发展的大背景下，在较短时间内弥补海军传统的战斗经验的不足，也是中国海军面临的艰巨任务和巨大考验。因此，在推动海军建设和海军转型过程中，要克服“装备万能，技术决定一切”的错误认识，抓紧一切机会锻炼提高自己，通过海外执行护航、救灾、维和等任务提高舰队通信、指挥协同等能力，通过与友好国家的联合演习，虚心学习他国经验，通过模拟实战训练，提高作战水平。

三、向海图强是实现中华民族海洋强国梦的必由之路

我们党始终高度重视海洋科学技术发展，我国海洋科技事业从筚路蓝缕启航，向海图存、向海图兴、向海图强，经过几代海洋科技工作者的不懈奋斗，实现了几乎从零起步到跟跑、并跑，再到若干领域世界领跑的跨越式发展，为认识海洋、经略海洋提供了有力科技支撑。

加快建设海洋强国必须充分发挥教育、科技、人才的基础性、战略性支撑。党的二十大报告指出：“教育、科技、人才是全面建设社会主义现代化国家的基础性、战略性支撑。”习近平总书记强调，要推动海洋科技实现高水平，自立自强，加强原创性、引领性科技攻关。科技是建设海洋强国的第一生产力，人才是第一资源，创新是第一动力，高质量海洋教育体系是海洋科技力量可持续发展和创新要素可持续供给的保障，是源源不断培养造就高素质海洋人才队伍的基础。同时，高水平的海洋科技发展体系、充满活力的人才队伍，又能极大激发海洋教育的高质量发展。在加快建设海洋强国的新征程中，广大海洋

工作者必须心怀“国之大者”，为党育人、为国育才，自觉履行海洋科技高水平自立自强的使命担当，以国家战略需求为导向，加强海洋领域原创性引领性科技攻关，加快突破关键核心技术，多出战略性、关键性重大海洋科技成果，为加快建设海洋强国、促进人与自然和谐共生贡献力量。

向海图存启新航。中华人民共和国成立后，我们党为尽快扭转我国海洋科研人才、调查装备极为匮乏的局面，先后成立了我国第一个专业海洋研究机构——中国科学院水生生物研究所青岛海洋生物研究室（中国科学院海洋研究所前身）、第一所专门培养海洋人才的高等院校——山东海洋学院（2002 年更名为中国海洋大学）、负责组织开展全国海洋科研和调查工作的国家行政机关——国家海洋局，制定出台了我国首部海洋科学远景规划，组织开展了我国第一次全国海洋综合调查和多次专项综合调查，取得了“文氏风浪谱”、鱼类细胞核移植、藻类（海带和紫菜）人工养殖技术等重大科技成就。

向海图兴沐春风。党的十一届三中全会后，我国确定改革开放的总方针，海洋科技事业迎来了“科学的春天”。重点围绕“查清中国海、进军三大洋、登上南极洲”的战略目标，进行了大规模的海洋调查和探索研究工作，圆满完成“中国近海资源环境综合调查与评价”专项调查，成功实施第一个由我国科学家设计并主持的大洋钻探计划（ODP）航次，组织开展南北极科学考察，合作实施了中日黑潮联合调查、中美热带西太平洋海气相互作用联合调查研究等一批有重要影响的国际大型海洋科技合作项目，完善了中国近海陆架环流系统理论，发现并命名了“棉兰老潜流”，编绘了第一幅较完整的中国海陆架沉积类型分布图，对虾、贝类、鱼类、海珍品（海参、鲍鱼）养殖技术相继问世，我国海洋科技发展水平与世界强国差距不断缩小。

向海图强谱新篇。党的十八大以来，习近平总书记高度重视我国海洋事业发展，发表了一系列重要论述，为海洋强国建设指明了方向。2018 年 6 月 12 日，习近平总书记在山东考察时再次强调，建设海洋强国，必须进一步关心海洋、认识海洋、经略海洋，加快海洋科技创新步伐。近年来，随着我国对海洋科技投入的逐步加大，我国海洋科技事业进入了历史上最好的发展时期。

坚持面向人民生命健康，努力突破制约海洋生态保护的科技瓶颈，为生态环境绿色可持续发展提供高质量科技供给。经过连续多年的现场调查、模拟实验和检验，成功揭示了赤潮、绿潮、水母暴发等我国近海典型生态灾害的形成机理并提出有效防控治理策略。历时 20 多年科研攻关，发明的改性黏土治理赤潮绿色环保技术在我国近海 20 多个水域和美国、智利、秘鲁等国家得到大规模运用，成功保障了滨海核电冷源等一系列重要水域的水环境安全。深耕南沙 60 载，首创多维岛礁生态系统修复新模式，建成世界最大珊瑚礁生态系统修复示范区，为南海可持续开发利用提供有力科技支撑。

“昨夜斗回北，今朝岁起东”。今天的中国，海洋科技实力正在从量的积累迈向质的飞跃、从点的突破迈向系统能力提升，同时也要清醒看到，我国海洋科技在原始创新能力、创新体系效能、创新资源整合、创新力量布局、人才队伍与评价体系等方面还存在明显不足。站在建党百年这一新的历史起点上，我们广大海洋科技工作者应牢记习近平总书记的殷切嘱托，继承发扬老一辈海洋科学家艰苦奋斗、无私奉献的优良传统，自觉把个人理想追求融入国家的海洋事业发展中去，把握大势、抢占先机，直面问题、迎难而上，肩负起时代赋予的重任，加快建设海洋科技强国，努力实现高水平科技自立自强，为实现中华民族的海洋强国梦作出更大贡献。

加快建设海洋强国是中国式现代化的必然选择。党的十八大以来，以习近平同志为核心的党中央将建设海洋强国作为中国特色社会主义事业的重要组成部分和实现中华民族伟大复兴的重大战略任务，坚持走依海富国、以海强国、人海和谐、合作共赢的发展道路，扎实推进了海洋强国建设。党的十八大报告提出："提高海洋资源开发能力，发展海洋经济，保护海洋生态环境，坚决维护国家海洋权益，建设海洋强国。"党的十九大报告提出："坚持陆海统筹，加快建设海洋强国。"党的二十大报告提出："发展海洋经济，保护海洋生态环境，加快建设海洋强国。"这是新时代新征程的"任务书""作战图"。三次党代会对建设海洋强国的重要表述，鲜明体现了我们党在海洋强国建设中"一张蓝图绘到底"的执政优势，充分表明了我们党守正创新、与时俱进制定和执行发展战略的能力。我国的海洋强国建设经历了从国内发展到走向世界、再到深度参与和引领全球海洋治理的过程，建设海洋强国的实践与成就令人振奋、激荡人心。

四、海洋强国建设：海洋强省的广东答卷

广东省是海洋强国建设的主力军和排头兵，也是参与建设21世纪海上丝绸之路和海洋经济建设的强省。广东海洋强省建设必须置于中国海洋强国战略体系之下。海洋经济强省是海洋强省的基础与保障，广东海洋经济强省建设既要发挥现有海洋经济规模、海洋产业地位、海洋经济发展能力以及临近港澳、海陆协调发展等优势，也要挖掘海洋科技、遍及全球海洋国家华侨华人产业实力、海洋社会文化等综合潜力。在壮大海洋经济综合实力基础上，广东省特别重视海洋产业的国际获利能力，不断提升其全球产业地位与竞争力，在实现海洋经济强省过程中为实现海洋强国目标作出贡献。

广东是海洋大省，海域辽阔，滩涂广布，港湾优良，岛礁众多，海洋生物、矿产和能源资源丰富。海域面积42万平方千米，是陆地国土面积的2.3倍。大陆海岸线长4114千米，居全国首位。拥有海岛1963个，岛岸线长2378千米。近年来，海洋强省广东省交出了一份向海而兴、因海而富、依海而美的答卷。

海洋经济规模第一。"十三五"时期，广东海洋强省建设取得突破性进展。广东省建成省级以上涉海平台约150个，南方海洋科学与工程广东省实验室，以及天然气水合物钻采船（大洋钻探船）、南海海底科学观测网等一批海洋领域大科学装置加快建设。海洋领域专利授权超1700项，在天然气水合物勘探开采、海工装备制造、海洋新能源开发等领域形成了一批国内领先、国际先进的技术和装备。按照国家部署，"十三五"时期，广东持续推进海洋经济综合试验区建设，基本建成"四区一地"，即提升我国海洋经济国际竞争力的核心区、促进海洋科技创新和成果高效转化的集聚区、加强海洋生态文明建设的示范区、推进海洋综合管理的先行区和南海资源保护开发重要基地，海洋强省建设取得突破性进展。

港口建设方面，广东拥有广州、深圳、珠海、东莞、湛江5个亿吨大港。"十三五"时期，广东省沿海港口集装箱吞吐量从5094万标准箱增长到6044万标准箱，深圳港、广州港分列全球集装箱港口吞吐量第四、五名。2021年广东省海洋生产总值为19 941亿元，

同比增长 12.6%，占地区生产总值的 16.0%，占全国海洋生产总值的 22.1%，海洋经济总量连续 27 年居全国首位。

据《广东海洋经济发展报告（2022）》，广东海洋三大产业结构比为 2.5∶27.5∶70.0，海洋第一产业比重同比下降 0.2 个百分点，海洋第二产业比重同比上升 1.4 个百分点，海洋第三产业比重同比下降 1.2 个百分点，涉海制造业在海洋经济发展中的贡献持续增强。主要海洋产业增加值达 5723 亿元，同比增长 13.3%，海洋科研教育管理服务业增加值达 8922 亿元，同比增长 10.2%，海洋相关产业增加值达 5296 亿元，同比增长 16.1%。

“十三五”期间，广东重点支持的海洋电子信息、海上风电、海洋生物、海洋工程装备、天然气水合物和海洋公共服务等海洋新兴和前沿产业得到加速发展，年均增速高于全省海洋经济增速 5 个百分点。在广东的海洋新兴产业中，最值得一提的是海上风电产业。海上风电是能源转型的主力军，是广东实现碳达峰、碳中和目标的重要支撑。截至 2021 年，广东累计建成投产海上风电项目装机约 651 万千瓦，预计每年可节约标准煤约 575 万吨，可减少二氧化碳排放约 1530 万吨。

生态修复硕果累累。在东莞，周末的滨海湾新区青创广场、滨海景观活力长廊总是人头攒动，美丽的海湾成为网红打卡点。在汕头，东海岸新城海岸带综合示范区新增的海堤防护绿地，为周边居民提供大面积的公共生活和休闲游憩公园。在茂名，水东湾新城通过开展虾塘退养、沙滩整治等措施，为水东湾区域旅游开发奠定了良好的生态基础。

近年来，广东海洋资源与生态环境约束不断加大，发展海洋经济面临着绿色、低碳等新要求。为此，广东积极推进海洋生态保护修复，取得了良好成效。

广东具有红树林生长得天独厚的地理和气候优势，是我国红树林分布面积最大的省份。广东红树林分布广泛，沿海共有 13 个地级市 38 个县（区）发现有红树林分布。红树林种类众多，现有红树林 26 种，占全国红树林种类（38 种）的 68.4%。

据统计，广东省以红树林为主要保护对象的省级以上自然保护区、国家湿地公园、国际重要湿地有 10 个。其中，湛江红树林国家级自然保护区是我国红树林面积最大的自然保护区。

目前，广东红树林保护体系初步成形，红树林得到不断保护和修复，“十三五”时期新修复近 3000 公顷。投资 1.1 亿元实施了湛江红树林国家级自然保护区湿地保护与修复工程，保护区内红树林面积进一步增加。汕头韩江口、惠州大亚湾、阳江海陵岛、茂名水东港等地红树林面积也明显增长。近年来，广东海洋生态保护修复工程取得明显成效。一方面，积极争取国家资金支持揭阳、阳江和珠海海洋生态修复项目实施；另一方面，广东省财政也持续加大资金支持力度，从 2019 年起专门设立了海岸带生态修复专项资金，共投入 13.5 亿元，实施海洋生态修复项目 45 个，开展岸线修复 71 公里、打造魅力海滩 81 公顷、海堤生态化建设 7 公里、湿地保护 1089 公顷，并建设了 11 个海岸带保护与利用综合示范区和 10 个蓝色海湾。广东在海洋生态保护方面的一系列努力有了回报。汕头市南澳县“生态立岛”促进生态产品价值实现案例获评自然资源部第三批生态产品价值实现典型案例。深圳前海、珠海横琴、汕头南澳、中山翠亨和神湾等第一批碳达峰、碳中和试点示范建设积极推进。深圳首例生态环境损害赔偿替代性修复项目签约。

高效利用海洋资源。《中共广东省委 广东省人民政府关于全面推进自然资源高水平保护高效率利用的意见》提出在“十四五”期间争创“自然资源高水平保护高效率利用示范省”，海洋资源开发保护是其中的重要内容。意见明确，广东要全面推进海洋强省建设，促进海洋经济高质量发展，建设绿色可持续的海洋生态环境。实施海岸带综合保护与利用，建设生态海岸带，推行海岸建筑退缩线制度。加强海域精细化管理，探索海域使用权立体分层设权，推动养殖用海、构筑物用海分类管理，合理规划并严格保护海底管廊，完善海上风电用海政策。强化海岛生态保护，严格控制无居民海岛新增开发利用。

另外，将加大海岸线整治修复力度，实现自然岸线保有率管控目标。探索建立海洋资源低效利用退出机制和海岸线占补制度。建设海洋综合试验场和海洋大数据平台。健全海洋生态预警监测业务体系，建立“流域＋沿海＋海域”协同的海洋环境综合治理体系，加强粤港澳大湾区海洋生态保护。除国家重大项目外，全面禁止围填海。加快处理围填海历史遗留问题。

2021 年 12 月出台的《广东省海洋经济发展“十四五”规划》（以下简称《规划》）锚定了海洋强省建设的具体目标：“到 2025 年实现海洋生产总值年均增长 6.5%，海洋生产总值继续保持全国首位，同时还将建成 10 个海洋经济高质量发展示范区，打造 5 个千亿级以上的海洋产业集群。”

《规划》提出，要构筑陆海一体的“一核、两极、三带、四区”的海洋经济空间布局。其中，“一核”指着力提升珠三角核心区发展能级；“两极”即以汕头、湛江为极点加快发展东西两翼海洋经济；“三带”指统筹开发海岸带、近海海域和深远海海域三条海洋保护开发带；“四区”是指聚力建设海洋高端产业集聚、海洋科技创新引领、粤港澳大湾区海洋经济合作、海洋生态文明建设四类海洋经济高质量发展示范区。

同时，“十四五”规划期间，广东将以打造海洋产业集群为抓手，重点推动海洋新兴产业加速发展、海洋传统优势产业提质增效。培育壮大海上风电、海洋工程装备、海洋生物医药、天然气水合物等七大海洋新兴产业，推动海洋油气化工、海洋船舶、海洋交通运输、海洋渔业四大传统优势海洋产业转型升级。同时重点培育一批海洋领军企业，打造海上风电、海洋油气化工、海洋工程装备、海洋旅游以及现代海洋渔业 5 个千亿级以上海洋产业集群。

“广东将继续坚持陆海统筹，加快推进海洋生态系统修复，促进人与自然和谐共生。”广东省自然资源厅有关负责人表示，“十四五”规划期间，广东在海洋生态保护修复方面将加快完善海洋生态保护修复制度体系；加快推动实施一批重要生态系统重大修复工程，确保到 2025 年底，完成营造红树林 5500 公顷和修复 2500 公顷的目标任务；加快推动社会资本参与海洋生态保护修复，打通绿水青山向金山银山转化新路径。

党的二十大擘画了中国特色社会主义强国的宏伟蓝图，海洋强国建设是中国特色社会主义事业的重要内容。在新时代新征程上，在习近平新时代中国特色社会主义思想指引下，我们要深刻领悟“两个确立”的决定性意义，增强“四个意识”，坚定“四个自信”，做到“两个维护”。全面贯彻新发展理念，构建新发展格局，以时不我待、只争朝夕的历史责任感，奋发有为的精神状态，奋进新征程，建功新时代，向海图强，坚决扛起建设海洋强国的历史使命，建设“美丽之海，富饶之海，和平之海，合作之海”，向党和人民交出一份满意答卷。

【知识链接】

向海图强 总书记心系海洋

一定要向海洋进军，加快建设海洋强国

建设海洋强国是中国特色社会主义事业的重要组成部分。党的十八大作出了建设海洋强国的重大部署。实施这一重大部署，对推动经济持续健康发展，对维护国家主权、安全、发展利益，对实现全面建成小康社会目标、进而实现中华民族伟大复兴都具有重大而深远的意义。要进一步关心海洋、认识海洋、经略海洋，推动我国海洋强国建设不断取得新成就。

——2013 年 7 月 30 日，在十八届中央政治局第八次集体学习时的讲话

我国既是陆地大国，也是海洋大国，拥有广泛的海洋战略利益。经过多年发展，我国海洋事业总体上进入了历史上最好的发展时期。这些成就为我们建设海洋强国打下了坚实基础。我们要着眼于中国特色社会主义事业发展全局，统筹国内国际两个大局，坚持陆海统筹，坚持走依海富国、以海强国、人海和谐、合作共赢的发展道路，通过和平、发展、合作、共赢方式，扎实推进海洋强国建设。

——2013 年 7 月 30 日，在十八届中央政治局第八次集体学习时的讲话

我国是一个海洋大国，海域面积十分辽阔。一定要向海洋进军，加快建设海洋强国。

——2018 年 4 月 12 日，在海南考察时的讲话

海洋对人类社会生存和发展具有重要意义，海洋孕育了生命、联通了世界、促进了发展。

——2019 年 10 月 15 日，致 2019 中国海洋经济博览会的贺信

建设海洋强国是实现中华民族伟大复兴的重大战略任务。

——2022 年 4 月 10 日，在海南考察时的讲话

加快海洋科技创新步伐，提高海洋资源开发能力

要提高海洋资源开发能力，着力推动海洋经济向质量效益型转变。发达的海洋经济是建设海洋强国的重要支撑。要提高海洋开发能力，扩大海洋开发领域，让海洋经济成为新的增长点。要加强海洋产业规划和指导，优化海洋产业结构，提高海洋经济增长质量，培育壮大海洋战略性新兴产业，提高海洋产业对经济增长的贡献率，努力使海洋产业成为国民经济的支柱产业。

——2013 年 7 月 30 日，在十八届中央政治局第八次集体学习时的讲话

我国是海洋大国，党中央作出了建设海洋强国的重大部署。海南是海洋大省，要坚定走人海和谐、合作共赢的发展道路，提高海洋资源开发能力，加快培育新兴海洋产业，支

持海南建设现代化海洋牧场，着力推动海洋经济向质量效益型转变。要发展海洋科技，加强深海科学技术研究，推进“智慧海洋”建设，把海南打造成海洋强省。

——2018 年 4 月 13 日，在庆祝海南建省办经济特区 30 周年大会上的讲话

构建和平安宁、合作共赢的海洋秩序

海上通道是中国对外贸易和进口能源的主要途径，保障海上航行自由安全对中方至关重要。中国政府愿同相关国家加强沟通和合作，共同维护海上航行自由和通道安全，构建和平安宁、合作共赢的海洋秩序。

——2014 年 11 月 17 日，在澳大利亚联邦议会的演讲

要加强海上互联互通建设，推进亚洲海洋合作机制建设，促进海洋经济、环保、灾害管理、渔业等各领域合作，使海洋成为连接亚洲国家的和平、友好、合作之海。

——2015 年 3 月 28 日，在博鳌亚洲论坛 2015 年年会上的主旨演讲

海洋对于人类社会生存和发展具有重要意义。海洋孕育了生命、联通了世界、促进了发展。我们人类居住的这个蓝色星球，不是被海洋分割成了各个孤岛，而是被海洋连结成了命运共同体，各国人民安危与共。海洋的和平安宁关乎世界各国安危和利益，需要共同维护，倍加珍惜。

——2019 年 4 月 23 日，在青岛集体会见应邀出席中国人民解放军海军成立 70 周年多国海军活动的外方代表团团长时的讲话

当前，以海洋为载体和纽带的市场、技术、信息、文化等合作日益紧密，中国提出共建 21 世纪海上丝绸之路倡议，就是希望促进海上互联互通和各领域务实合作，推动蓝色经济发展，推动海洋文化交融，共同增进海洋福祉。

——2019 年 4 月 23 日，在青岛集体会见应邀出席中国人民解放军海军成立 70 周年多国海军活动的外方代表团团长时的讲话

要促进海上互联互通和各领域务实合作，积极发展“蓝色伙伴关系”。

——2019 年 10 月 15 日，致 2019 中国海洋经济博览会的贺信

像对待生命一样关爱海洋

要严格保护海洋生态环境，建立健全陆海统筹的生态系统保护修复和污染防治区域联动机制。

——2018 年 4 月 13 日，在庆祝海南建省办经济特区 30 周年大会上的讲话

我们要像对待生命一样关爱海洋。中国全面参与联合国框架内海洋治理机制和相关规则制定与实施，落实海洋可持续发展目标。中国高度重视海洋生态文明建设，持续加强海洋环境污染防治，保护海洋生物多样性，实现海洋资源有序开发利用，为子孙后代留下一片碧海蓝天。

——2019 年 4 月 23 日，在青岛集体会见应邀出席中国人民解放军海军成立 70 周年多国海军活动的外方代表团团长时的讲话

要高度重视海洋生态文明建设，加强海洋环境污染防治，保护海洋生物多样性，实现

海洋资源有序开发利用，为子孙后代留下一片碧海蓝天。

——2019 年 10 月 15 日，致 2019 中国海洋经济博览会的贺信

加强陆海统筹，把生态保护工作作为一项重要任务抓紧抓好。

——2022 年 4 月 10 日，在海南考察时的讲话

（资料来源：求是网，向海图强　总书记心系海洋 . http：//www. qstheory. cn/zhuanqu/2022 - 04/14/c_1128560837. htm）

【拓展阅读】

习近平：向海洋进军，加快建设海洋强国

建设海洋强国是实现中华民族伟大复兴的重大战略任务

海洋事业关系民族生存发展状态，关系国家兴衰安危。

——2013 年 8 月 28 日至 31 日，习近平在辽宁考察时的讲话

我国是一个海洋大国，海域面积十分辽阔。一定要向海洋进军，加快建设海洋强国。

——2018 年 4 月 12 日，习近平在海南考察时的讲话

建设海洋强国是实现中华民族伟大复兴的重大战略任务。要推动海洋科技实现高水平自立自强，加强原创性、引领性科技攻关，把装备制造牢牢抓在自己手里，努力用我们自己的装备开发油气资源，提高能源自给率，保障国家能源安全。

——2022 年 4 月 10 日至 13 日，习近平在海南考察时的讲话

不断提高海洋开发能力，使海洋经济成为新的增长点

要顺应建设海洋强国的需要，加快培育海洋工程制造业这一战略性新兴产业，不断提高海洋开发能力，使海洋经济成为新的增长点。

——2013 年 8 月 28 日至 31 日，习近平在辽宁考察时的讲话

海洋经济发展前途无量。建设海洋强国，必须进一步关心海洋、认识海洋、经略海洋，加快海洋科技创新步伐。

——2018 年 6 月 12 日至 14 日，习近平在山东考察时的讲话

要高度重视海洋生态文明建设，加强海洋环境污染防治，保护海洋生物多样性，实现海洋资源有序开发利用，为子孙后代留下一片碧海蓝天。

——2019 年 10 月 15 日，习近平致 2019 中国海洋经济博览会的贺信

构建蓝色经济伙伴关系

海洋对于人类社会生存和发展具有重要意义。海洋孕育了生命、联通了世界、促进了发展。我们人类居住的这个蓝色星球，不是被海洋分割成了各个孤岛，而是被海洋连结成了命运共同体，各国人民安危与共。海洋的和平安宁关乎世界各国安危和利益，需要共同维护，倍加珍惜。

当前，以海洋为载体和纽带的市场、技术、信息、文化等合作日益紧密，中国提出共

建21世纪海上丝绸之路倡议，就是希望促进海上互联互通和各领域务实合作，推动蓝色经济发展，推动海洋文化交融，共同增进海洋福祉。

——2019年4月23日，习近平在青岛集体会见应邀出席中国人民解放军海军成立70周年多国海军活动的外方代表团团长时的讲话

海洋是高质量发展战略要地。要促进海上互联互通和各领域务实合作，积极发展“蓝色伙伴关系”。

——2019年10月15日，习近平致2019中国海洋经济博览会的贺信

要增强中国—东盟国家海洋科技联合研发中心活力，构建蓝色经济伙伴关系，促进海洋可持续发展。

——2021年11月22日，习近平在中国—东盟建立对话关系30周年纪念峰会上的讲话

坚决维护领土主权和海洋权益

要坚决维护领土主权和海洋权益，维护国家统一，妥善处理好领土岛屿争端问题。

——2014年11月28日至29日，习近平在中央外事工作会议上的讲话

建设强大的现代化海军是建设世界一流军队的重要标志，是建设海洋强国的战略支撑，是实现中华民族伟大复兴中国梦的重要组成部分。

——2017年5月24日，习近平在视察海军机关时的讲话

海军作为国家海上力量主体，对维护海洋和平安宁和良好秩序负有重要责任。

——2019年4月23日，习近平在青岛集体会见应邀出席中国人民解放军海军成立70周年多国海军活动的外方代表团团长时的讲话

中方将继续在和平共处五项原则基础上深化同各国的友好合作，通过和平方式处理同有关国家的领土主权和海洋权益争端，支持对话协商解决地区热点问题。

——2019年6月15日，习近平在亚信第五次峰会上的讲话

海军陆战队是两栖精锐作战力量，在维护国家主权安全和领土完整、维护国家海洋权益、维护国家海外利益方面肩负着重要职责。

——2020年10月13日，习近平在视察海军陆战队时的讲话

（资料来源：习近平．向海洋进军，加快建设海洋强国．国际在线，2022－06－08. https：//baijiahao. baidu. com/s？id＝1735069901545416281&wfr＝spider&for＝pc）

思考题

1. 建设新时代海洋强国的意义是什么？
2. 中国特色海洋强国的内涵包括哪些方面？
3. 怎样建设海洋强国？
4. 青年大学生能为建设海洋强国做点什么？

专题六　实现新时代民营经济健康发展、高质量发展

在全面建设社会主义现代化国家新征程中，民营经济作为经济活动的主要参与者、就业机会的主要提供者、技术进步的主要推动者，是推动经济社会发展的重要力量。当前民营经济发展呈现出发展韧性持续增强、技术创新积极性高、社会贡献度日益增大的新特征。新时代，高质量发展对民营经济发展提出了更高要求，对此，我们要引导民营企业坚定发展信心、明确发展方向、勇担社会责任，实现民营经济健康发展、高质量发展。

一、民营经济简介

（一）内涵

1995 年，中共中央、国务院印发的《关于加速科学技术进步的决定》中首次提出“民营经济”这一概念，随着社会主义市场经济的不断发展，民营经济也在不断地发展壮大，学者们对民营经济的理解也在不断完善，民营经济的内涵也在不断得到补充。关于民营经济的定义，学术界尚未形成一致的观点。一种较为认可的定义是，民营经济是指除了国有及国有控股、集体经济、外商和港澳台商独资及其控股的经济组织，它的主要成分是私营企业、个体工商户和农民专业合作社。其中，私营企业和个体工商户在民营经济中又占据了绝大部分。在当前有关民营经济的统计资料和研究文献中，基本上也是按照如上的构成成分加以统计和分析研究的。我国现行法律或者政策是依据生产资料所有制性质划分经济类型，比如国有经济、集体经济、个体私营经济、外资经济等。在提及民营经济的时候，我国法律或者政策性文件一般以非公有制经济的形式表述。随着改革开放的不断发展，我国经济经历了高速发展，并从高速增长转变为中低速增长，进入经济新常态阶段，向高质量发展迈进。在此期间，民营经济经历了从无到有、从弱到强的发展历程，逐渐在中国的市场经济中占有一席之地。

（二）发展历程

1. 萌芽阶段

在改革开放以前，自 1953 年起我国个体工商户数量锐减，直至 1977 年仅存有 15 万户。这一数据充分表明了每个省份当中的个体户还不足 5000 户，也可以说我国的民营经济在发展的过程中，是在改革开放之后不断被扶持而发展起来的。自改革开放起，我国针对民营经济的认识变得更加深刻。作为社会主义国家，我国的社会主义制度在使用的过程中，本质是以计划经济的落实为基础的，而且在马克思主义理论当中，也提到了想要保证社会主义能够得到发展，就需要通过计划经济的实行，同时确保生产资料的公有制来进行运作。但是，对于民营经济来说，它最重要的一个基础就是要保证生产资料具有私有制，

也就是指劳动力、厂房、生产资料乃至土地，都必须归企业家所有，这在改革开放前是被认为与社会主义的本质相违背的。对此，在改革开放工作开展以前，我国的民营经济在发展的过程中，难以获得长期生存的土壤。

马克思主义理论当中所提及的社会主义之所以不能对民营经济进行发展，是因为它是以理论构想为基础进行设立的。在改革开放之后，我国实现引入民营经济，主要是在社会主义生产力基础之上，保证社会主义生产力比较发达时而开展的一项工作。在初级阶段，我国对社会主义理论的使用进行了不断优化，并且在邓小平理论当中也对其进行了系统的阐述。作为社会主义理论使用的初级阶段，中国整体的社会生产力并不发达，同时人们的生活水平也不够高，只要有利于解放生产力，并使人们的生活水平获得提升，机制也好，体制也好，制度也好，都可以进行使用。这也使得不管是民营经济还是私营经济，只要能够实现发展，并真正做到解放社会生产力，促使人们的生活水平获得提高，那么就可以在社会主义初级阶段对这些方式进行有效引进，同时也要鼓励并促使其能够得到发展。

在中华人民共和国成立后，改革开放工作的有效落实，促使私营经济以及民营经济得到大力发展，在这个过程中是在全面考量中国基本国情的基础之上，确认了在当前发展阶段能够通过这种方式来进行民营经济的使用而开展的一项活动。在1998年，发布了《中华人民共和国私营企业暂行条例》，它具有里程碑的意义，为私营经济以及民营经济的发展提供了保障，同时也是首次以条例以及法律法规的形式来促使私人企业和民营企业的发展能够得到支持的重要内容。

2. 调整阶段

自第一部条例颁布以后，国民经济在发展的过程中产生了一种“过热”现象，而在这个过程当中，党中央也提出了全新的改革方案，这一点对中国经济的体制改革工作落实起到了非常重要的作用。在党的十三届三中全会当中，全面提出了全新的改革方针，而这导致民营经济在发展的过程中受到了挫折，并且人们对于民营经济整体的认识也产生了变化。直至1992年，邓小平同志南方谈话后，我国的民营经济在发展的过程中才出现了全新的机遇。在这段时期当中，经济形态以及经济活动等所产生的一系列经济行为，一直在被讨论是要以“社”字开头还是要以“资”字开头。例如，民营企业家的行为应该归属于社会主义还是资本主义。这个问题在当时属于一种意识形态问题，因此它的争议较大。

改革开放工作的落实，在判断标准上并不局限于单一发展，而是在于是否能够使社会主义的生产力得到提升，是否能够使社会主义国家的整体综合实力获得提升，是否能够真正做到使人民的生活水平获得提高。在社会主义与资本主义的本质区别上，不是比较是市场经济多一点还是计划经济多一点。因为，社会主义也是存有市场的，而经济市场并不等同于资本主义，只是一种手段。在社会主义本质的理解上，应该是以消除两极分化为基础，使剥削彻底得到消灭，实现解放社会生产力，并使生产力获得提升，最终实现共同富裕的目标。想要使社会主义得到发展，就必须借鉴一系列文明的成果，同时也可以引入发达国家的先进经营方式以及管理方法。在这一观点形成之后，我国的商品经济以及市场经济建设才得到了快速的提升。在党的十四大会议当中，提出了全新的目标，这也是我国第一次将市场经济写进了党代会的报告当中，并且也是为民营经济发展提供重要保障的一个节点。

在调整阶段，关于民营经济的讨论也有不同的声音。在政治待遇方面，民营企业家是否能够入党的问题就得到了热烈的讨论。这个问题的讨论延续了十多年，直至建党 80 周年的“七一讲话”，被明确地提到“他们也是中国特色社会主义事业当中的建设者”。在这一阶段，民营企业得到了迅速的发展，并且获得了政治待遇，这也促使民营经济在这个阶段对未来的发展产生更多的热烈期盼。

3. 提升阶段

在提升阶段，自我国加入了世界贸易组织后，民营经济以及企业的发展获得了全新的契机，这也促使民营经济全面进入改革的全新篇章。在党的十六大报告当中，提出了必须要保证非公有制经济的发展，还要鼓励与支持此类经济的快速提升。自 2010 年起，我国对民间投资领域以及范围进行了拓宽，这使得民营资本在运营与发展的过程中获得了更多的空间。在提升阶段，民营经济的整体发展空间得到了扩展，使得很多企业不仅在国内做得风生水起，更是走出了国门，在国外市场的经营收入已经完全超过了国内市场，这些都是在此阶段打下坚实基础的企业，进而获得了突破性的进展，也与我国加入了世界贸易组织有关。此外，民营经济在发展的过程中，促使了民营企业获得全面性的数量突破，而民营企业也参与了经济全球化。但是，当时也有不太好的思潮，这就需要提高警惕，实现对其的修正与批判，这样才能保证经济良性发展。

4. 转型阶段

党的十八大以后，民营经济开始了全新的转型。在这个阶段产生了全新的事态，并且通过不断开展各类活动，希望能够使民族的创业精神以及创新基因得到激发。从某种意义上来讲，这一点对民营经济的发展起到积极的促进作用。自 2014 年以后，创新创业的门槛被降低，同时为使众创空间得到有效构建，促使投融资活动变得更加完善，政府全面加强了财政资金的引导作用，通过打造不同的文化氛围以及出台相应的支持政策，使民营企业掀起了全新的创业浪潮。在这个阶段，主要的创业人员为回乡的农民工以及大学生等。在转型阶段，政府更加强调的是如何弘扬企业家的精神，也通过外部环境的有效改善，促使民营经济在发展的过程中能够获得持续推进的力量。

二、当前民营经济发展的新特征、新挑战

（一）民营经济发展基础不断壮大

我国非公有制经济是改革开放以来在党的方针政策指引下发展起来的。党的十五大把“公有制为主体、多种所有制经济共同发展”确立为我国的基本经济制度，明确提出“非公有制经济是我国社会主义市场经济的重要组成部分”。党的十六大提出：“必须毫不动摇地巩固和发展公有制经济”“必须毫不动摇地鼓励、支持和引导非公有制经济发展”。党的十八大进一步提出：“毫不动摇鼓励、支持、引导非公有制经济发展，保证各种所有制经济依法平等使用生产要素、公平参与市场竞争、同等受到法律保护。”党的十八届三中全会提出：“公有制经济和非公有制经济都是社会主义市场经济的重要组成部分，都是我国经济社会发展的重要基础。”党的十九大把“两个毫不动摇”写入新时代坚持和发展中国特色社会主义的基本方略，作为党和国家一项大政方针进一步确定下来。党的二十大

提出："坚持和完善社会主义基本经济制度，毫不动摇巩固和发展公有制经济，毫不动摇鼓励、支持、引导非公有制经济发展。"

民营经济发展整体情况稳定。党的十八大以来，我国经济持续健康发展，民营经济成为发展主力并获得长足发展，社会贡献不断提升。一是民营经济规模实现较大幅度提高。中国经济在全球的地位和作用更加重要，在这一过程中，民营经济贡献突出。2012 年至今，民营经济占全国 GDP 的比重从不到五成提高到六成以上。二是民企数量呈爆发性增长。根据 2023 年 1 月国家统计局发布的《中国经济 2022 年度报告》，中国民营企业从 2012 年的 1086 万家增长到了 2022 年的 4700 多万家。中国有进出口实绩的外贸企业在 2022 年达到 59.8 万家，同比增加 5.6%，其中民营企业有 51 万家，民营企业外贸第一大主体地位继续巩固。另外，国家级专精特新"小巨人"企业主体的民营企业占比也超过了 80%。截至目前，在沪、深、京三市 5000 多家上市公司中，有 3000 家以上属于民营企业。三是民营企业实力持续稳居全国前列。从进出口贸易规模看，近年来，我国外贸内生动力不断增强，民营企业也逐渐成为我国外贸第一大经营主体。2022 年，民营企业进出口规模达 21.4 万亿元，占进出口总值的 50.9%，对我国外贸增长贡献率达 80.8%。从税收角度看，民营经济税收占全部税收收入的比重从 2012 年开始呈稳步上升趋势，2021 年达到 59.6%。

核心企业实力依旧强劲。党的十八大以来，民营经济核心企业奋力推动高质量发展，取得骄人成绩。核心企业创新驱动发展持续增强，企业的国际影响力持续增强。一是民营企业 500 强经营情况较为稳定。根据中国工商联发布的"2022 年中国民营企业 500 强"榜单，民营企业 500 强营业收入总额超过 38 万亿元。二是 500 强民企的主导产业是制造业。在上榜企业当中，主导产业以制造业为主，达到 301 家。三是 500 强民营企业技术创新能力凸显。有 288 家企业的研发人员占员工总数超过 3%，有 406 家企业的关键技术主要来源于自主开发与研制。80% 以上的 500 强民营企业从不同层面已实施或计划实施数字化转型，79.2% 的企业采取多种措施实施绿色低碳发展。四是民营企业 500 强的纳税和就业贡献突出。2021 年，500 强民营企业纳税总额达 1.37 万亿元，占全国税收总额的比重约为 8%，累计实现就业 1094.15 万人，占全国就业人数的 1.47%（全国工商联在 2022 年组织开展了第 24 次上规模民营企业调研，共有 8602 家年营业收入超过 5 亿元的企业参加，发布了"2022 年中国民营企业 500 强"榜单和《2022 中国民营企业 500 强调研分析报告》，本部分数据主要来源于此）。

部分中小企业活跃度出现波动。工业和信息化部 2023 年 3 月在国新办举行"权威部门话开局"系列主题新闻发布会，介绍我国"加快推进新型工业化　做强做优做大实体经济"的成就和最新举措，数据显示，中小微企业数量近年来增长迅速，在 2022 年已经超过了 5200 万家，专精特新中小企业 7 万多户，其中专精特新"小巨人"企业有 8997 户。因为宏观环境变化和疫情影响，部分小微企业流动资金吃紧，2021 年企业注册注销比（企业登记数和注销数之比）降到历史低位。当然，这种情况在 2022 年有所好转，2022 年上半年新注册的小微企业约有 1276.43 万户。

（二）民营经济发展呈现新特征

随着我国营商环境的不断改善，我国民营经济获得了高质量发展。尤其是党的十八大以来，民营经济不仅是发展主力军和转型升级排头兵，也是平稳发展的压舱石，还是创新创业的主战场和推动实现共同富裕的重要力量。

第一，营商环境优化，助力民营企业高质量发展。宏观层面上，我国为民营经济发展提供了优越营商环境。一是通过体制机制创新服务民营经济。深入践行“两只手”理论（即一只是政府这个看得见的手，一只是市场这个无形的手，完善市场经济体制的改革离不开这两只手，关键是处理好两只手之间的关系），政府体制机制改革持续深化。2016 年年底，浙江首次提出“最多跑一次”改革。如今，越来越多的地方、部门和领域不断深化改革，创新办事服务的工作方法，正努力向“最多跑一次”迈进。与此同时，数字政府治理服务效能显著增强，我国电子政务在线服务指数全球排名提升至第 9 位，数字政府、数字乡村建设正加快推进，社会公众获得感显著提升。二是降低民企市场准入门槛。多年来，从中央到地方政府都在不断探索开放市场的各类举措，引导民营企业进入到一些重要经济领域，加大开放力度。以浙江省为例，全国首家民营医院诞生于浙江温州，杭绍台铁路是我国首个民营资本控股的高铁 PPP 项目，中国第一条混合所有制改革和 PPP 双示范高铁项目也诞生于浙江省。三是为民营企业创造公正透明的法治环境。不仅严格保护民营经济市场主体经营自主权、财产权等合法权益，而且更加严格规范涉企行政执法行为。随着市场环境的不断优化，企业家们的投资意愿也变得更强。

第二，公司治理体系和治理能力现代化进一步深化，推动民营企业提质增效。国家整合资源、形成合力，着力支持中小企业纾困解难，引导中小企业走“专精特新”发展之路，不断提升核心竞争力。一是有效构建企业培育体系。围绕中小企业解困帮扶的重点任务和“专精特新”发展方向，通过强平台、建制度有效地为企业服务。在国家认定的 8997 家专精特新“小巨人”企业中，小微企业约占 56%，民营企业约占 85%。二是建立现代治理体系，不断优化民营企业治理结构。2022 年中国上市公司治理指数显示，2022 年度民营控股上市公司治理指数均值为 64.46，优于国有控股上市公司的指数。三是民营企业竞争能力持续提升。党的十八大以来，我国大力支持民营企业做大做强做优，推动民营企业进入资本市场，成长为本土跨国公司。根据胡润研究院发布的《2022 年中全球独角兽榜》数据，截至 2022 年 6 月，中国独角兽企业数量达到 312 家，排名全球第二位。

第三，发展韧性持续增强，民营企业成为我国经济平稳发展不可或缺的重要力量。当前，我国经济步入高质量发展阶段，发展韧性不断增强，民营经济是我国经济社会稳定发展的基础。一是民营经济在投资规模上占据主要位置。国家统计局数据显示，2022 年我国经济总量超 121 万亿元。私企投资规模约占全国总投资的 43.52%。民营企业作为我国投资的重要力量，民间投资所占比重自 2012 年以来始终保持在 55% 以上。这一数值在 2015 年更是达到了 65.4%。近几年由于各种宏观因素影响，该比重增速出现回落，2021 年占比为 56.5%。二是民营经济业绩表现日益突出。民营经济运营模式优势突出，其经营自主灵活的优势为其发展创造了较大空间，营利能力和吸纳就业优势明显。2021 年规模以上私营工业企业的利润总额达到了较高水平，约为 2.9 万亿元，共吸纳 3582 万人就业，吸纳就业人数占规模以上工业的48.1%。

第四，技术创新积极性高，民营经济成为创新创业主战场。党的十八大以来，民营企业发展活力不断迸发，技术创新成效不断显现，民营经济成为创新创业的主战场。一是民营企业成为科技创新主力。根据国家知识产权局发布的《中国民营企业发明专利授权量报告》，70%的技术创新成果属于民营企业。此外，民营企业在"专精特新"企业中的比重超八成，在高新技术企业中的比重达到九成。2022年，全国工商联发布的《2022研发投入前1000家民营企业创新状况报告》显示，研发投入排名前1000位的民营企业研发费用占到全国研发经费投入的38.58%，总额达1.08万亿元，占全国企业研发经费支出的一半以上，达到50.16%。二是民营经济高质量发展水平不断提升。全国工商联、上海万得信息技术股份有限公司和北京上奇数字科技有限公司公布的数据显示，在全国所认定的前三批"专精特新"企业中，民营企业占比超八成，民营企业在增强产业链韧性和可控性、促进产业集群发展、带动产业升级等方面发挥着越来越重要的作用。

第五，勇担社会责任，民营经济社会贡献度日益增强。民营经济是社会主义市场经济发展的重要成果，更是推进供给侧结构性改革、推动高质量发展、建设现代化经济体系的重要主体。一是民营经济对社会的贡献越来越大。2021年全国城镇就业人数为4.68亿人，比2012年增加了0.95亿人。民营经济提供的就业岗位也在不断增加，民营企业就业人数占城镇就业人数比重在2020年达到83%，与2012年相比增长7.3%。民营经济的社会贡献度持续提升，成为推进共同富裕的重要力量。二是民营企业对于促进共同富裕具有重要意义。我国民营企业要立足新发展阶段、深入贯彻新发展理念、构建新发展格局，以共同富裕作为企业社会责任价值目标，在稳定增长、增加就业、贡献税收、创业创新、乡村振兴、生态文明建设、公益慈善等方面努力作为，为我国经济社会可持续发展发挥更大的作用。全国工商联发布的《中国民营企业社会责任报告（2022）》显示，2021年，我国民营企业履行社会责任已呈现出大型企业和中小型企业齐头并进的格局。另外，民营企业基金会作为我国非公募基金会的重要力量，数量占到三分之二左右，且一直呈稳步增长态势。

（三）民营经济发展的新挑战

经济高质量发展是更高质量、更有效率、更可持续、更加公平、更加安全的发展，关键在于经济发展方式以投入和数量为导向转变为以效率和质量为导向，坚持质量第一、效率优先、效益提升、结构优化、方式转换，推动经济的质量、效率和动力变革。当前中国民营经济发展与实现高质量发展要求尚有一定差距，主要制约因素体现在如下几个方面。

1. 民营经济自身高质量发展的意识和动能不足

目前，从数量方面看，民营经济呈现如下走势：一是市场主体数量增长率下降并出现拐点。新增民营企业数量增长率持续下滑，尤其在2021年后民营企业新增数量增速由正转负，意味着数量持续上升趋势被打破。二是民营企业完成固定资产投资总额增长率自2014年以来整体呈现下降趋势。三是非公有制经济增加值与进出口指标的波动性较大。造成上述现象的原因，有出口不确定因素增多的冲击，有新冠疫情全球大爆发因素持续性的冲击，有供应链结构性转变因素的冲击等，这些因素是影响民营经济发展不可忽视的外生变量，但并不是决定性变量，还需要从民营经济自身找原因。

第一，民营经济人士创业创新的意识和动力不足。一是对未来存在心理预期不足。一些民营经济人士对国际国内经济形势研判负面看法多，风险预期过分夸大，担心和害怕投资风险不可控，有的出现不想为、不愿为、不敢为的心态，有的出现焦虑、迷惘、彷徨的情绪。这是造成当前部分民营企业关门、歇业、停产的一个重要原因。二是对深耕主业缺乏恒心和定力。一些民营经济人士急功近利，经营战略策略短视化严重，盲目进行多元化、跟风追热点或“脱实向虚”，因经营不善、资金链断裂而使企业陷入困境。三是对创新缺乏胆识和勇气。随着市场主体消费观念、消费倾向、消费结构、消费能力的逐步转型，随着市场环境从卖方市场向买方市场加速转型，总需求和总供给不匹配问题凸显，部分产业和领域出现产能过剩问题。为适应市场和消费转型，民营经济唯有创新才能赶上时代发展新潮流。但部分民营经济人士经营观念陈旧，出现创新综合征。有的存在机会主义思想；有的存在拿来主义思想；有的存在创新恐惧症，担心创新投入大、回收期长、风险大等加重企业负担。

第二，民营企业动员和整合社会资源进行高质量发展的动能不足。一是动员和整合社会资金资源的能力不足。为鼓励支持民营经济发展，信贷、债券、股票市场、风险投资平台等都向民营经济融资提供机会，只要符合条件，民营经济市场化、社会化融资基本没有问题。许多民营企业存在信贷难、上市难、发行企业债券难且融资贵，原因是多维的。从自身方面看：①民营企业可以提供的有效抵押担保品少；②有些民营企业财务管理不规范不透明，造成信息不对称；③有些民营企业营利能力缺乏连续性和稳定性。二是动员和整合社会人才资源的能力不足。人才资源是第一资源，是推进企业高质量发展的核心元素。现在，一些民营企业存在结构性用工难、引进和留住急需高层次人才更难的问题，自身主要原因：①部分民营企业用人导向有缺陷。民营企业绝大多数是家族企业，实施家族化管理，企业关键和重要管理岗位由“自己人”把控，外聘人员觉得加薪、升职存在诸多限制，加重人才不愿到私企就业的心理。②部分民营企业用人机制存在缺陷。一方面，部分民营企业激励机制存在缺陷。企业吸引人才、留住人才、激发人才潜能的激励机制是多方面的，如高薪激励、奖金激励、福利激励、精神激励、情感激励、股权激励等。有的企业只注重物质激励，忽视情感和精神激励；有的注重工资奖金激励，忽视用股权期权激励。激励机制存在缺陷，造成企业员工主观能动性不能得到充分发挥。另一方面，培养机制存在缺陷。有的企业重人才引进和使用、轻人才培养和储备，造成企业人才队伍建设滞后。

第三，民营企业动员和整合社会科技资源进行高质量发展的能力不足。随着科学技术迅猛发展，科技实用化、市场化和商业化周期大幅缩短，新材料、新技术、新工艺、新商业模式得到广泛运用，现代科技对企业全要素效率和效益提升发挥作用巨大，而部分民营企业战略策略僵化，不关注不紧跟本行业或关联企业的发展动态，不能及时把握上下游关联企业技术外溢机会，不善于用物联网、智能技术、数字技术等再造企业生产、管理、仓储、物流等流程，存在传统路径依赖，影响企业高端化、智能化、绿色化转型发展。

2. 民营经济高质量发展的外部环境需要持续优化

目前，从结构看，民营经济呈现的走势：一是横向拓展受阻和竞争加剧。民营企业位于中下游行业或领域的数量、资本最集中，但总利润占比很低，说明民营经济在中下游行业内横向竞争加剧。二是纵向升级受阻和竞争加剧。与中下游行业或领域相比，民营经济在上游行业或领域企业的数量、资本相对增速较慢且占比最低，说明民营经济向上游行业或领域纵向升级受阻。为什么民营经济纵横发展空间都有阻力，说明民营经济的发展外部环境还存在一些问题。

第一，市场环境需要优化。一是市场准入制度需要持续优化。对外资市场准入采取正面清单制度，对民间内资市场准入采取负面清单制度，对不同所有制市场主体实施差别化准入政策，必然会导致实际准入操作的不公平。二是市场竞争不公平。在政府采购、招投标、审批许可、信用评级等方面，有的地方、有的部门、有的行业、有的项目对民营经济设置一些门槛，附加一些条件，如资质、规模、业绩等，造成不同所有制企业、不同规模企业、不同发展阶段企业同台公平竞争难。

第二，政策环境需要持续优化。一是对民营企业吸引人才特别是急需的高端稀缺人才的支持政策需要加大力度。二是对世界、国家级首台（套）装备或“卡脖子”技术研发等科技创新的支持政策需要加大力度。三是对优势产业链的支持政策需要加大力度，要因地制宜，实施“一市一策”“一园一策”或“一企一策”。四是对于已出台的鼓励支持引导民营经济高质量发展的政策和措施，政府有关部门要出台具体的配套措施，推动相关政策落实落地落细。

第三，融资环境需要持续优化。一是融资体制需要完善。中国金融以国有大型商业银行为主导的金融结构体系，与绝大多数是中小微经济主体的民营经济在所有制偏好、客户偏好、风险态度等方面存在结构性障碍，即使民营经济能获得少量贷款，多数是短期的。股票、债券等资本市场在发行审批、上市交易、市场监管等方面的制度设计，对大多数民营经济而言，因融资准入的门槛高、条件苛刻，难以获取机会。风险投资发展缓慢，机构少、机制不畅，支持创新的作用有限。二是融资考核机制需要完善。在金融机构内部考核制度方面，银行信贷业务要求经办人对贷款的安全性终身负责，造成信贷员开发中小民营经济客户和对其放贷积极性不高。此外，金融部门总体上对中小微企业不良贷款的容忍度不高。

第四，平等保护产权制度需要持续完善。现在的产权保护制度中，有的条款弱化不同所有者产权保护力度，导致民营经济产权不平等现象时有发生。实际执法中，当国有经济欠民营经济的钱物时，有的作民事经济纠纷处理；而当民营企业欠国有企业的钱物时，有的就被认定是侵占国有资产。目前，著作权、注册商标权和专利权等知识产权侵权惩罚性赔偿制度还需进一步完善。

三、民营经济的高质量发展之路

（一）推进中国式现代化建设的必然要求

党的二十大报告提出，新时代新征程“中国共产党的中心任务就是团结带领全国各族人民全面建成社会主义现代化强国、实现第二个百年奋斗目标，以中国式现代化全面推进中华民族伟大复兴”。中国式现代化既具有世界现代化的基本特征，如工业现代化、城镇化、农业现代化等，也具有中国的自身特色，如人口规模巨大的现代化、全体人民共同富裕的现代化、物质文明和精神文明相协调的现代化、促进人与自然和谐共生的现代化、走和平发展道路的现代化。

第一，实现人口规模巨大的现代化需要推动民营经济高质量发展。目前，中国有14亿多人口，约占全球人口总量的18%。要让如此庞大的人口实现高质量的就业，实现收入稳步增长且与经济增长同步，实现人民对美好幸福生活的需求，民营经济需要发挥自身优势，大力创业创新，为实现全社会充分就业作出更多更大贡献。第二，实现全体人民共同富裕的现代化需要推动民营经济高质量发展。民营经济发展是创造、积累和分配财富的过程，由此会衍生“马太效应”，如何把效率和公平有效结合起来，实现资本、劳动、土地、技术、管理等生产要素按贡献和作用大小合理参与分配，需要推动民营经济高质量发展。第三，实现物质文明和精神文明相协调的现代化需要推动民营经济高质量发展。民营经济是物质产品和精神产品的使用和再生产过程。如何抑制和消除民营经济在生产和经营过程中出现拜物主义、金钱至上、企业或股东利益最大化等问题，让民营经济积极主动履行应尽的经济、政治、社会等责任，需要推动民营经济高质量发展。第四，促进人与自然和谐共生的现代化需要推动民营经济高质量发展。目前，我国民营经济市场主体数量有1.35亿多家，其创造的国内生产总值长期稳占全国的60%左右，巨大的产出必然会消耗大量的自然资源，必然会排放大量废气废水废渣，为合理开发和利用稀缺性或不可再生的自然资源，为实现人与人、人与自然、人与社会、经济发展与自然生态的和谐共生，需要推动民营经济高质量发展。第五，走和平发展道路的现代化需要推动民营经济高质量发展。目前，中国经济总量占世界经济的比重超过18%，对世界经济增长的贡献率达到25%左右，其中民营经济发挥着重要作用，作出了重要贡献。在推进“一带一路”倡议中，要实现对外经贸合作既有量的增加又有质的提升和利的共赢，形成互利合作双赢的格局，需要推动民营经济高质量发展。

（二）加快建设现代化经济体系的必然要求

党的二十大报告提出，“要坚持以推动高质量发展为主题，把实施扩大内需战略同深化供给侧结构性改革有机结合起来，增强国内大循环内生动力和可靠性，提升国际循环质量和水平，加快建设现代化经济体系”。在中国式现代化建设新征程中，加快建设现代化经济体系具有重要意义。第一，加快建设现代化经济体系有利于中国更好赢得国际市场竞争的主动。目前，全球经济低迷，增长乏力，有的发达国家或地区出现逆全球化做法，进行贸易战、科技战，还以安全名义限制中国企业进行跨国经营、兼并重组。另外，中国劳动力成本、有些出口商品价格的比较优势在逐步减弱。再者，我国在一些领域自主核心技术、关键技术、基础性技术、关键设备等还存在短板。要更好赢得国际市场竞争的主动权，唯有加快建设现代化经济体系。第二，加快建设现代化经济体系有利于为其他领域现代化建设提供坚实物质保障和技术支撑。党的二十大报告提出，到2035年中国人均GDP达到中等发达国家水平，进入创新型国家行列，基本实现新型工业化、新型信息化、城镇化、农业现代化等战略目标任务。只有加快建设现代化经济体系，才能为实现上述战略目标任务提供坚实经济基础、物质保障和技术支撑。

新时代新征程上如何加快建设现代化经济体系，党的二十大报告指出：着力发展实体经济，建设实体经济、科技创新、现代金融与人力资源协调发展的现代产业体系；建设市场统一、公平竞争的市场体系；建设体现效率、维护公平的收入分配体系；建设地区、城乡协调联动的区域发展体系；建设资源节约、生态和谐的绿色发展体系；建设高效、顺畅流通体系；建设高质量、高水平的对外开放体系；建设现代化的基础设施体系；等等。加快建设现代化经济体系对民营经济既是机遇也是挑战。目前，民营经济主要分布在劳动密集型、资源依赖型、能源消耗型等产业和领域且集中度高。位于价值链低端、产业链的中下游，属于“专精特新”的民营企业数量不多。民营企业如何抓住中国加快现代化经济体系建设的新机遇，积极主动有效融入现代化经济体系建设之中，需要推动民营经济高质量发展。

（三）民营经济自身发展的必然要求

2023 年全国两会期间，习近平总书记在看望参加政协会议的民建、工商联界委员并参加联组会时强调：“党中央始终坚持‘两个毫不动摇’、‘三个没有变’，始终把民营企业和民营企业家当作自己人。”党中央对民营企业健康发展的关心和重视，为广大民营企业家增添了信心和力量。

民营经济是社会主义市场经济发展的重要成果，是推动社会主义市场经济发展的重要力量，是推进供给侧结构性改革、推动高质量发展、建设现代化经济体系的重要主体，也是我们党长期执政、团结带领全国人民实现“两个一百年”奋斗目标和中华民族伟大复兴中国梦的重要力量。在强国建设、民族复兴的新征程中，我国民营经济只能壮大、不能弱化，不仅不能“离场”，而且要走向更加广阔的舞台。要加强思想政治引领，引导民营企业和民营企业家正确理解党中央关于“两个毫不动摇”“两个健康”的方针政策，消除顾虑，放下包袱，大胆发展。当前，新一轮科技革命和产业变革对企业生产组织方式、商业模式、产业链条、市场格局等产生巨大影响，新领域、新赛道、新业态不断涌现，这要求民营企业转变发展方式、调整产业结构，自觉走高质量发展路子。对民营企业和民营企业家来说，没有理由懈怠松劲，没有必要畏葸不前，必须抓住新时代新征程的发展机遇，勇于开拓新蓝海，掀起苦干实干、敢闯敢试、创新创业的热潮。要践行新发展理念，坚守主业、做强实业，既奋力谱写民营经济发展新篇章，也在实现科技自立自强、促进共同富裕、实现高质量发展中展现民营企业的使命担当。

（四）实现民营经济健康发展高质量发展

1. 始终坚持“两个毫不动摇”，提振民营企业信心，寻求民营经济发展方式新突破

习近平总书记主持召开二十届中央全面深化改革委员会第一次会议。会议审议通过了《关于强化企业科技创新主体地位的意见》和《关于促进民营经济发展壮大的意见》等重要文件，鲜明指出“支持民营经济发展是党中央的一贯方针”，明确要求“促进民营经济发展壮大”“积极鼓励、有效引导民营企业参与国家重大创新”。二十届中央全面深化改革委员会第一次会议把民营经济发展作为重要议题，释放出明确政策信号，提振市场预期和信心，鼓舞广大民营企业家坚定信心加油干。

党的十八大以来，以习近平同志为核心的党中央多次重申坚持基本经济制度，坚持

“两个毫不动摇”“三个没有变”。从召开民营企业座谈会，作出“民营企业和民营企业家是我们自己人”的重大判断，到不断完善社会主义市场经济体制，为各类经营主体营造公平发展环境，再到优化营商环境，实施减税降费等一系列纾困帮扶政策，党中央支持民营经济发展的政策方向坚定不移、政策措施细致入微，一以贯之为民营经济发展壮大保驾护航。有这样几组数据耐人寻味：新时代十年来，民营经济在发挥“56789”重要作用的同时，民营企业数量翻了两番多，占国家级专精特新“小巨人”企业超 80%，民营企业 500 强入围门槛不断提升……事实充分说明，我国民营经济不仅没有弱化，而且在不断壮大；不仅没有离场，而且正在走向更加广阔的舞台。

我们必须亮明态度、决不含糊，排除各种干扰，始终坚持社会主义市场经济改革方向，切实把“两个毫不动摇”落到实处；加强思想政治引领，引导民营企业和民营企业家正确理解党中央关于“两个毫不动摇”“两个健康”的方针政策，消除顾虑，放下包袱，大胆发展。一是在社会舆论层面鼓励支持民营经济发展壮大。有序组织政商交流平台、主流媒体进行舆论宣传，加大对民营经济的宣传力度。在一些重大事件和关键节点组织民营企业家亮相发声，讲好民营经济的故事。二是推动梳理修订涉企法律法规政策，将涉及民营经济发展的相关法律法规进一步细化。如推进制订民营经济促进法，将竞争中性原则、平等获取要素、规范准入许可、政府采购和招投标等制度以法律的形式予以明确，依法保护民营企业产权和企业家权益。三是设立专门的民营经济管理机构，为民营企业发展提供支撑。如在中小企业局或相关部门设立民营经济管理机构，负责调研和反映民营企业问题，及时掌握民营企业状态，有效实现对民营企业的帮扶，从制度上为民营企业提供有效支撑，达到提振民营企业信心的目标。

2. 优化民营企业发展环境，塑造民营经济竞争新优势

习近平总书记强调：“优化民营企业发展环境，促进民营经济发展壮大。”民营经济对经济社会发展、就业、财政税收、科技创新等具有重要作用。我们要优化民营企业发展环境，为民营企业发展壮大、走向更加广阔的舞台提供重要保障。

营商环境是企业生存发展的土壤。以习近平同志为核心的党中央高度重视优化营商环境，要求“营造稳定公平透明、可预期的营商环境”。我们通过深化“放管服”改革、制定《优化营商环境条例》、加快建设全国统一大市场、建设高标准市场体系等，推动营商环境大幅优化。我国营商环境在全球的排名从 2013 年的第 96 位提升到第 31 位；企业开办时间由一个月以上压缩到目前的平均 4 个工作日以内；2013 年以来，截至 2022 年 4 月，国务院累计取消和下放 1098 项行政许可事项。2012—2021 年，我国民营企业数量翻了两番，在企业总量中的占比进一步提高，展现出强大活力。优化营商环境没有“休止符”，我们要完善产权保护、市场准入、公平竞争、社会信用等市场经济基础制度，从制度和法律上把对国企民企平等对待的要求落实下来，从政策和舆论上鼓励支持民营经济和民营企业发展壮大，反对地方保护和行政垄断，打破各种各样的“卷帘门”“玻璃门”，提振市场预期和信心，为民营企业发展开辟更多空间。有学者指出，要有效突破体制和机制的约束，推动民营企业在新的外部环境变迁中找到自身的竞争优势，寻找新的突破方向。

一是专门出台支持民间投资发展的政策。在投资核准、融资服务、财税政策、土地使用、对外贸易和经济技术合作等方面，保障民营企业的权利，使其享受与其他所有制企业一样的待遇，以规范和引导资本健康发展。二是破除地方保护和行政性垄断。加快打破地方保护和市场分割，打通制约经济循环的关键堵点，促进商品要素资源在更大范围内畅通流动，尽快建设高效规范、公平竞争、充分开放的全国统一大市场。三是支持民间投资参与重大工程等项目建设，发挥政府投资的引导作用。抓住“十四五”规划中的重大工程和国家重大战略推进机会，针对一些重点建设任务，正确引导、鼓励民营企业参与相对成熟的项目。如通过多种优惠政策吸引民间资本参与包括“一带一路”倡议在内的重点项目。此外，还可以积极推动民营企业助力乡村振兴，有效激发民企参与乡村振兴的积极性、主动性、创造性，撬动民营资本等更多资源共同参与，帮助民营经济获得新的竞争优势。

产权制度是社会主义市场经济的基石。依法保护民营企业产权和企业家权益，既是坚持社会主义基本经济制度的必然要求，也是优化发展环境的重要内容。党的十八届三中全会明确：“公有制经济财产权不可侵犯，非公有制经济财产权同样不可侵犯”“国家保护各种所有制经济产权和合法利益”。党的十八届四中全会提出：“健全以公平为核心原则的产权保护制度，加强对各种所有制经济组织和自然人财产权的保护。”中共中央、国务院 2016 年印发《关于完善产权保护制度依法保护产权的意见》。党的二十大提出：“依法保护民营企业产权和企业家权益。”贯彻落实党中央精神，要坚持权利平等、机会平等、规则平等，废除对非公有制经济各种形式的不合理规定，消除各种隐性壁垒，保证各种所有制经济依法平等使用生产要素、公开公平公正参与市场竞争、同等受到法律保护、共同履行社会责任。要坚持法治思维，从制度和法律上把对国企民企平等对待的要求落实下来。要全面清理改革一批制约民间投资准入的法律法规和政策文件，规范投资准入门槛，进一步提升民营企业获得感，保持政策的连续性和稳定性，让各类经营主体对积极的政策导向形成稳定预期。应促进市场规则更加公正透明，营造稳定可预期的经营前景，让民营企业专心谋发展。

亲清政商关系是良好发展环境的重要内容。习近平总书记指出：“构建亲清新型政商关系，促进非公有制经济健康发展和非公有制经济人士健康成长。”我们要把构建亲清政商关系落到实处，充分发挥市场在资源配置中的决定性作用，更好发挥政府作用，支持企业家心无旁骛、长远打算，以恒心办恒业。健全政企沟通协商制度，完善民营企业权益维护机制，激励党员干部主动作为、靠前服务，为民营企业和民营企业家排忧解难，让他们放开手脚，轻装上阵，专心致志搞发展。加强中小微企业管理服务，支持中小微企业和个体工商户发展，支持平台企业在创造就业、拓展消费、国际竞争中大显身手。

3. 立足新时代走高质量发展之路

当前，世界之变、时代之变、历史之变正以前所未有的方式展开。我国经济已由高速增长阶段转向高质量发展阶段，正处在转变发展方式、优化经济结构、转换增长动力的攻关期，向形态更高级、分工更复杂、结构更合理阶段演化。这对民营经济发展提出了更高的要求。

在经济高速增长时期，一部分民营企业经营比较粗放，与新阶段高质量发展的要求不相适应，迫切需要转型升级，实现高质量、可持续的发展。高质量发展是体现新发展理念的发展。民营企业要践行新发展理念，深刻把握发展中存在的不足和面临的挑战，加快转变发展方式、调整产业结构、转换增长动力。坚守主业、做强实业，自觉走高质量发展路子，培育更多具有专业化、精细化、特色化、新颖化优势的企业。积极拥抱数字技术，推动互联网、大数据、人工智能和自身发展深度融合，努力做到生产智能化、制造精细化、产品个性化、管理信息化、服务便利化。

加快实现高水平科技自立自强，是推动高质量发展的必由之路。在激烈的国际竞争中，我们要开辟发展新领域新赛道、塑造发展新动能新优势，从根本上说还是要依靠科技创新。要鼓励有条件、有能力的民营企业加强自主创新，专注品质，追求卓越，做创新发展的探索者、组织者、引领者，不断推进技术创新、产品创新、组织创新、商业模式创新；重视技术研发和人力资本投入，有效调动员工创造力，努力掌握关键核心技术和自主知识产权，切实增强企业的核心竞争力和抵御风险能力，把企业打造成为强大的创新主体，在推进高水平科技自立自强中发挥更大作用。鼓励民营企业加大创新投入，形成良好的创新循环机制。一是支持民营企业参与原始创新，共同建设创新研发合作平台。加大制度创新，鼓励民营企业通过研发合作和平台共建等模式加入国家创新战略。如统筹不同地区和不同领域的科技力量，建立创新合作联盟，推动龙头民营企业共建产业创新平台，建立产学研用合作机制。鼓励民营企业参与国家级创新平台建设，支持民营企业承担国家重大科技战略任务。二是支持民营企业参与标准规范制定和政府采购。加快制定或修订科技创新产品的标准规范，鼓励民营企业提高科技创新话语权。通过政策和制度引导，推动政府或央企的采购目录对民营企业的科技创新产品开放，推动民营企业高质量发展。三是引导民营企业加大科技创新的投入。比如通过政府引导基金、银企合作和知识产权质押融资风险补偿等方式，支持民营企业开展科技创新。引导民营企业加大研发投入，将提高研发费用加计扣除比例政策扩大至所有企业。支持民营企业加快技术改造和设备更新，将固定资产加速折旧优惠政策扩大至全部制造业领域，以实现民营经济健康发展、高质量发展。

加快构建新发展格局，是推动高质量发展的战略基点。要激发民间资本投资活力，鼓励和吸引更多民间资本参与国家重大工程、重点产业链供应链项目建设，为构建新发展格局、推动高质量发展作出更大贡献。鼓励民营企业依法进入更多领域，引入非国有资本参与国有企业改革，更好激发非公有制经济活力和创造力。

2023 年第一季度，我国经济实现良好开局，为推动经济运行整体好转打下坚实基础。无论是稳就业、稳投资、稳增长，还是扩大国内需求、做大实体经济，无论是攻克“卡脖子”问题，实现科技自立自强，还是提升全要素生产率，实现高质量发展，都需要发挥国企民企等各类经营主体的作用，民营经济大有可为也必能大有作为。与此同时，国家发改委明确支持民间投资参与 102 项重大工程等项目建设，河北开展“我帮企业找市场”“我帮企业找资金”等服务，安徽合肥、山东烟台、内蒙古鄂尔多斯等地施行民营经济促进条例……各地区各部门着力优化民营经济发展环境，破除制约民营企业公平参与市场竞争的制度障碍，从制度和法律上把对国企民企平等对待的要求落实下来，让广大民营企业家放开手脚，轻装上阵，专心致志搞发展。

4. 鼓励民营企业为促进共同富裕贡献力量

中国式现代化是全体人民共同富裕的现代化，共同富裕是中国特色社会主义的本质要求。习近平总书记指出：“无论是国有企业还是民营企业，都是促进共同富裕的重要力量，都必须担负促进共同富裕的社会责任。”企业存在于社会之中，是社会的企业。只有真诚回报社会、切实履行社会责任的企业家，才能得到社会认可，才是符合时代要求的企业家。

改革开放以来，我国民营经济不断发展壮大，贡献了50%以上的税收、60%以上的国内生产总值、70%以上的技术创新成果、80%以上的城镇劳动就业、90%以上的企业数量，是稳定经济的重要基础、国家税收的重要来源、技术创新的重要主体、金融发展的重要依托。我国经济发展能够创造中国奇迹，民营经济功不可没。

党的十八大以来，我们党把握发展阶段新变化，推动区域协调发展，采取有力措施保障和改善民生，打赢脱贫攻坚战，全面建成小康社会，为促进共同富裕创造了良好条件。在这一过程中，广大民营企业在助力打赢脱贫攻坚战中倾情投入，积极参与“万企帮万村”精准扶贫行动，为打赢脱贫攻坚战贡献了自己的力量。

现在，已经到了扎实推动共同富裕的关键阶段。民营企业家要增强家国情怀，自觉践行以人民为中心的发展思想，增强先富带后富、促进共同富裕的责任感和使命感。民营企业要在企业内部积极构建和谐劳动关系，推动构建全体员工利益共同体，让企业发展成果更公平惠及全体员工。民营企业和民营企业家要筑牢依法合规经营底线，弘扬优秀企业家精神，做爱国敬业、守法经营、创业创新、回报社会的典范。要继承和弘扬中华民族传统美德，积极参与和兴办社会公益慈善事业，做到富而有责、富而有义、富而有爱。

【知识链接1】

所谓专精特新中小企业，是指做到专业化、精细化、特色化、创新能力突出的中小企业。“小巨人”企业，是专精特新中小企业中的佼佼者。“小巨人”企业专注于细分市场，创新能力强、成长性好，在各自产品领域逐渐形成优势和规模，能够为大企业、大项目提供关键零部件、元器件和配套产品，可以说是专精特新中小企业中的优秀代表。

（资料来源：中国政府网，2021年10月19日）

【知识链接2】

杭绍台铁路开通运营以来，积极服务沿线经济社会发展，铺就了助力高质量发展的“共富之路”。截至目前，已累计安全发送旅客超350万人次，便利了群众出行，杭州至台州“一小时交通圈”的快捷通道作用不断凸显。

（资料来源：新华网，2022年12月16日）

【拓展阅读1】

习近平总书记关切事丨让民营经济驶上健康发展、高质量发展快车道

“党中央始终坚持‘两个毫不动摇’‘三个没有变’，始终把民营企业和民营企业家当作自己人。”3月6日，习近平总书记在看望参加全国政协十四届一次会议的民建、工商联界委员并参加联组会时发表重要讲话，强调要引导民营企业和民营企业家正确理解党中央方针政策，增强信心、轻装上阵、大胆发展。

习近平总书记对民营经济发展高度重视、念兹在兹，多次作出重要指示和批示，为实现民营经济健康发展、高质量发展注入强大信心和动力。

广大民营企业和民营企业家，正在深入学习领会习近平总书记重要讲话精神，按照总书记指引的方向，充分释放自身作为中国“经济细胞”的活力和韧性。各地各部门纷纷行动起来，按照习近平总书记要求，心往一处想、劲往一处使，为各类所有制企业创造公平竞争、竞相发展的环境。

坚定发展信心

习近平总书记强调：“在守住根基、稳住阵脚的基础上积极进取，不停步、能快则快，争取最好结果。”

殷切期望，鼓舞信心。

深孔钻机轰鸣，机器高速运转，工人紧张有序……走进浙江省宁波市臻至机械模具有限公司的新厂区，一套套全新的新能源汽车车身结构件模具映入记者眼帘，忙碌的景象令人振奋。“总书记的重要讲话指导企业轻装上阵，专心致志搞发展。现在我们的生产任务已经排到了下半年，大家都干劲满满”，公司总经理张群峰说，公司的产值三年里已翻了一番。

从东海之滨到南海之畔，到处都是火热的生产和投资景象。在美的集团家用空调广州工厂的注塑车间里，一排排机械臂起起伏伏间，一个个空调塑料外壳顺利成型，整齐地摆放到传送带上，送往后面的组装岗位。美的集团股份有限公司董事长方洪波说，美的近三年累计新增投资超250亿元。“总书记关于激发民间资本投资活力的重要讲话，更加坚定了我们投资科技、投资人才、投资未来的信心。”

——不断向好的中国经济基本面，是民营企业的信心来源。

2022年我国GDP达121万亿元，五年年均增长5.2%，十年增加近70万亿元、年均增长6.2%，在高基数基础上实现了中高速增长、迈向高质量发展。

“国内生产总值增长5%左右”，政府工作报告点明了2023年我国发展主要预期目标，释放出推动经济实现整体好转、回归潜在增长率的积极信号。

——不断优化的营商环境，是民营企业的坚强后盾。

习近平总书记指出，“要把构建亲清政商关系落到实处，为民营企业和民营企业家排忧解难，让他们放开手脚，轻装上阵，专心致志搞发展。”

此前，受疫情等因素影响，不少民营企业遇到困难。2022年中央经济工作会议明确，要从制度和法律上把对国企民企平等对待的要求落实下来，从政策和舆论上鼓励支持民营经济和民营企业发展壮大。依法保护民营企业产权和企业家权益。各级领导干部要为民营企业解难题、办实事，构建亲清政商关系。

四川省宜宾市政务服务和非公经济发展局局长朱砂说，“总书记的重要指示明确了我们的目标任务，就是要当好大家的‘后勤部长’”“企业需求在哪儿，我们的政策就延伸到哪儿。不断优化民企诉求服务直通车，确保件件有落实、事事有回音”。

明确发展方向

习近平总书记强调：“民营企业要践行新发展理念，深刻把握民营经济发展存在的不足和面临的挑战，转变发展方式、调整产业结构、转换增长动力，坚守主业、做强实业，自觉走高质量发展路子。”

高瞻远瞩，举旗定向。

——坚守主业，做强实业“稳动能”。

“喊一声‘电饭煲，煮饭’就能启动”，这是广东华强电器集团有限公司推出的一款智能电饭煲。通过增加一个声控件，让产品更具竞争力。

创业36年来，公司总经理陆锡平和他的团队一直在小家电领域深耕，从五六人的家庭作坊，发展成为年产值5亿多元、员工500多人的集团企业。

“我们要按照习近平总书记要求，坚守主业、做强实业”，陆锡平常把这句话挂在嘴边。随着经济形势回暖，华强电器目前到手的订单同比增长10%。

数据显示，2022年，我国全部工业增加值突破40万亿元大关，占GDP比重达33.2%，其中制造业增加值占GDP比重为27.7%，制造业规模连续13年居世界首位。

——研发先行，创新拓展“新空间”。

习近平总书记强调：“有能力、有条件的民营企业要加强自主创新，在推进科技自立自强和科技成果转化中发挥更大作用。”

杭州科百特过滤器材有限公司董事长张应民说，创业之初，企业从进口膜材料组装加工起步。供货商调价、断供，让我们认识到，拼拼装装只能受制于人。总书记的重要指示，让我们坚定了继续走自主研发的路线。

科百特如今已拥有过滤全产业链研发制造能力，从微米膜到超滤膜、纳滤膜，产品覆盖10 000种规格，拥有各类专利600余项，已获评国家单项冠军企业，近五年年均复合增长率达48%。

据统计，2022年我国累计培育专精特新中小企业7万多家、“小巨人”企业8997家、制造业单项冠军企业1186家。

——稳进提质，转型迈向高质量。

只需几秒钟，一块几近枯竭的新能源汽车锂电池被“粉身碎骨”，镍钴锂等金属材料被重新提取，开启新的“带电旅程”。

在天能集团长兴循环经济产业园，24小时自动运转的生产线，年处理报废锂电池可达2.3万吨。新能源汽车带来的不仅是旺盛的消费需求，也是丰饶的“城市矿山”。

“总书记说的‘高质量发展对民营经济发展提出了更高要求’让我们深受触动。”天能集团董事长张天任说，“我们曾经的主业是铅蓄电池，未来，汽车锂电池回收将成为我们业务重要的增长点。2022年底，我们新投资30亿元的锂电池回收综合利用项目，已在江苏盐城开工建设，预计年处理规模可达10万吨。”

数据显示，2022年我国制造业产业结构持续优化，高技术制造业、装备制造业分别占规模以上工业增加值比重15.5%和31.8%；工业领域碳达峰实施方案、全面绿色制造正稳步推进。

履行社会责任

习近平总书记提出明确要求，民营企业家要“增强先富带后富、促进共同富裕的责任感和使命感”。

谆谆教诲，凝心聚力。

“在受疫情影响最困难的时期，我们坚持不裁员，并且确保一线员工人均收入每年增长10%以上。”在传化集团董事长徐冠巨看来，公司以一口大缸和借来的2000元起步，从生产皂液的家庭小作坊跃升为横跨物流、化工、农业等多个板块的现代化企业集团，依靠的就是广大员工。

“总书记要求民营企业要在企业内部积极构建和谐劳动关系，推动构建全体员工利益共同体，让企业发展成果更公平惠及全体员工，让我们深刻地认识到，企业把员工放心上，员工才能把企业发展扛肩上。”徐冠巨说，近五年来，传化投入近20亿元用于改善员工工作生活环境，累计增加员工薪酬6亿多元，拿出“真金白银”、想出“真招实招”为员工谋福利。

不仅要让企业强、员工富，还要带动产业链上下游企业实现共同发展，已成为当下越来越多行业龙头企业的选择。

鲁班锁、孔明锁、木拼图……来自浙江省丽水市云和县的4家中小企业的木制玩具，在贝发集团的展厅里被国际客商远程预订下单。今年以来，通过贝发的网上直播间，已经为这几家企业拿下了几百万美元的订单。

习近平总书记指出，要“支持平台企业在创造就业、拓展消费、国际竞争中大显身手”。贝发集团董事长邱智铭说，企业通过建设行业数字化平台，为产业链上下游3200多家小微文创企业建立了“朋友圈”，贝发集团的创意、平台、渠道、信息优势，正为越来越多企业带去新的活力和机遇。

浙江近年来致力于打造产业链上下游共同体，聚焦十大标志性产业链，已组建三批产业链共同体企业，强调发挥行业龙头企业的带动作用。

既富而有责，也富而有义、富而有爱。目前，四川全省9259家企业和商协会与7433个村结对共建，实施帮村项目10 921个，到位资金599.8亿元，解决就业52 065人。

四川蓝润集团主营方向是食品业，近几年在四川巴中、南充、达州等革命老区布局40多个规模化生猪养殖全产业链基地，带动近百户养殖户平均增收超百万元。在帮助产业振兴的过程中，蓝润集团坚持以普惠性民生建设为重点，帮助项目所在地拓宽、新建公路70余公里，为当地修建水坝，让10多个村4700余户家庭用上了自来水。蓝润集团董事长戴学斌说：“民营企业一定按照总书记的要求，拿出行动来，切实回馈社会，助力共同富裕。”

（资料来源：新华网，2023年3月28日）

【拓展阅读2】

习近平在看望参加政协会议的民建工商联界委员时强调
正确引导民营经济健康发展高质量发展

中共中央总书记、国家主席、中央军委主席习近平3月6日下午看望了参加全国政协十四届一次会议的民建、工商联界委员，并参加联组会，听取意见和建议。他强调，党中央始终坚持“两个毫不动摇”“三个没有变”，始终把民营企业和民营企业家当作自己人。

要引导民营企业和民营企业家正确理解党中央方针政策，增强信心、轻装上阵、大胆发展，实现民营经济健康发展、高质量发展。

在“三八”国际劳动妇女节即将来临之际，习近平代表中共中央，向参加全国两会的女代表、女委员、女工作人员，向全国各族各界妇女，向香港特别行政区、澳门特别行政区和台湾地区的女同胞、海外女侨胞，致以节日的祝贺和美好的祝福！

中共中央政治局常委、全国政协十四届一次会议主席团会议主持人王沪宁，中共中央政治局常委蔡奇、丁薛祥参加看望和讨论。

在联组会上，曾毓群、解冬、刘振东、陈小平、谢茹、孙东生等6位委员围绕占领全球新能源产业制高点、金融支持科技创新、为中小企业发展创造更好条件、促进平台经济高质量发展、推动乡村产业振兴、进一步发挥民营经济优势和活力等做了发言。

习近平在认真听取大家发言后发表重要讲话。他表示，很高兴来看望全国政协民建、工商联界委员，同大家一起讨论交流。他代表中共中央，向在座的各位委员，并向广大民建、工商联成员和非公有制经济人士，向广大政协委员，致以诚挚的问候。

习近平强调，2022年是党和国家历史上极为重要、极为关键的一年。在国际环境风高浪急和国内面临多重超预期因素冲击的情况下，经过全体人民团结奋斗、顽强拼搏，我们办成了几件事关重大、影响长远的大事，党和国家事业取得了丰硕成果。中国共产党胜利召开第二十次全国代表大会，擘画了全面建设社会主义现代化国家的宏伟蓝图。我们克服新冠疫情等困难挑战，如期安全顺利举办北京冬奥会、冬残奥会。我们动态优化调整防控政策措施，较短时间实现了疫情防控平稳转段，新冠病亡率保持在全球最低水平，取得疫情防控重大决定性胜利。我们完整、准确、全面贯彻新发展理念，着力构建新发展格局、推动高质量发展，在全球通胀达到40多年来新高的情况下，我国物价总水平保持平稳，全年经济增长3%，在世界主要经济体中是很高的。这些成绩的取得，实属不易。

习近平指出，党的十九大以来的5年，是极不寻常、极不平凡的5年。我国发展的外部环境急剧变化，不确定难预料因素显著增多，尤其是以美国为首的西方国家对我国实施了全方位的遏制、围堵、打压，给我国发展带来前所未有的严峻挑战。同时国内也面临新冠疫情反复、经济下行压力增大等多重困难。我们坚持稳中求进工作总基调，迎难而上，沉着应对，不信邪、不怕压、不避难，国内生产总值年均增长5.2%，如期打赢脱贫攻坚战，全面建成小康社会，实现第一个百年奋斗目标，推动党和国家事业取得举世瞩目的重大成就，推动我国迈上全面建设社会主义现代化国家新征程。5年来的成就，是全党全国人民团结奋斗的结果，也凝聚着广大政协委员的贡献。

习近平强调，面对国际国内环境发生的深刻复杂变化，必须做到沉着冷静、保持定力，稳中求进、积极作为，团结一致、敢于斗争。沉着冷静、保持定力，就是要冷静观察国际局势的深刻变动，沉着应对各种风险挑战，既准确识变、科学应变、主动求变，及时优化调整战略策略，要保持战略定力，咬定青山不放松，不为各种风险所惧，朝着既定的战略目标，坚定不移向前进。稳中求进、积极作为，就是大方向要稳，方针政策要稳，战略部署要稳，在守住根基、稳住阵脚的基础上积极进取，不停步、能快则快，争取最好结果。团结一致、敢于斗争。力量源于团结。这些年来，我们面临的各种风险挑战接踵而至，大仗一个接一个，每一仗都是靠全体人民团结奋斗、顽强斗争闯过来的。未来一个时期，我们面临的风险挑战只会越来越多、越来越严峻。只有全体人民心往一处想、劲往一处使，同舟共济、众志成城，敢于斗争、善于斗争，才能不断夺取新的更大胜利。

习近平指出，民营经济是我们党长期执政、团结带领全国人民实现“两个一百年”奋斗目标和中华民族伟大复兴中国梦的重要力量。我们始终把民营企业和民营企业家当作自己人，在民营企业遇到困难的时候给予支持，在民营企业遇到困惑的时候给予指导。要优化民营企业发展环境，破除制约民营企业公平参与市场竞争的制度障碍，依法维护民营企业产权和企业家权益，从制度和法律上把对国企民企平等对待的要求落实下来，鼓励和支持民营经济和民营企业发展壮大，提振市场预期和信心。要积极发挥民营企业在稳就业、促增收中的重要作用，采取更有效的措施支持中小微企业和个体工商户发展，支持平台企业在创造就业、拓展消费、国际竞争中大显身手。要把构建亲清政商关系落到实处，为民营企业和民营企业家排忧解难，让他们放开手脚，轻装上阵，专心致志搞发展。要加强思想政治引领，引导民营企业和民营企业家正确理解党中央关于“两个毫不动摇”“两个健康”的方针政策，消除顾虑，放下包袱，大胆发展。

习近平强调，高质量发展对民营经济发展提出了更高要求。民营企业要践行新发展理念，深刻把握民营经济发展存在的不足和面临的挑战，转变发展方式、调整产业结构、转换增长动力，坚守主业、做强实业，自觉走高质量发展路子。有能力、有条件的民营企业要加强自主创新，在推进科技自立自强和科技成果转化中发挥更大作用。要激发民间资本投资活力，鼓励和吸引更多民间资本参与国家重大工程、重点产业链供应链项目建设，为构建新发展格局、推动高质量发展作出更大贡献。要依法规范和引导各类资本健康发展，有效防范化解系统性金融风险，为各类所有制企业创造公平竞争、竞相发展的环境。

习近平指出，中国式现代化是全体人民共同富裕的现代化。无论是国有企业还是民营企业，都是促进共同富裕的重要力量，都必须担负促进共同富裕的社会责任。民营企业家要增强家国情怀，自觉践行以人民为中心的发展思想，增强先富带后富、促进共同富裕的责任感和使命感。民营企业要在企业内部积极构建和谐劳动关系，推动构建全体员工利益共同体，让企业发展成果更公平惠及全体员工。民营企业和民营企业家要筑牢依法合规经营底线，弘扬优秀企业家精神，做爱国敬业、守法经营、创业创新、回报社会的典范。要继承和弘扬中华民族传统美德，积极参与和兴办社会公益慈善事业，做到富而有责、富而有义、富而有爱。

（资料来源：新华网，2023 年 3 月 7 日）

思考题

1. 如何理解民营经济在我国经济社会中的地位？
2. 当前民营经济发展的新特征有哪些？
3. 实现民营经济健康发展高质量发展面临哪些挑战？

专题七　聚焦亚运盛会　书写精彩华章

第 19 届亚运会（以下简称“杭州亚运会”）将于 2023 年 9 月 23 日至 10 月 8 日举行，为期 16 天，将有 40 个大项、61 个分项、483 个小项。届时，杭州亚运会预计将有 45 个国家和地区的 10 000 名运动员参加，中国队将派出 900 多名运动员参赛，预计全球观众超过 10 亿人次。

一、历届亚运会的记忆

亚洲运动会简称亚运会，是亚洲规模最大的综合性运动会，由亚洲奥林匹克理事会的成员国轮流主办，每四年举办一届。从 1951 年第 1 届开始，已举行 18 届亚运会，2023 年 9 月将举行第 19 届亚运会。

综合赛会分别有亚洲夏季运动会（亚运会）、亚洲冬季运动会（亚冬会）、亚洲青年运动会（亚青会）、亚洲残疾人运动会（亚残会）、亚洲大学生运动会（亚大会）、亚洲沙滩运动会（亚沙会）、亚洲室内与武道运动会（亚室武会）等种类。

第 1 届亚运会于 1951 年 3 月 4 日在印度首都新德里开幕，共进行了 6 大类运动（田径、游泳含水球、篮球、足球、自由车和举重）的比赛，有 11 个国家 489 位选手参加。

第 2 届亚运会于 1954 年 5 月 1 日在菲律宾首都马尼拉开幕，共 10 大类运动，分别是田径、游泳、跳水、水球、举重、射击、篮球、足球、自由式角力和拳击，其中射击、拳击和自由式角力首次进入亚运会。有 18 个国家 970 位选手参加。

第 3 届亚运会于 1958 年 5 月 24 日在日本首都东京国立体育场举行，共有 13 大类运动，增加了日本强项的排球、桌球、自由车、网球及曲棍球五项运动，以及羽毛球和柔道两项表演赛。参加的国家和地区共有 20 个，比上一届增加了伊朗和尼泊尔，有运动员 1422 名（其中女运动员 121 名）。

第 4 届亚运会于 1962 年 8 月 24 日到 9 月 4 日在印度尼西亚首都雅加达举行。13 种运动 117 项比赛，羽毛球是新增加的运动，也是印度尼西亚的强项。举重比赛由于种种原因被取消。本届亚运会共有 17 个国家和地区参加，选手有 1527 人。

第 5 届亚运会于 1966 年 12 月 9 日至 12 月 20 日在泰国曼谷举行，设置了 14 种运动 138 个项目的比赛。本届亚运会共有 19 个国家和地区参加，有运动员 1945 人（女子 376 人），以东道主泰国人数（298 人）最为庞大，日本（279 人）次之。

第 6 届亚运会于 1970 在泰国曼谷举行，设 13 种运动 135 项比赛。

第 7 届亚运会从 1974 年 9 月 1 日起至 9 月 16 日，于伊朗德黑兰举行，参加的有 25 个国家 3000 余人，这是亚运会举办以来参加国最多选手也最多的一次。17 种运动 185 项比赛，新增的运动有体操及击剑；再度恢复举办的有射箭、乒乓球、网球。该届亚运会将中国台北排除会籍，由中华人民共和国代之。首次参赛的国家有中国、朝鲜、蒙古国、科威特、伊拉克、巴林和老挝。

第8届亚运会于1978年12月9日到20日在曼谷举行。19种运动199项比赛，参赛运动员达2879人。比赛种类有田径、游泳（含跳水及水球）、射击、拳击、体操、举重、摔跤、保龄球、击剑、乒乓球、羽毛球、网球、自由车、帆船、射箭、篮球、排球、足球和曲棍球。其中，保龄球、帆船和射箭三项是这一届新增加的。

第9届亚运会于1982年11月19日至12月4日在印度新德里举行，共有33个国家3345名运动员，参加21种运动196项比赛。比赛项目大类有田径、游泳、足球、篮球、举重、摔跤、拳击、射击、排球、曲棍球、自行车、羽毛球、网球、体操、乒乓球、射箭、帆船帆板、手球、高尔夫、马术、赛艇。

第10届亚运会于1986年9月20日在韩国的汉城（首尔）开幕。比赛活动多达25种269项。保龄球和击剑中断之后再度列入，新增加的是柔道和跆拳道。来自27个国家和地区的代表4847人参加本届亚运会，人数也打破以往各届纪录。

第11届亚运会于1990年9月22日至10月7日在北京举行，共举办27种运动308项比赛，另有棒球和软式网球两种示范赛。来自36个国家和地区的4655名选手参加北京亚运会。除伊拉克和约旦外，其余亚洲奥林匹克理事会会员国全部出席北京亚运会，使得比赛项目及参赛人员都超过以往各届亚运会规模。

第12届亚运会于1994年10月2日在日本广岛开幕，共举办34大类运动337项比赛，亚洲43个会员国，共有42个参加，只有朝鲜没有派队出席。4676名选手、2148名职员参加本届亚运会。34大类比赛分别为田径、游泳、射箭、羽球、棒球、篮球、保龄球、拳击、轻艇、自由车、马术、击剑、足球、高尔夫、体操、手球、曲棍球、柔道、卡巴迪、空手道、现代五项、划船、藤球、射击、垒球、软网、桌球、跆拳道、网球、排球、举重、角力、武术、帆船。

第13届亚运会于1998年12月6日至20日在泰国曼谷举行，这是泰国曼谷继1966年、1970年及1978年之后，第4次举办亚运会。除了阿富汗和沙特阿拉伯因故未能参赛之外，总共有41个国家和地区参加，角逐36大项运动377枚金牌。与会的运动员总数为9788人。

第14届亚洲运动会于2002年9月29日至10月14日在韩国釜山举行，比赛项目有田径、游泳、足球、篮球、举重、摔跤、拳击、射击、排球、曲棍球、自行车、羽毛球、网球、体操、乒乓球、射箭、帆船帆板、手球、高尔夫、赛艇、击剑、柔道、卡巴迪、藤球、垒球、武术、皮划艇、棒球、保龄球、马术、空手道、现代五项、软式网球、跆拳道、壁球、橄榄球（共41个）。

第15届亚运会于2006年12月1日至15日在卡塔尔首都多哈举行，吉祥物是奥利，有45个国家和地区的1.1万名运动员参加该届比赛423个小项的争夺。赛事首次提供高清数字电视信号，而国际象棋和铁人三项首次被列为比赛项目，足球、篮球、排球、游泳、羽毛球、乒乓球、武术、摔跤、田径、台球、垒球、柔道、网球、马术、皮划艇、藤球、拳击、手球、赛艇、健美、射击、击剑、射箭、帆船帆板、高尔夫、软式网球、举重、曲棍球、体操、空手道、棒球、保龄球、跆拳道、自行车等项目依旧是亚运会竞赛单元不可或缺的部分。

第16届亚运会于2010年11月12日至27日在中国广州举行，共有42个比赛项目，除了有28项奥运会比赛项目，该届亚运会还有14项非奥运会项目的正式比赛项目，其中包括新增设的围棋、武术、龙舟、藤球、板球等中国传统项目。有45个国家和地区的12 000多名运动员参加比赛，赛事规模与北京奥运会相当，创历届亚运会之最。

第17届亚运会于2014年9月19日在韩国仁川开幕，共有36个比赛项目，即28个奥运会项目加上棒球、保龄球、卡巴迪、藤球、壁球、武术、板球和空手道。

第18届亚运会于2018年8月18日至9月2日在印度尼西亚雅加达举行，共设40个比赛项目，包括32个奥运项目和8个非奥项目。

二、杭州亚运会的文化

亚奥理事会于2022年7月19日发表声明表示，因受新冠疫情影响，亚奥理事会执委会于2022年5月6日决定推迟第19届亚运会原定于2022年9月10日至25日在杭州举行的时间，第19届杭州亚运会将于2023年9月23日开幕。

（一）杭州亚运会会徽

会徽是亚运会重要的视觉形象标志，是展示杭州亚运会理念和中国文化的重要载体。

杭州亚运会会徽“潮涌”的主体图形由扇面、钱塘江、钱江潮头、赛道、互联网符号及象征亚奥理事会的太阳图形六个元素组成，下方是主办城市名称与举办年份的印鉴，两者共同构成了完整的杭州亚运会会徽。扇面造型反映江南人文意蕴，赛道代表体育竞技，互联网符号契合杭州城市特色，太阳图形是亚奥理事会的象征符号。钱塘江和钱江潮头是会徽的形象核心，绿水青山展示了浙江杭州山水城市的自然特质，江潮奔涌表达了浙江儿女勇立潮头的精神气质，整个会徽形象象征着新时代中国特色社会主义大潮的涌动和发展，也象征着亚奥理事会大家庭团结携手，紧密相拥，永远向前。

（二）杭州亚运会口号

2019年12月15日，杭州亚运会主题口号英文表述为“Heart to Heart，@ Future”，中文表述为“心心相融，@未来”（读作“心心相融，爱达未来”）。

口号的亮点是@，这是全球互联网通用符号，也契合了杭州互联网之城的特征。“心心相融（Heart to Heart）”，意在各国人民在亚运会这个大舞台上交融，也体现亚奥理事会大家庭团结向上、紧密相拥、充满活力的愿景，倡导全民健身和投身奥林匹克运动；“@未来（@ Future）”，传递自信乐观、不畏挑战、共迎美好的期许，与“永远向前”以及“更快、更高、更强”的精神相契合，也寄托着面向未来，共建人类命运共同体的良好愿望。

主题口号作为展示杭州亚运会理念、传播亚运精神的重要载体，一直以来是重大国际赛事的重要品牌形象和赛事景观，也是亚运会筹办进程中的重要里程碑事件之一。

（三）杭州亚运会吉祥物

杭州亚运会吉祥物是一组承载深厚底蕴和充满时代活力的机器人，组合名为“江南忆”，出自唐朝诗人白居易的名句“江南忆，最忆是杭州”，它融合了杭州的历史人文、自然生态和创新基因。

杭州亚运会吉祥物穿越时空，怀揣梦想，抒体育之欢畅，亮文化之灿烂，树经济之标杆，和杭州这座城市的特质相契合，与杭州亚运会会徽、主题口号相呼应。三个吉祥物分别取名“琮琮”“宸宸”“莲莲”，三个亲密无间的好伙伴将作为传播奥林匹克精神，传递和平与友谊的使者。

“琮琮”以机器人的造型代表世界遗产良渚古城遗址，名字源于良渚古城遗址出土的代表性文物玉琮。具有精美绝伦纹饰的玉琮是良渚文化的重要标志物，散发着永恒的魅力。“琮琮”实证了中华五千多年文明史，全身以源自大地、象征丰收的黄色为主色调，头部装饰的纹样取自良渚文化的标志性符号“神人兽面纹”，意寓“不畏艰险、超越自我”。“琮琮”坚强刚毅、敦厚善良、体魄强健、热情奔放，展现了不屈不挠的创业精神，鼓舞人们激发生命活力，创造美好生活。

“宸宸”以机器人的造型代表世界遗产京杭大运河，名字源于京杭大运河杭州段的标志性建筑拱宸桥。有着400多年历史的拱宸桥承载着一代又一代人的美好记忆。“宸宸”从大运河走来，游向钱塘江，游向世界。全身以科技蓝为主色调，头顶举世罕见的钱江潮，额头嵌以拱宸桥的图案，给人以无穷的想象。“宸宸”机智勇敢、聪慧灵动、乐观向上、积极进取，展现了海纳百川的时代精神，架起了亚洲和世界人民的心灵之桥。

“莲莲”以机器人的造型代表世界遗产西湖，名字源于西湖中无穷碧色的接天莲叶。莲叶以其纯洁、高贵、祥和的姿容为人们所喜爱。“莲莲”从西湖的烟柳画桥、十里荷花深处走来，身姿轻盈、体态优美，全身覆盖清新自然的绿色。莲叶头饰以三潭印月为顶，以互联网为径，特色鲜明。“莲莲”纯洁善良、活泼可爱、热情好客、美丽动人。展现了精致和谐、大气开放的人文精神，传递着共建人类命运共同体的期许。

（四）杭州亚运会火炬

杭州亚运会火炬设计方案名为“薪火”，设计思想源自实证中华五千年文明史的良渚文化，以其庄重大气、意蕴深远的造型，通过火炬手们的手手相传，向世界展现中国设计的独特创意、中国制造的硬核力量。

火炬造型自下而上“生长”，整体高730毫米，净重1200克。炬基，以八条水脉为文明之脉，代表浙江八大水系；炬身，以良渚螺旋纹为演化，形似指纹，自然交织，精致细密；炬冠，以玉琮语意为特征，方圆相融，昂然而立；出火口设计源自“琮”最早的甲骨文字形，寓意“光在内周而复始”；整体轮廓曲线犹如手握薪柴，在动静之中迸发出由外向内融合的运动员力量感和汇聚态势。

“薪火”，寓意着中华文明薪火相传。火炬以玉琮为表征，以人文历史和山川风物为主干，既是对中华文化的致敬和传承，也向世界展示了真实、立体、全面的古代中国、现代中国和未来中国，使中华文明圣地闪耀出更加璀璨的光芒。

“薪火”，表达了各国运动员的团结共融。火炬四面八槽，聚合至顶部中心@形象，以生命之河的形式象征各国家和地区运动员汇聚杭州共襄盛事，呼应了本届亚运会“心心相融，@未来”的主题口号；炬身纹样以中国结穗尾结束，以东方元素展现着亚运大舞台上的团结共融，也寄托着面向未来，共建人类命运共同体的良好愿望。

“薪火”，展示了浙江智造的魅力。火炬以天然圣火与智能技术为双核支撑，在历届大型赛事火炬设计中独树一帜。经过反复论证优化，先后突破工艺、材料、生产、运输等技术瓶颈。原材料通过区块链技术数字上链，利用可溯源机制确保真实性；金属部分采用1070铝合金旋压成型工艺，表面先后经历激光精雕和阳极氧化两道工艺淬炼；握把采用可回收生物质材料，环保轻盈，便于手持；燃料采用生物质燃气，清洁安全可靠。

该项目由中国美术学院工业设计研究院院长王昀教授担任设计指导，中国美术学院教师包天钦、陈赟佳、谷丛联合带领团队历时近一年，反复修改论证后共同创作完成。

（五）杭州亚运会核心图形和色彩系统设计释义

杭州亚运会核心图形和色彩系统是亚运视觉形象体系的基础性、辅助性元素，其设计融竞技体育精神、中国文化元素、杭州城市特质、国际化审美风格于一体，根植于杭州的历史人文、自然生态和创新基因，与会徽、吉祥物、主题口号、体育图标等视觉标志相互呼应，共同塑造了杭州亚运会的整体氛围和美学基调。

核心图形。杭州亚运会核心图形主题为“润泽”，灵感源于杭州极具代表性的本土文化元素——丝绸。杭州自古以来有“人间天堂、丝绸之府”之美誉，也是“海上丝绸之路”的重镇。核心图形的设计通过融传统现代于一体的艺术手法，以动静结合的态势，展现了丝绸飘逸舒展、温润细腻、挥洒灵动的特性，体现了“温润万方、泽被天下”的气韵与胸襟，寓意亚奥理事会大家庭在杭州欢聚，亚洲多彩体育文化通过杭州亚运会的舞台交流互鉴。同时，丝绸徐徐展开一卷富有江南韵味和东方诗意的“新富春山居图”，交错呈现山水彩墨、智能网云等元素，给人以绵延的视觉美感和无穷的想象空间。

色彩系统。杭州亚运会色彩系统主题为“淡妆浓抹”，灵感出自宋代诗人苏轼的诗句“欲把西湖比西子，淡妆浓抹总相宜”，通过对中国色彩文化和杭州城市特质的提炼与浓缩，设计出以“虹韵紫”为主，以“映日红、水墨白、月桂黄、水光蓝、湖山绿”为辅的色彩系统，挥洒出既有葱郁湖山自然生态，又富创新活力运动激情的新时代杭城华彩画卷。

（六）杭州亚运会、亚残运会二级标志

2023年5月10日，杭州2022年第19届亚运会、第4届亚残运会二级标志线上发布。二级标志是亚运会、亚残运会视觉形象体系的重要组成部分。根据惯例，国际综合性赛事一般会开发若干个二级标志，作为会徽等一级形象标志的补充，应用于对应的特定场景。杭州亚运会、亚残运会二级标志包括可持续标志、公众参与标志、测试赛标志、智能标志、火炬传递标志、文化活动标志、志愿者标志七种。

可持续标志：以拟人手法描绘人与环境的共生关系，寓意着人与自然相互依存，共生发展，将被应用于城市景观、赛场及其周边环境建设等体现“绿色亚运”的场景。

公众参与标志：传达着互相铆合、互相链接、集聚力量的图形意象，象征凝聚你我、合作无间的亚运精神，将被应用于亚运进学校、进社区（村）、进社团、进机关（企业）等相关的活动。

测试赛标志：融合运动员在田径赛场上奋勇拼搏的定格瞬间与钟表刻度，寓意着更快、更高、更强的体育拼搏精神，将被应用于杭州亚运会各项测试比赛场馆内氛围营造和相关物料设计。

智能标志：以链接在一起的电子和网络，凸显杭州5G、互联和智能的城市定位，将被应用于宣传“智能亚运”的相关场景，以体现创新活力，展示城市魅力。

火炬传递标志：以燃烧的火焰为主形象，象征亚运之火传递的神圣瞬间，是火炬传递活动中最重要的基础视觉元素，将作为火炬传递活动中各种道具、物料和景观设计的核心。

文化活动标志：提炼了良渚玉璜中的传统纹样赋予图形中，展现中华五千年文明的古今传承，将被应用于杭州亚组委举办的各项文化活动。

志愿者标志：以外部众多心形构成的正形和两个人共同托起一颗爱心的负形，完美诠释亚运之爱的汇集与凝聚，将被应用于志愿者招募及志愿者相关系列活动。

七个二级标志以各具特色的图形特征诠释着不同亚运活动主题，在统一的视觉结构关系和色彩体系下，形成相互关联、有机和谐的整体。

同时，二级标志造型上呼应亚运会、亚残运会会徽，尤其与亚运会徽形成互补关系，二者可视为由一对同心圆衍生而来，传递了“珠联璧合”之意。在色彩上，二级标志采用杭州亚运会、亚残运会的色彩体系，并根据各自的表现力，形成一个完整的色环系统，完美呼应了亚运会、亚残运会的视觉风格，也是亚运会、亚残运会多彩缤纷，精彩无限的诠释与延展。

该项目设计工作由中国美术学院设计艺术学院院长毕学锋教授担任艺术指导，视觉传达设计系教师王弋领衔并带领团队历时近半年、反复修改论证后共同创作完成。这些二级标志将被广泛应用于其对应的活动场景，以丰富杭州亚运会、亚残运会视觉形象元素，更好地塑造杭州亚运会、亚残运会品牌形象，展现杭州亚运会、亚残运会筹办理念及中国文化。

（七）杭州亚运会徽宝

承载杭州亚运会会徽为底印的宝玺，由杭州亚组委特许授权，杭州西泠印社出品，由西泠印社理事桑建华与中国工艺美术大师沈建元领衔创作。它是贯穿中华5000年文明的玉玺作品。从良渚文明到现代亚运文化，从璀璨文明到亚运盛典，从钱塘江潮的流动到亚运莲花的超凡脱俗，从千年经典到@未来，跨越几千年的文化碰撞，体现“传统”和“现代”融合，蕴含对杭州亚运会的美好祝福。“亚运盛典，徽宝永铭”，杭州亚运徽宝寓意诚信、庄严与成功，更是蕴含中国乃至亚洲人民对亚运会的热情，传递着亚运会精神与文化的崇高礼赞。

（八）杭州亚运会邮票

《杭州2022年第19届亚运会》特殊版式个性化邮票（双连张）是中国集邮有限公司匠心打造的首款GPZ编号体育题材邮票，由青年设计师赵郁竹担纲设计，限量发行。它依托杭州亚运会色彩系统和视觉形象元素，融历史文化、现代美学和未来畅想于一体，集艺术感、科技感和运动感于一身，展现中华文明、浙江风采、杭州韵味和时代魅力，采用特殊版式、编号和工艺，紫光灯下局部呈现无色荧光油墨图案和全真彩效果，传递中国邮政对杭州亚运的美好祝福。

（九）杭州亚运会主题曲

杭州亚运会官方主题推广曲《从现在到未来》正式上线。由著名歌手韦唯领衔，汇集来自海内外的参演人员101位体育健儿和演艺界人士共同演唱。同个梦想汇成同片海，从现在到未来，再次超越极限让梦想盛开！

《从现在到未来》为杭州亚运会官方主题推广曲，该曲由青年音乐人乃万（赵馨玥）主要创作，旋律上口、歌词简明。这首歌选择用这样轻快、活泼、明亮、充满节奏感的曲风来展现，整首歌的作词围绕“梦想”“团结”“信念”“爱”等关键词，旨在向世界展现杭州美好亚运的面貌。这首歌最大的亮点在于大面积的拟声词人声叠声合唱，非常展现中国力量感以及运动盛会所具备的团结一致的能量。其次，这首歌朗朗上口的旋律以及跃动的节奏也是它的亮点之一，用音乐氛围来体现杭州作为本次亚运会承办城市的现代化进程，使人印象深刻。

三、杭州亚运会的项目

杭州亚运会共设游泳、射箭、田径、羽毛球、棒垒球、篮球、拳击、皮划艇、龙舟、智力目、篮板球、自行车、马术、击剑、足球、高尔夫球、体操、手球、曲棍球、柔道、卡巴迪、现代五项、赛艇、轮滑、橄榄球、帆船、藤球、射击、攀岩、壁球、体育舞蹈、乒乓球、跆拳道、网球、铁人三项、排球、举重、摔跤、武术、武道等40个大项，61个分项。预计共产生482枚金牌。

（一）竞技性比赛（24项）

（1）电子竞技。2020年12月16日，在第39届亚奥理事会全体代表大会上，电子竞技获准列为杭州亚运会正式比赛项目。比赛共确定7个项目，分别为英雄联盟、王者荣耀亚运版本、和平精英亚运版本、刀塔、梦三国2、街霸5、FIFAOnline4，其中包含5个PC端项目与2个手游端项目，并囊括MOBA（多人在线对战竞技类）、体育模拟类（SPG）等多个当下颇受欢迎的电子竞技品类。杭州亚运会电子竞技项目预计共产生7枚金牌。

（2）霹雳舞。霹雳舞起源于20世纪70年代，是街头舞蹈的一种形式。杭州2022年第19届亚运会体育舞蹈中的霹雳舞将成为亚运会正式比赛项目。比赛采取红蓝两方在场地内轮番表演的形式进行。比赛设男子、女子两个小项。根据参赛人数，比赛分为资格赛、预赛、循环赛、淘汰赛、半决赛、季军赛、决赛几个阶段。裁判使用“分值滑杆”形式的评分系统，对选手双方的技巧、表现、创造性、多样性、音乐性、个性等指标进行评判。杭州亚运会霹雳舞项目共产生2枚金牌。

（3）田径。田径被称为“运动之母”，是各项体育运动的基础，也是奥运会设金牌数最多的项目。田赛是以远度或高度计算成绩的跳跃和投掷项目。跳跃项目包括跳高、撑竿跳高、跳远、三级跳远，投掷项目包括铅球、铁饼、链球、标枪。

径赛是以时间计算成绩的跑或走的项目，可分为短跑、中跑、长跑、接力跑、跨栏跑、障碍跑和竞走。杭州亚运会田径项目预计共产生48枚金牌。

（4）铁人三项。铁人三项是将游泳、自行车和跑步这三项本身已具备悠久历史的运动结合起来而创造的一项新型的体育运动项目，它健康阳光、亲近自然、充满挑战，倡导"融入自然、成就自我"的生活理念。个人比赛按照游泳、自行车、跑步三个项目的顺序进行，运动员需要一鼓作气赛完全程。杭州亚运会铁人三项项目预计共产生3枚金牌。

（5）马术。马术运动起源于欧洲。亚运会马术比赛项目分为盛装舞步、场地障碍和三项赛三个项目，每个项目分个人赛和团体赛。杭州亚运会马术项目预计共产生6枚金牌。

（6）现代五项。现代五项运动由现代奥林匹克奠基人顾拜旦发起创立，项目由击剑、游泳、马术、射击、跑步组成。现代五项的个人赛是以运动员完成比赛的总分来排列名次的，分数越高，名次越靠前。杭州亚运会现代五项预计共产生4枚金牌。

（7）公路自行车。公路自行车赛在有各种地形变化的公路上举行，分个人赛、个人计时赛、团体计时赛。杭州亚运会公路自行车项目预计共产生4枚金牌。

（8）场地自行车赛。场地自行车赛是自行车比赛中项目最多、金牌最多的一类比赛。项目包括争先赛、个人计时赛、个人追逐赛、团体追逐赛、凯林赛、团体竞速赛、积分赛、麦迪逊赛、全能赛等，全能赛下设捕捉赛、冲刺赛、淘汰赛和记分赛进行累计得分，录取名次。杭州亚运会场地自行车项目预计共产生12枚金牌。

（9）山地自行车赛。山地自行车赛是使用山地自行车进行的越野赛，比赛场地应选择崎岖不平、有天然障碍的路面，必要时设置人工障碍。比赛里程是根据规则对不同组别运动员比赛时间的规定和赛道难度决定的。比赛时全部选手同时出发，以到达终点的先后顺序判定名次。杭州亚运会山地自行车项目预计共产生2枚金牌。

（10）小轮车比赛。小轮车比赛中使用的是20寸或24寸小轮自行车，比赛的赛道长约300～400米，是专为高水平运动员设计的高难度赛道，赛道中设置了跳跃和其他的障碍。男、女子的小轮车比赛有计时排位赛、淘汰赛和决赛3个阶段。杭州亚运会小轮车项目预计共产生2枚金牌。

（11）射箭。射箭比赛的胜负是以运动员射中箭靶目标的环数计算的，箭靶、环靶为圆形，自中心向外每两个环置为一种颜色区。命中靶的箭越靠近中心所得环数越高。亚运会射箭比赛有反曲弓和复合弓两个弓种。杭州亚运会射箭项目预计共产生10枚金牌。

（12）举重。举重是一项古老的运动。比赛分为抓举和挺举。比赛按照先抓举后挺举的顺序进行。亚运会的举重比赛，是由运动员抓举和挺举的最好成绩相加的总成绩。杭州亚运会举重项目预计共产生14枚金牌。

（13）蹦床。蹦床起源于欧洲，蹦床运动员在蹦床上完成各种翻转动作，合计出总分，总分最高者获胜。杭州亚运会蹦床项目预计共产生2枚金牌。

（14）艺术体操。杭州2022年第19届亚运会艺术体操项目比赛设2个小项，包括个人团体、个人全能，比赛项目（器械）包括圈、球、棒、带4项器械。个人项目运动员每套成套动作的时间长度为1分15秒至1分30秒。必须有音乐的伴奏，是围绕特定选择的音乐而塑造的一套独特的成套动作。杭州亚运会艺术体操项目预计共产生2枚金牌。

（15）竞技体操。男子竞技体操包括6个单项，分别是自由体操、鞍马、吊环、跳马、双杠和单杠。女子竞技体操包括4个单项，分别是跳马、高低杠、平衡木和自由体操。男子和女子项目都包括个人全能和团体。杭州亚运会竞技体操项目预计共产生14枚金牌。

（16）象棋。象棋起源于中国，是一种模拟古代战争的二人对弈棋类游戏，是目前中国正式开展的体育运动中唯一以汉字作为载体的项目，中文名为“象棋”，英文译名为“Xiangqi”。杭州亚运会象棋项目预计共产生3枚金牌。

（17）国际象棋。国际象棋是起源于亚洲的一种二人对弈的棋盘类游戏，其棋盘为正方形，由横纵各8格、颜色黑白交错排列的64个小方格组成。棋局以“保护本方的王、将死对方的王”为目标，先把对方的王“将死”的一方获胜。如果黑白双方都无法“将死”对方，则为和棋。杭州亚运会国际象棋项目预计共产生4枚金牌。

（18）桥牌。桥牌起源于欧洲，是两人对两人的四人纸牌游戏。桥牌是一项文明、高雅、讲究交流、注重团队协作的益智游戏。杭州亚运会桥牌项目预计共产生3枚金牌。

（19）围棋。围棋是中华优秀传统文化之一，是特殊形态的国学。本届亚运会围棋项目将按照中国规则进行，比赛双方各执黑白棋子对弈。本届亚运会有男子个人、男子团体、女子团体三个小项。杭州亚运会围棋项目预计共产生3枚金牌。

（20）射击。射击运动最早起源于狩猎和军事活动。比赛主要分为手枪、步枪、飞碟和移动靶比赛四大项。杭州亚运会射击项目预计共产生33枚金牌。

（21）滑板。滑板于20世纪50年代末、60年代初由冲浪运动演变而成，是一种极限运动，一般分为碗池和街式。杭州亚运会滑板项目预计共产生4枚金牌。

（22）轮滑。轮滑原称为“溜冰”或“旱冰”，分设男子、女子20公里公路轮滑项目，按比赛速度决定名次。杭州亚运会轮滑项目预计共产生12枚金牌。

（23）武术。武术是以套路和搏斗为主要运动形式，以技击动作为主要内容，注重内外兼修的中国传统体育项目。比赛分套路和散打两个项目。杭州亚运会武术项目预计共产生15枚金牌。

（24）攀岩。攀岩运动是从现代登山运动派生出来的攀登陡峭岩壁的运动，比赛项目包括速度赛、攀石赛、难度赛、个人两项全能赛。杭州亚运会攀岩项目预计共产生6枚金牌。

（二）球类比赛（18项）

（1）足球。足球运动最早起源于中国，其渊源可追溯至五千年前的黄帝时代。现代足球起源于英国。足球比赛分为上、下两个半场，每半场45分钟，中场休息不超过15分钟。足球比赛的进球是以球的整体越过球门线为准，进球多的一方获胜，进球数相同则为平局。杭州亚运会足球项目预计共产生2枚金牌。

（2）五人制篮球。篮球起源于美国，比赛由4节组成，每节10分钟。如果第4节比赛结束时双方得分相同，需要一个或多个5分钟的加时赛来继续比赛，直至决出胜负。杭州亚运会五人制篮球项目预计共产生2枚金牌。

（3）三人制篮球。三人制篮球起源于街头篮球。比赛通常时长为10分钟，常规比赛时间里，率先得到21分或以上的球队获胜，如比赛结束时两队比分相同，加时赛中率先得到2分的球队获胜。杭州亚运会三人制篮球项目预计共产生2枚金牌。

（4）排球。排球运动起源于美国，是一项集体项目，两队各派6名队员在由球网分开的场地上进行比赛。比赛采用5局3胜制，每局比赛（决胜局除外）先得25分的一方获胜，当比分为24∶24时，比赛继续进行至某队领先2分为止。决胜局先得15分的一方获胜，当比分为14∶14时，比赛继续进行至某队领先2分为止。杭州亚运会排球项目预计共产生2枚金牌。

（5）沙滩排球。沙滩排球起源于20世纪20年代的美国，是两队运动员在由球网分开的沙地上进行比赛的运动。杭州亚运会沙滩排球项目预计共产生2枚金牌。

（6）手球。手球起源于丹麦，是一种用手持球，运用各种攻防战术进行对抗的集体运动项目。手球比赛以全场射入对方球门多者为胜。杭州亚运会手球项目预计共产生2枚金牌。

（7）羽毛球。现代羽毛球于1873年诞生于英国。奥运会羽毛球比赛设男子单打、双打，女子单打、双打及混合双打5个项目，亚运会增设团体项目。世界羽联采用21分每球得分制。杭州亚运会羽毛球项目预计共产生7枚金牌。

（8）乒乓球。乒乓球起源于19世纪末的英国，属于隔网对抗的技能类体育项目。因在中国就得到了广泛的开展，形成深厚的群众基础，故被称为中国的国球。

亚运会乒乓球赛设男女团体、男女单打和混合双打共7个项目。采取每局11分制。乒乓球单打和双打比赛采用七局四胜；团体赛采用五场三胜制，每场五局三胜。杭州亚运会乒乓球项目预计共产生7枚金牌。

（9）垒球。垒球于1887年起源自美国，由棒球运动演变而来。国际垒球比赛普遍采用金属球棒。杭州亚运会垒球比赛每队由17人组成。杭州亚运会垒球项目预计共产生1枚金牌。

（10）曲棍球。曲棍球起源于公元前2000年，现代曲棍球起源于19世纪的英国。曲棍球场地为人造草场。比赛在两队之间进行，同一时间内每队上场比赛的队员不多于11人。杭州亚运会曲棍球项目共产生2枚金牌。

（11）高尔夫球。高尔夫球起源于苏格兰。高尔夫球场一般设在丘陵地带开阔、缓坡的草坪上，球场划分为18个大小不一、形状各异的场地，每一洞由发球区、罚杆区、沙坑、推杆果岭和普通区组成。亚运会比赛胜负以击入球场18个球洞所用的标准杆数多少而定，杆数最少者获胜。杭州亚运会高尔夫球项目预计共产生4枚金牌。

（12）网球。网球运动起源于法国，分双打和单打，两者规则相同，采用了古天文学圆盘原理的记分方法。男子比赛中奥运会决赛是5盘3胜制，其余男子比赛均为3盘2胜制；女子比赛均为3盘2胜制。杭州亚运会网球项目预计共产生5枚金牌。

（13）软式网球。软式网球诞生于日本，使用的球为橡胶球，场地与网球场地相同，在室外和室内都可进行，软式网球场地主要有硬地、沙地（红土）和草地（人工草）。软式网球的记分规则采用七局四胜制（单打）或九局五胜制（双打），每局先得到4分的为胜方。杭州亚运会软式网球项目共产生5枚金牌。

（14）壁球。壁球与其他球类最大的不同在于球的弹射路径。羽毛球、网球的弹射路径都是直线，只有壁球还兼具了折射、反射路径。杭州亚运会壁球项目预计共产生 5 枚金牌。

（15）藤球。藤球产生于马来地区，是一项运用脚腕、膝关节等部位同时夹、顶球，不让球落地的运动，类似我国民间的踢花毽子。藤球比赛分为双人、单组、四人、团体等，当比赛在两个单组之间进行时，每个单组 3 名队员。杭州亚运会藤球项目预计共产生 6 枚金牌。

（16）板球。板球是一项由投球、击球和接球等技术组成的，以投球、击球对抗为主要形式的同场竞技的集体项目。亚运会板球比赛采用 20 回合制，即每队有 20 个回合的投球，然后交换防守方和进攻方，最后根据双方得分判定胜负。杭州亚运会板球项目预计共产生 2 枚金牌。

（17）棒球。棒球，是以球棒击球进行投打对抗的竞技项目。棒球比赛规定队员在击球时必须戴棒球用头盔，接手在就位防守时须戴接手用头盔、护面护胸和护腿等。棒球比赛两队分为主队和客队，主、客队由抽签或组委会确定。杭州亚运会棒球项目预计共产生 1 枚金牌。

（18）七人制橄榄球。因其球形似橄榄，而又源于英国，因此也称为英式橄榄球。是一项集力量、速度、勇猛、顽强、智慧和团队精神于一体的极具对抗性、趣味性、观赏性的球类运动，分为十五人制、十人制和七人制。奥运会、亚运会橄榄球项目均采用七人制赛制。杭州亚运会七人制橄榄球项目预计共产生 2 枚金牌。

（三）对抗性比赛（9 项）

（1）拳击。拳击是一项在一个正方形的绳围的比赛场中，佩戴特制的柔软手套，在一定的规则和条件限制下进行的对抗竞技性运动项目。这种竞技是在两个人之间进行的，是对竞技者体力、体能、技能、心理和战术等多项素质的综合考验，所以拳击运动被人们称为“勇敢者的运动”。杭州亚运会拳击项目预计共产生 13 枚金牌。

（2）跆拳道。跆拳道是现代奥林匹克运动项目。项目涵盖竞技、品势。杭州亚运会跆拳道比赛设 13 个小项，其中男子竞技 5 项、男子品势 1 项、女子竞技 5 项、女子品势 1 项、竞技混合团体 1 项。杭州亚运会跆拳道项目预计产生 13 枚金牌。

（3）柔术。柔术源于日本柔道，2005 年传入中国。柔术在雅加达 2018 年第 18 届亚运会上成为正式比赛项目。柔术男、女个人赛按照体重划分重量级别。运动员必须身着白色柔术道服。在女子组比赛中，还必须身着有弹性的单层紧身衣。比赛由投技、摔法、站立位锁和绞、地面技巧、压制、位置转换（防守过腿、扫技）、地面锁和绞等技术动作构成。每场比赛为 6 分钟。杭州亚运会柔术项目预计共产生 8 枚金牌。

（4）克柔术。克柔术是一种古老的直立制服式格斗，始于 3500 年前乌兹别克斯坦的传统摔跤运动。男、女按重量级别分项。克柔术与柔道比赛规则非常相似，判定胜负标准也相似。杭州亚运会克柔术项目预计共产生 7 枚金牌。

（5）击剑。击剑起源于欧洲，是从古代剑术决斗中发展起来的一项体育项目。

击剑是两个人之间的对抗比赛，分为花剑、佩剑、重剑，其有效部位各不相同。击剑比赛分设男子、女子个人赛和团体赛。杭州亚运会击剑项目预计共产生 12 枚金牌。

（6）卡巴迪。卡巴迪起源于亚洲民间，运动形式上类似于中国民间“老鹰捉小鸡”的游戏，但卡巴迪是一项对抗性非常强的集体运动，对运动员的肺活量、柔韧性、反应速度、身体的敏捷性等素质要求很高。卡巴迪比赛在两支队伍中进行，每支队伍有 12 名队员，其中 7 名为首发队员，其余 5 名为替补队员。卡巴迪男子比赛上下半场各 20 分钟，女子比赛上下半场各 15 分钟，中场休息 5 分钟。杭州亚运会卡巴迪项目预计共产生 2 枚金牌。

（7）空手道。空手道，起源于中国，发展于日本，是一项融合了中国传统武术精髓和琉球民间古老拳术而形成的武道项目，是盛行于世界的一项新型运动竞技项目。比赛分为组手和型两个小项：组手即对抗性实战，型即技能展示。杭州亚运会空手道项目预计共产生 14 枚金牌。

（8）摔跤。摔跤是最古老的体育运动之一，项目分为古典式摔跤、自由式摔跤和女子摔跤。摔跤比赛采取上下半场制，上下半场各 3 分钟。双肩着地是国际式摔跤比赛中的最佳获胜方式；另外，裁判员可根据比赛中运动员所成功使用不同的技术动作，判定 1 分、2 分、4 分、5 分四个分值。杭州亚运会摔跤项目预计共产生 18 枚金牌。

（9）柔道。柔道是由日本古代柔术演变发展而来，有着悠久的历史。柔道是从站立的姿势开始，柔道的技术动作是控制对手并将其摔倒的技巧（投技）。比赛按运动员体重划分重量级别，一场比赛的时间为 4 分钟。杭州亚运会柔道项目预计共产生 15 枚金牌。

（四）水上比赛（10 项）

（1）水球。水球源于英国，有“水上足球”之称。水球比赛在两队之间进行，每支球队最多由 13 名队员组成，其中包括 2 名守门员，比赛开始时上场队员不超过 7 人，包括守门员 1 人。杭州亚运会水球项目预计共产生 2 枚金牌。

（2）龙舟。龙舟是中国传统体育活动。在杭州亚运会的龙舟比赛中，龙舟必须配备龙头、龙尾、鼓、舵，以此保持中国民俗传统。比赛时，每支队伍都需配有鼓手 1 人、舵手 1 人、划手 10 人、替补队员 2 人。参赛各队在各自赛道内同时起航，以龙头最前沿到达终点先后顺序决定名次。杭州亚运会龙舟项目预计共产生 6 枚金牌。

（3）皮划艇激流回旋。皮划艇激流回旋比赛是在一个激流赛道上进行的比赛，这项运动于 1972 年被引入奥运会。皮划艇激流回旋比赛预赛有二轮，半决赛和决赛分别进行一轮；分数越低，则成绩越好。杭州亚运会皮划艇激流回旋项目预计共产生 4 枚金牌。

（4）赛艇。赛艇运动起源于英国，是一项古老而优雅的集体项目。比赛必须在静水水面上进行。从起点到终点，应是同样宽度的直航道。赛艇比赛根据舟艇的种类（划桨方式及有无舵手）、运动员的性别、年龄和体重等划分项目。比赛距离为 2000 米。比赛以艇首到达终点的先后顺序判定名次。赛艇比赛根据参赛艇数不同设置赛程，赛事一般有预赛、复赛、半决赛和决赛。杭州亚运会赛艇项目预计共产生 14 枚金牌。

（5）帆船。帆船运动起源于荷兰，是介于帆船和冲浪之间的新兴水上运动，帆板是最简单的一种小帆船。按照规定的比赛航程绕过了所有规定的标志并触及终点线时，该船即为结束比赛。帆船帆板比赛按照国际帆船帆板单项体育组织认定的帆艇种类和型号进行分项比赛。杭州亚运会帆船项目预计共产生 14 枚金牌。

（6）跳水。跳水分跳板跳水和跳台跳水。比赛时，运动员在一端固定另一端有弹性的板上起跳完成跳水动作称跳板跳水（跳板距水面的高度规定为1米和3米）；在平直坚固的平台上起跳完成跳水动作称跳台跳水（跳台距水面的高度规定为10米）。跳台跳水根据起跳方向和动作结构分向前、向后、反身、向内、转体和臂立6组动作，跳板跳水仅有前5组。所有的男子单人和双人跳水比赛应包括6个跳水动作，女子单人和双人跳水比赛应包括5个跳水动作，在6个或5个跳水动作中不得出现重复动作。杭州亚运会跳水项目预计共产生10枚金牌。

（7）花样游泳。花样游泳是一项具有艺术性的优雅的体育运动，运动员必须在水中做出托举、旋转、图形组合等动作。花样游泳比赛一般设双人和集体项目，其中集体项目最少应有4名选手，最多不能超过8名选手，并最多可以有2名男选手。杭州亚运会花样游泳项目预计共产生2枚金牌。

（8）皮划艇静水。皮划艇静水比赛在天然或人工水面进行。运动员从起点至终点在各自航道内划行，航道标志清楚且无障碍。运动员在尽可能短的时间内通过终点，以艇首到达终点的先后顺序决定名次。杭州亚运会皮划艇静水项目预计共产生12枚金牌。

（9）马拉松游泳。马拉松游泳是指任何在公开水域进行的距离为10公里的比赛项目。所有公开水域比赛项目均为自由泳项目。杭州亚运会马拉松游泳项目预计共产生2枚金牌。

（10）游泳。按泳姿和比赛距离划分比赛项目。泳姿主要有自由泳、仰泳、蛙泳、蝶泳、混合泳。自由泳距离为50米、100米、200米、400米、800米、1500米；仰泳、蛙泳、蝶泳距离为50米、100米、200米；个人混合泳距离为200米、400米。除个人项目外，另设4×100米、4×200米自由泳接力，4×100米混合泳接力。该项目预计共产生41枚金牌。

四、杭州亚运会的场馆

钱塘江畔，杭州奥体中心体育场恰似一朵盛开的巨型莲花；大运河边，中国杭州电竞中心犹如一艘即将起航的星际战舰；千岛湖旁，淳安界首体育中心自行车馆仿佛一颗“藏”在风景里的圆润“明珠”……

从选址规划到周密设计，从紧张建设到运行测试，历时近5年的日夜风雨兼程，3月31日，杭州亚运会、亚残运会56个竞赛场馆全面竣工并完成赛事功能综合验收，亚运筹办迎来又一个关键节点。

场馆建设，是办好杭州亚运会、亚残运会的基础，也是展现竞技之美和城市魅力的窗口。从2017年10月15日相关建设拉开序幕至今，这些亚运竞赛场馆逐一亮相的背后，是浙江对决战决胜亚运会的殷殷期待，也是对举办一届成功、精彩的亚运盛会的庄严承诺。

作为反映亚运筹办的一面镜子，场馆建设一直是人们关注的焦点。特别是新冠疫情发生后，亚运建设者们克服疫情带来的不利影响，保质保量完成预定目标的信心始终坚定。对标北京冬奥会的有益经验，按照“简约、安全、精彩”的目标要求，根据“杭州为主，全省共享，以运动员为中心、赛事为主体，充分利用现有场馆”的原则，依托现代化科技发展成果，着眼长远，亚运场馆建设将“绿色、智能、节俭、文明”这四个办赛理念体现得淋漓尽致。

（一）绿色，是亚运场馆建设的底色

通过提出杭州亚运会绿色场馆标准规范，绿色健康建筑设计导则、场馆室内空气污染控制技术导则等一系列标准，在场馆内外的每个环节与细节中，大家都能感受到“绿意盎然”。比如，拱墅运河体育公园体育馆采用室内空气质量监控与改善系统，结合光电离子空气净化除菌技术，打造健康舒适的室内环境，成为浙江第一个获得三星级绿色建筑设计标识的体育场馆；杭州奥体中心场馆群开展区域内海绵城市专项规划，建立场馆群雨水循环体系，采用过滤净化处理、生态净化滞留、雨水收集利用等方法，有效发挥蓄水调水作用；浙江省黄龙体育中心采用“移动反击式破碎站”，将改造产生的9000吨建筑垃圾破碎并自动分类，作为建筑原材料，用于城市建设。

（二）智能，是亚运场馆建设的亮色

亚组委应用了3DGIS、BIM、IoT和5G等技术，全面提升场馆智能化水平。对标奥运，杭州奥体中心体育馆游泳馆是目前浙江唯一可以举办国际级比赛的“冰篮转换”场馆；杭州市体育馆利用BIM技术，将改造前的场馆诸多细节变成数字档案，“修旧如旧”的同时，为历史建筑的修复与保护，提供了探索实践的经验；临安文体中心建立材料数据库，通过“二维码”进行材料管理，追踪物料使用信息，保证质量管控。

（三）节俭，是亚运场馆建设的本色

杭州亚组委坚持“能改不建、能修不换、能租不买、运营兼顾”的原则，亚运新建场馆仅占全部的1/5，其余均为改建类场馆，其中淳安的自行车、铁人三项等5个项目全部采取临时搭建，19个亚残运会比赛场馆仅2个为专用场馆，其余17个与亚运场馆共用，31个训练场馆则全部利用现有场馆进行适当改造。

杭州电子科技大学体育馆经评估后，将原有电子屏设备和5000多个座椅拆卸保管，待场地改造完成后又安装回原位置再次利用；金华体育中心、上城体育中心等建造时间不长的体育场，在改造过程中，保留了原有座椅和看台太阳膜，节省费用上千万元。场馆赛事器材也遵循“开发优先、补贴包干、能借不租、能租不买”的原则。

亚组委还注重“还馆于民”，让老百姓共享亚运红利。亚运场馆在设计和建设过程中，运营单位就提前介入，充分考虑赛时和赛后功能需求。目前，56个竞赛场馆确定运营单位的比例达85%，较好避免了赛后搁置浪费情况的出现。

（四）文明，是亚运场馆建设的成色

建筑是一个时代的文化在钢筋水泥上的浓缩。不论是从《富春山居图》尾段的山形轮廓中取材所设计建成的富阳银湖体育中心，还是融合杭州西湖文化、丝绸文化和亚运文化等多元文化景象的钱塘轮滑中心，或是提炼江南丝绸产业文化符号蚕茧设计而成的绍兴柯桥羊山攀岩中心等，这些亚运场馆都展现了传统文化和时代元素的交相辉映。

不仅如此，亚运场馆还富有温度和人情味。56 个竞赛场馆设置了约 1 万处的无障碍设施和母婴室。浙江塘栖盲人门球基地、杭州文汇学校草地掷球场等亚残运场馆还对标北京冬奥会无障碍建设要求，实现专项设计、专题培训、专业审查、专家督查和专人验收，以无障碍人士的体验来检验建设成效。

亚运场馆迸发出的活力与激情诠释着浙江作为东道主，对亚运的向往与追求，共赴这场“中国特色、浙江风采、杭州韵味、精彩纷呈”的体育文化盛会。

五、杭州亚运会的意义

杭州举办亚运会，有着特殊的时代背景。中国进入新时代，杭州举办新亚运，这是大背景，也是新目标。筹备亚运会的重点，首先是确保能够办成精彩、圆满和让人难忘的亚运会，同时要让亚运会的影响扩大。

（一）杭州亚运会对中国和世界的影响

1. 提高中国在国际体育领域的地位和影响力

作为一个体育大国，中国一直致力于提高在国际体育领域的地位和影响力。杭州亚运会将为中国提供一个展示自己体育实力和文化魅力的机会，同时也将加强中国与其他亚洲国家在体育领域的交流和合作，提高中国在国际体育组织中的影响力和地位。

2. 促进亚洲各国的交流和合作

杭州亚运会将为亚洲各国提供一个交流和合作的平台。作为亚洲最大的综合性运动会之一，杭州亚运会将吸引来自 45 个亚洲国家和地区的 10 000 多名运动员参加比赛。运动员们将通过比赛和交流，增进彼此之间的友谊和了解，促进亚洲各国的交流和合作。这将有助于推动亚洲地区之间的和平与稳定，促进世界和平与发展。

3. 推动体育产业的发展和壮大

杭州亚运会将推动体育产业的发展和壮大。随着人们对体育运动的需求不断增加，体育产业成为一个具有巨大发展潜力的行业。举办杭州亚运会将为体育产业带来巨大的商机和发展空间，同时也将促进相关产业和服务业的发展，推动体育产业的发展和壮大。

（二）杭州亚运会对杭州的影响

1. 提高杭州城市形象和知名度

作为一个美丽的城市和旅游胜地，杭州一直吸引着众多国内外游客的关注和喜爱。杭州亚运会将向世界展示杭州城市的魅力和发展成果，提高杭州的知名度和形象，吸引更多的游客和投资者到杭州发展。

2. 基础设施有新提升

通过举办亚运会，杭州的轨道交通、铁路建设和机场建设都在快速进步。比如说轨道交通，在 2022 年前，包括快线在内，杭州建成近 500 公里，杭州真正成为轨道中的城市。这革命性的变化所带来的影响也是深远的，比如说铁路项目，随着铁路线的相继开通，杭州会成为长三角铁路枢纽城市，在全国的区位条件也会发生重大变化。再比如杭州萧山机场扩建后，杭州将建成长三角核心机场，成为亚太地区的门户。这些都是通过亚运会来提升的，这种提升既展示了杭州的新形象，也为杭州全面建成小康社会奠定了坚实的基础。

3. 公共服务有新提升

城市是为人民服务的。杭州的教育、文化、卫生等各项事业，抓住亚运会这个契机，进一步加大投入力度，提升发展质量，并进一步促进均衡发展，使广大人民群众在亚运会筹办过程中产生获得感。比如在城中村拆迁过程中强调腾出来的土地，首先必须解决好教育、医疗、卫生等公共服务的需求，这是杭州的发展让老百姓有更多获得感的体现。亚运会对杭州公共服务的影响，还延伸到了空气质量、水体环境等方面。因为亚运会的筹办，要求杭州生态环境全面提升，这也是满足人民群众对美好生活期待的必然结果。

4. 国际化水平有新提升

亚运会本身是一场国际盛会，杭州通过举办 G20 峰会，使国际化形象有了新提升；杭州亚运会又是一个难得的机遇。杭州始终坚持建设独特韵味别样精彩世界名城的目标，在经济社会等各个领域，呈现出更加开放包容的姿态，成为向国际化迈进的现代化城市。

5. 文明素质有新提升

大力加强精神文明建设，人的素质的全面提升，是精神文明建设非常重要的一个方面。杭州亚运会是一个具有重要意义和影响的体育盛会。它将促进全民健身和体育文化的发展，推动城市发展和经济增长，展示中国文化和现代化建设成果，提高中国在国际体育领域的地位和影响力，促进亚洲各国的交流和合作，推动体育产业的发展和壮大，提高杭州城市形象和知名度。我们相信，在杭州亚运会的成功举办下，中国将迎来更加美好的未来。

【知识链接】

全球首创！杭州亚运会推出“亚运数字火炬手”

11 月 27 日，在杭州亚运会倒计时 300 天之际，杭州亚组委向全球首创性发布亚运数字人平台，首创性推出“亚运数字火炬手”，邀请全球网民争当亚运数字火炬手，参与亚运线上火炬传递等主题活动。

本次发布的亚运数字火炬手，将现实世界的亚运火炬手拓展至数字世界，让更多的人能够突破时间、空间限制直接参与到亚运会这一盛大体育文化活动中。全球网民通过“智能亚运一站通”参加“爱运动、爱公益、爱绿色”等活动，就可以成为亚运数字火炬手。

成为亚运数字火炬手后，可拥有代表亚运数字火炬手独特身份的数字权益，包括个性化的数字形象、杭州亚运会火炬手同款服装和“薪火”同款火炬的数字装扮等。

什么是亚运数字火炬手？亚运数字火炬手是真实用户在数字亚运世界的数字身份，具有唯一性。

如何成为亚运数字火炬手？全球网民不受名额、时间、空间限制，通过参加亚运公益、全民健身和绿色亚运等系列活动，对杭州亚运会作出实质性的贡献和支持，即可成为亚运数字火炬手。

成为亚运数字火炬手之后的荣誉？可拥有代表亚运数字火炬手独特身份及荣誉的数字

权益，主要包括个性化的数字形象、杭州亚运会火炬手同款服装和杭州亚运会“薪火”同款火炬的数字装扮。用户还可以用数字身份完成后续线上亚运火炬传递等相关主题活动，获取火炬传递区块链证书，形成个人数字资产。

（资料来源：央视新闻客户端）

【拓展阅读】

亚运会历史上首套动态体育图标正式亮相

2022年8月8日上午，杭州亚组委在线上发布了亚运会历史上首套动态体育图标。

在此前已推出的40个大项、61个分项静态体育图标的基础上，杭州亚组委发布了亚运会历史上首套动态体育图标。动态体育图标延续了杭州亚运会主形象色“虹韵紫”，在遵循体育图标功能性原则的基础上，采用动作捕捉与游戏引擎作为设计的核心技术，通过动态运动过程、背景植入、定帧展示，对体育运动的“态”与“势”进行演绎，形成流畅的动画效果。背景音乐以江南丝竹为主，融入鼓乐，将江南水乡的韵味与体育竞技的力量完美融合，既表达体育项目韵律节奏美，又彰显时代意义和文化价值。

杭州亚运会动态体育图标发布后，将会被广泛应用于场馆标识、媒体转播、城市景观、融媒推广等领域，以更富有动感的视觉符号展现城市潮流与体育精神，进一步丰富亚运美学文化的表达。

（资料来源：央视新闻客户端）

思考题

1. 杭州亚运会如何答好“国际传播”这道题？
2. 杭州亚运会的成功举办对世界和中国有什么影响？
3. 作为新时代大学生应如何学习亚运精神？

专题八　科技创新　聚焦人工智能新引擎

党的十八大以来，以习近平同志为核心的党中央把握世界发展大势，把科技自立自强作为国家发展的战略支撑，坚定不移走中国特色自主创新道路，我国科技事业发生了历史性、整体性、格局性重大变化，进入创新型国家行列。人工智能作为科技创新的重要领域，不断营造创新生态，是引领新一轮科技革命和产业变革的战略性技术。近年来，我国陆续出台多项政策，鼓励人工智能行业发展与创新，例如，《新一代人工智能发展规划》《关于支持建设新一代人工智能示范应用场景的通知》《新型数据中心发展三年行动计划（2021—2023 年）》等产业政策，为人工智能产业发展提供了保障。我国还依托领军企业建设了 10 余家国家新一代人工智能开放创新平台；依托地方建设国家新一代人工智能创新发展试验区和国家人工智能创新应用先导区；以发布智能产品推广目录等方式推动人工智能技术在医疗养老、城市建设等重点领域的规模化应用。中国将持续坚持创新驱动发展战略，以高水平科技自立自强推动中国经济高质量发展，努力增进国际科技界开放、信任、合作，以更多重大原始创新和关键核心技术突破，为人类文明进步作出新的更大贡献。

一、人工智能的发展背景

（一）人工智能的概念：“人工智能”（Artificial Intelligence，简称 AI）

1956 年夏，麦卡锡、明斯基等科学家在美国达特茅斯学院开会研讨“如何用机器模拟人的智能”，首次提出“人工智能”（Artificial Intelligence，简称 AI）这一概念，标志着人工智能学科的诞生。人工智能是研究开发能够模拟、延伸和扩展人类智能的理论、方法、技术及应用系统的一门新的技术科学，研究目的是促使智能机器会听（语音识别、机器翻译等）、会看（图像识别、文字识别等）、会说（语音合成、人机对话等）、会思考（人机对弈、定理证明等）、会学习（机器学习、知识表示等）、会行动（机器人、自动驾驶汽车等）。

人工智能的目标是使计算机系统能够模拟和执行人类智能的多个方面。这包括：

感知：人工智能系统可以通过传感器和输入设备感知和接收外部环境的信息，例如图像、语音、文本等。

理解：人工智能系统可以对感知到的信息进行理解和解释，提取出其中的意义和语义。

推理：人工智能系统可以运用逻辑、推理和规则来进行问题求解和决策，以及进行逻辑推断和演绎。

学习：人工智能系统可以通过学习算法和模型，从数据和经验中获取知识和技能，并不断改善和优化自身的性能。

解决问题：人工智能系统可以运用先进的算法和模型，解决各种复杂的问题，包括图像识别、语音识别、自然语言处理、推荐系统等。

人工智能的应用范围非常广泛，涵盖了医疗、教育、金融、交通、制造业等各个行业和领域。它可以帮助人类处理大规模的数据、提升决策的准确性和效率、改善生活质量，并在许多领域带来革命性的变革和创新。

人工智能的核心技术包括机器学习、深度学习、自然语言处理、计算机视觉、专家系统等。随着技术的不断发展和突破，人工智能正逐渐成为现代社会和经济发展的重要推动力量。

（二）人工智能的历史和发展现状

1. 人工智能的发展历程

人工智能充满未知的探索道路曲折起伏，自 1956 年以来经历了 60 余年的发展历程，可概括为六个阶段：

一是起步发展期（1956 年至 20 世纪 60 年代初）：人工智能概念提出后，相继取得了一批令人瞩目的研究成果，如机器定理证明、跳棋程序等，掀起人工智能发展的第一个高潮。

二是反思发展期（20 世纪 60 年代至 70 年代初）：人工智能发展初期的突破性进展大大提升了人们对人工智能的期望，人们开始尝试更具挑战性的任务，并提出了一些不切实际的研发目标。然而，接二连三的失败和预期目标的落空（例如，无法用机器证明两个连续函数之和还是连续函数、机器翻译闹出笑话等），使人工智能的发展走入低谷。

三是应用发展期（20 世纪 70 年代初至 80 年代中）：20 世纪 70 年代出现的专家系统模拟人类专家的知识和经验解决特定领域的问题，实现了人工智能从理论研究走向实际应用、从一般推理策略探讨转向运用专门知识的重大突破。专家系统在医疗、化学、地质等领域取得成功，推动人工智能走入应用发展的新高潮。

四是低迷发展期（20 世纪 80 年代中至 90 年代中）：随着人工智能的应用规模不断扩大，专家系统存在的应用领域狭窄、缺乏常识性知识、知识获取困难、推理方法单一、缺乏分布式功能、难以与现有数据库兼容等问题逐渐暴露出来。

五是稳步发展期（20 世纪 90 年代中至 2010 年）：由于网络技术特别是互联网技术的发展，加速了人工智能的创新研究，促使人工智能技术进一步走向实用化。1997 年国际商业机器公司（简称 IBM）深蓝超级计算机战胜了国际象棋世界冠军卡斯帕罗夫，2008 年 IBM 提出“智慧地球”的概念。以上都是这一时期的标志性事件。

六是蓬勃发展期（2011 年至今）：随着大数据、云计算、互联网、物联网等信息技术的发展，泛在感知数据和图形处理器等计算平台推动以深度神经网络为代表的人工智能技术飞速发展，大幅跨越了科学与应用之间的“技术鸿沟”，诸如图像分类、语音识别、知识问答、人机对弈、无人驾驶等人工智能技术，实现了从“不能用、不好用”到“可以用”的技术突破，迎来爆发式增长的新高潮。

当前，通过大数据、云计算和物联网的支持，人工智能正迅速发展并在医疗保健、金融、自动驾驶、智能助理等各个领域实现广泛应用。

2. 中国人工智能的发展现状

中国在人工智能领域的起步较晚，但总体发展态势良好，经过多年的持续积累，我国在人工智能领域取得了重要进展。

1964 年，中国科学院计算技术研究所成立了第一个人工智能实验室，开展了人工智能的研究工作。1986 年，中国科学院成立了国家自然语言处理实验室，推动了自然语言处理领域的研究。同时，一些高校和研究机构也开始在人工智能领域开展研究，并取得了一些突破。进入 21 世纪，中国政府开始将人工智能列为国家战略发展领域，并出台了一系列支持政策。政府鼓励科研机构、高校和企业加大在人工智能领域的研究投入，并积极推动人工智能的产业化和应用推广，在医疗、金融、交通、制造业等领域，人工智能的应用逐渐扩大。同时，大量的人工智能初创企业涌现，吸引了大量投资和人才。一些中国的人工智能企业在国际比赛中获得优异成绩，提升了中国在人工智能领域的声誉。中国的高校和研究机构也积极培养人工智能人才，推动了人才培养和科研成果的转化。此外，中国的科研机构和企业与世界上的顶尖研究机构和企业进行合作，共同推动人工智能的研究和应用。同时，中国也鼓励人工智能企业走出国门，拓展国际市场。

现今，中国在人工智能领域取得了显著的发展，在市场规模、应用场景、数据资源、人力资源、智能手机普及、资金投入、国家政策支持等多方面具有综合优势，人工智能发展前景看好，并成为全球人工智能创新和应用的重要力量。

政策支持：党中央、国务院高度重视并大力支持发展人工智能，习近平总书记在党的十九大、2018 年两院院士大会、全国网络安全和信息化工作会议、十九届中央政治局第九次集体学习等场合多次强调要加快推进新一代人工智能的发展。例如，2017 年 3 月，人工智能首次被写入政府工作报告，要加快培育壮大新兴产业，全面实施战略性新兴产业发展规划，加快新材料、人工智能、集成电路、生物制药、第五代移动通信等技术研发和转化，做大做强产业集群；2017 年 7 月，国务院发布了《新一代人工智能发展规划》，明确了发展目标和政策措施，将人工智能发展上升为国家战略，推动了人工智能的快速发展；2017 年 10 月，人工智能被写入党的十九大报告；2018 年 3 月，人工智能再度被写入政府工作报告；2019 年 3 月，人工智能第三次出现在政府工作报告中，并升级为“智能＋”。

技术研究：中国的科研机构、高校和企业在人工智能领域的研究和开发方面取得了重要进展。中国的科学家和工程师在深度学习、自然语言处理、计算机视觉等关键技术方向上取得了突破，发表了大量具有国际影响力的研究成果。

产业应用：中国的企业积极探索人工智能的应用领域，并在多个行业取得了成功。例如，在医疗领域，人工智能被应用于医学影像诊断、智能辅助诊疗等方面。在金融领域，人工智能被用于风险评估、信用评级等。同时，中国的人工智能初创企业也在不断涌现，推动了创新和竞争。

数据优势：中国拥有庞大的人口和数字化的经济活动，产生了海量的数据资源。这些数据为人工智能的训练和应用提供了优势。中国企业和研究机构能够利用大数据进行模型训练和优化，提高人工智能系统的性能和精度。

创新生态系统：中国积极推动创新生态系统的建设，促进产学研结合和创业创新。许多创新园区和孵化器在全国范围内涌现，提供支持和资源，鼓励人工智能初创企业的发展。

国际合作：中国与国际的人工智能合作与交流日益密切。中国的企业和研究机构积极参与国际比赛和合作项目，与全球的顶尖科研机构和企业开展合作，推动了人工智能技术的共同发展。

（三）人工智能作为当今科技创领域新的引擎

当今的科技创新领域，人工智能已经成为一种新的引擎，极大地推动了技术和经济的发展。随着技术和数据的迅速增长，人工智能已经成为新一代的战略性技术，被广泛应用于医疗、教育、金融、工业等多个领域。

当前，我国正在建设科技强国的道路上大步迈进。习近平总书记在2023年1月31日下午中共中央政治局就加快构建新发展格局进行第二次集体学习时强调，“要加快科技自立自强步伐，解决外国‘卡脖子’问题。”

党的二十大报告明确指出，“必须坚持科技是第一生产力、人才是第一资源、创新是第一动力，深入实施科教兴国战略、人才强国战略和创新驱动发展战略。”

在2023年地方两会的建议提案中，有不少聚焦科技创新、大力发展人工智能，并提出把科技创新这一“关键变量”转化为高质量发展的“最大增量”，以人工智能等“强科技”为引擎，推动科技成果转化，提升企业创新活力，与当地优势产业结合，激发“人工智能+”带来的引擎作用。人工智能等数字技术正在为科研创新、产业升级、经济增长和人民生产生活的改善注入新动能，驱动新发展。

1. 人工智能正在发挥“头雁”效应，加速产业升级和科研创新

人工智能是新一轮科技革命和产业变革的重要驱动力量，其关键核心技术深度学习具有很强的通用性，呈现出标准化、自动化、模块化的工业大生产特征，推动人工智能进入工业大生产阶段。

在制造业、农业、交通、能源、城市建设等各领域，人工智能正在带动新技术、新产品、新业态、新区域的发展。如在制造业领域，人工智能已应用到质量检测、安全巡检、设备监控、工艺参数优化、设备故障分析等各个环节，助力降本增效；在农业领域，无人驾驶拖拉机等智能农机已可独立耕作，智能农业系统可以实时判断蔬菜的生长状态、病虫病害，帮助农民精准科学施药施肥、及时采收，助力提高生产效率和综合收益，同时有效缓解农业人才短缺的问题；在城市交通领域，智能化路网监控智慧系统可以对整个区域交通流量进行感知、预测和控制优化，显著缩短市民通行时间，极大提升城市交通效率。

人工智能也在成为重要的科研辅助力量，通过引入人工智能技术打造新型科学计算工具，提升系统建模分析能力，加速科研领域重大问题的解决效率，推动了科研创新。如在生命科学领域，人工智能可从已掌握的蛋白质结构数据中，成功预测蛋白质的三维结构，显著缩短研究周期，在疫苗设计、新药研发、精准医疗等方面发挥越来越重要的作用；在航天领域，人工智能可以从该领域的数据和知识中融合学习，对航天数据进行智能采集、分析和理解，有助于深空智能感知规划和控制等技术的突破。

人工智能的“头雁”效应结合我国产业体系的优势，有助于形成良性循环，反哺底层技术突破，加快我国现代化产业体系升级。

2. 人工智能进入“深度学习＋”阶段，夯实AI新型基础设施意义重大

现阶段，人工智能的融合创新越来越丰富，在融合中趋向统一，在融合中孕育新方向和新模式；大模型进一步增强了人工智能的通用性，成为人工智能开发和应用的新基座，跨模态、统一大模型向着通用人工智能迈进；深度学习平台的标准化、自动化和模块化特征越来越显著，不断降低人工智能的应用门槛，规模化的人工智能大生产已然形成。人工智能的技术创新和产业发展，进入“深度学习＋”阶段。

在技术层面，“深度学习＋知识”让机器同时从海量数据和大规模知识中融合学习，效果更好，效率更高，百度研制的产业级知识增强大模型文心，具备跨模态、跨语言的深度语义理解与生成能力，赋能制造、能源、金融、通信、媒体等各行各业；在生态层面，深度学习平台连接上下游生态伙伴，将应用需求和反馈传递到深度学习技术及应用的每个环节，各环节持续迭代优化，加速人工智能技术创新和产业发展；在产业层面，各行各业运用深度学习技术降本增效，创新产品和业务，加快产业智能化进程。

以深度学习平台和大模型为代表的AI新型基础设施，对科技创新、产业升级和高质量发展意义重大。科研人员、开发者不必从“0”到“1”搭建“地基”，基于平台既可选择定制开发，也可直接选用模型，只需关注自身研究领域、行业的特点和场景需要即可。

因此，深度学习平台和大模型，是做强做优数字经济、促进科技自立自强必须抢占的关键点和制高点，我国已经在这方面取得了一定的建设成果。百度飞桨作为我国首个自主研发的产业级深度学习开源开放平台，建立了产业级深度学习开发、训练和部署的全流程技术体系，集深度学习框架、产业级模型库、丰富的开发套件和工具组件于一体，核心技术国际领先，市场份额位居全球前三，目前已凝聚了535万名开发者，服务20万家企事业单位，创建了67万个模型。基于百度飞桨打造的文心产业级知识增强大模型，形成了基础、任务和行业三级大模型体系，发布的大模型总量达到36个，其方法论、工具平台及模型，也在大量产业实践中得到验证。

以百度飞桨为代表的人工智能新型基础设施不断成熟、完善，意味着我国开发者与企业不必依赖国外平台进行科技创新和产业应用，可将广大科技工作者的智慧聚焦于自主平台，避免技术代差、技术封锁等风险，同时以此为基础进一步培育自主可控的技术和产业生态，掌握科技创新、经济发展的安全性与主动权，避免受制于人。

在新发展格局下，要进一步强化科技创新能力，打造科技强国、赋能实体经济，离不开原创性基础创新和关键核心技术攻关，同时重视应用牵引，从社会发展面临的实际问题中突破瓶颈。从技术角度，要提升人工智能等关键核心技术创新和供给能力，持续夯实AI基础设施；从产业角度，要促进数字技术和实体经济深度融合，更好赋能产业数字化转型和智能化升级。

二、人工智能的应用领域

随着数字化时代的到来，我国人工智能快速发展并被广泛应用，特别是在家居、制造、金融、医疗、安防、交通、零售、教育和物流等多领域，赋能经济社会成效显著。

（一）智能制造

习近平总书记在党的二十大报告中指出，建设现代化产业体系。坚持把发展经济的着力点放在实体经济上，推进新型工业化，加快建设制造强国、质量强国、航天强国、交通强国、网络强国、数字中国。

制造业是国家经济命脉所系，是立国之本、强国之基。随着新一代信息技术加速拥抱千行百业，智能制造正在多领域多场景落地开花——依靠智能巡检，远在千里之外也能云端管理大型风力发电机，相比人工，效率提升了 10 倍；借助智能设备，质检线上可以智能识别细小瑕疵，助力实现精细化生产……新兴技术与先进制造的深度融合，不仅勾勒出日新月异的数字社会，也让实体经济活力更足、动力更强。

随着工业制造 4.0 时代的推进，传统的制造业在人工智能的推动下迅速爆发，运用先进的信息技术和智能化技术，将传统制造业与信息技术有机结合，实现生产过程的智能化和自动化。

智能制造正深刻改变着中国制造的面貌。在湖北美的洗衣机有限公司 5G 智能工厂，超过 2500 台设备实现 5G 全连接，生产一台洗衣机只需 15 秒钟，由此带来产品直发率提升 80%、库存降低 50%、单台人工成本下降 30% 等诸多利好；在宁德时代总部 Z 基地，“5G + 工业互联网”的应用，让每组电芯的生产节拍降至 1.7 秒、劳动生产率提高 75%、年能源消耗降低 10%，更实现了“十亿分之一”的超低缺陷率；在浙江宁波极氪智慧工厂，智能制造系统不仅实时记录、智能分析每一个焊点的电流电压、每一个螺栓的拧紧曲线，确保车辆装配品质万无一失，更能完成超过 150 万种配置组合的高效个性化定制……

据统计，截至 2022 年底，我国已建成 2100 多个高水平的数字化车间和智能工厂，其中有 209 家示范标杆工厂；培育 6000 多家系统解决方案供应商，建成具有一定区域和行业影响力的工业互联网平台 248 家，重点平台工业设备连接数超过 8000 万台（套）。智能制造示范工厂的生产效率平均提升 32%，资源综合利用率平均提升 22%，产品研发周期平均缩短 28%，运营成本平均下降 19%，产品不良率平均下降 24%。

作为制造强国建设主攻方向，智能制造是制造业实现质的有效提升和量的合理增长的有效途径，对于加快发展现代产业体系、巩固壮大实体经济具有重要意义。它不仅可以带动工业机器人、增材制造、工业软件等产业发展，促进战略性新兴产业发展壮大、提升产业链供应链现代化水平，还能够重构制造业研发、生产、管理和服务等各个环节，提高生产制造的整体效率、增强供给体系适配性。

大力推进制造业智能化，要进一步推动数字孪生、人工智能、5G、大数据、区块链、虚拟现实等新技术在制造环节的深度应用，探索形成一批智能场景。《“十四五”智能制造发展规划》提出，要深入实施“智能制造示范工厂建设行动”，推动“场景—车间—工厂—供应链”的智能化改造，探索标准化、模块化、精准化的推广路径。

大力推进制造业智能化，要在工艺和装备领域多点发力、尽快突破。比如，发展基础零部件和智能装置、通用智能制造装备、专用智能制造装备以及融合数字孪生、人工智能等新技术的新型智能制造装备。又如，引导装备制造商、高校院所、用户企业、软件企业等联合开发研发设计、生产制造、经营管理、控制执行等工业软件。再如，着力打造面向典型场景和细分行业的专业化、高水平的系统解决方案，以及面向中小企业的轻量化、易维护、低成本解决方案。

面对风起云涌的新一轮科技革命浪潮，数字化、网络化、智能化的发展机遇不容错过。当前，全球制造业正加快迈向数字化、智能化时代，智能制造对制造业竞争力的影响越来越大。以智能制造为主攻方向推动产业技术变革和优化升级，摸清规律、真抓实干，深耕新技术、呵护新业态，一定能促进我国制造业不断迈向全球产业链价值链中高端。

（二）智慧教育

智能教育主要是指人工智能在教育领域实现信息化，利用数字化、网络化、智能化和多媒体化等基本特征，借助开放、交互、共享、协作等信息技术，促进教育现代化交流，是数字时代的教育新形态。

全面建设社会主义现代化国家，科技是关键，人才是基础，教育是根本。习近平总书记在党的二十大报告中对加快建设教育强国作出一系列重要部署，强调“推进教育数字化，建设全民终身学习的学习型社会、学习型大国”。教育数字化是教育教学活动与数字技术融合发展的产物，也是进一步推动教育改革发展的重要动力。新时代新征程，大力推进教育数字化，培育教育教学新形态，对于深化教育改革创新、推进教育现代化、办好人民满意的教育具有重要意义。

对于教育行业本身来说，教育行业是一个蓬勃发展的行业，在人工智能技术的推动下，许多新模式应运而生，例如机器人、虚拟课堂等。这对于传统教学方式造成了巨大冲击，也为未来的发展奠定了基础。随着科技的进步和创新，越来越多的教学方法被开发出来，例如微课、慕课、在线课程等。这些数字化教育平台及新兴教学模式不仅能让学生随时随地学习知识，而且还可以帮助老师更好地掌握课堂内容，使得学习形态更加灵活、学习资源更加丰富、学习终端更加普及，人人皆学、处处能学、时时可学的局面正在形成。人工智能在智慧课堂中的应用可以帮助老师更好地进行课堂教学，提高教学效率。传统教学方法存在一定问题，如教学内容过于抽象、难以理解等问题，而使用人工智能技术来实现教学内容可视化，不仅能够直观反映知识点内容，还能让学生更加容易理解和掌握知识要点。此外，人工智能还可用于制作课件辅助教学，通过录制视频或音频来代替教师口头讲解，有助于加深学生对理论知识的理解。

此外，大数据、人工智能等数字技术能够对个人的学习行为进行精准画像，进而提供个性化的教育服务，实现因人施教、因材施教。在全民终身学习蔚然成风的情况下，终身学习体系建设也要同步推进，更好满足人民群众的终身学习需求。要坚持需求导向，根据不同学习需求提供多样化教育服务；坚持内容为本，增强课程含金量和吸引力，让学习者进行更有价值的深度学习。同时，要加强顶层设计，建立立体式的数字化教育资源服务体系，面向全社会开放更多优质课程资源，推动我国终身学习体系向更高层次、更高质量的方向发展，为建设学习型社会和学习型大国贡献力量。

习近平总书记指出：“数字技术正以新理念、新业态、新模式全面融入人类经济、政治、文化、社会、生态文明建设各领域和全过程，给人类生产生活带来广泛而深刻的影响。”当前，数字化正引领着教育变革和创新，催生了数字教育新业态，必将持续深刻影响教育发展，既给教育事业发展带来了新挑战，也为教育变革和创新提供了难得的机遇。我们要树立数字思维，深刻认识到教育数字化将催生新的教育场景和教育形式，实现教育整体水平提升。要基于大数据和人工智能，促进自主学习和因材施教，形成基于全过程数据的教育评价机制，积极推动数字教育的技术、模式、业态和制度创新，以教育数字化支撑和引领教育现代化，让数字教育惠及所有学习者。

面向未来，我们要切实发挥数字技术优势，加快构建新一代数字教育平台及内容，大力推进教育数字化，充分利用数字技术发展带来的教育红利，为教育现代化贡献更多数字化力量。具体来看，需要从以下几方面着力：一是明标准。健全教育数字化标准规范体系，从顶层设计层面构建统一、标准、规范的管理、运行、监督体系，让数字教育的发展更加规范有序、更好共建共享。二是强基础。数字教育以技术为依托，以网络为基本载体。要推进教育新型基础设施建设，同时加强统筹协调、互联互通，避免出现信息孤岛。三是抓内容。教育数字化不是简单地把教学内容从线下搬到线上，而是要系统推进教育全生态的升级发展。这就要求我们创新数字教育资源供给模式，丰富数字教育资源和服务供给，在教学空间、教学过程、教学评价、教育治理等方面下功夫，实现全过程、全要素、全时空、全领域的转型，以高质量的教育内容为数字教育稳健发展提供有效支撑。四是严监管。建立教育数字化产品和服务进校园审核制度，提升相关部门协同监管能力。五是保安全。强化关键信息基础设施保障，既提升个人信息保护水平，又保证平台安全运行和数据信息安全。

（三）智能医疗

随着技术的不断发展和创新，人工智能将在医疗领域发挥越来越重要的作用，带来更多的创新和变革，智慧医疗对我国健康医疗事业的发展具有至关重要的作用。AI 帮医生“看片子”只需几秒钟，提高效率，降低误诊；还可以做“医生助手”，通过深度学习医疗专家的知识和经验，减少医生知识差异……AI 在医疗界可谓大有用武之地。

第一，疾病诊断和预测：人工智能可以通过对医学图像、病历数据和生理参数的分析，辅助医生进行疾病的诊断和预测。例如，基于深度学习的图像识别算法可以帮助医生自动检测和分析 X 射线、CT 扫描和病理切片等影像，提供快速而准确的疾病诊断。

第二，个性化治疗和药物开发：人工智能可以根据患者的基因信息、病历数据和医学文献，预测患者对不同药物的反应和副作用，为患者提供个性化的治疗方案。此外，人工智能还可以辅助药物开发过程，通过模拟和分析大量的分子数据，加速新药的发现和研发。

第三，智能辅助诊疗工具：人工智能技术可以开发智能辅助诊疗工具，帮助医生进行病情评估、治疗决策和手术规划。例如，基于机器学习的临床决策支持系统可以根据大量的医学数据和临床指南，提供医生诊断和治疗的建议。

第四，健康管理和监测：人工智能可以利用传感器、可穿戴设备和健康应用程序等技术，实时监测患者的生理参数和行为数据，并进行健康管理和预警。通过对大数据的分析，人工智能可以提供个性化的健康建议、疾病风险评估和预防措施。

第五，医疗资源优化：人工智能可以帮助医院和医疗机构优化资源分配和管理，提高医疗效率和患者体验。例如，基于数据挖掘和机器学习的预测模型可以帮助医院预测患者的住院时间和手术风险，优化手术室排班和床位分配。

第六，医学图像分析：人工智能可被应用于医学图像的分析和解读。例如，利用深度学习算法，可以自动识别和定位疾病标志物，如肿瘤、病变和异常器官。这种技术可以提高医生的诊断准确性，并帮助早期发现疾病。

第七，健康辅助和康复：人工智能可以开发智能健康辅助和康复系统，为患者提供个性化的康复方案和指导。通过使用传感器和智能设备监测患者的运动、姿势和活动，人工智能可以提供实时反馈和指导，帮助患者进行康复训练和自我管理。

第八，健康问答与智能助手：人工智能可被用于开发智能问答系统和智能助手，提供健康咨询和医疗建议。这些系统可以回答患者的健康问题，提供医学知识和指导，帮助患者了解疾病、药物和治疗方案。

第九，医疗数据分析与预测：人工智能可以分析大规模的医疗数据，挖掘潜在的模式和关联。通过对临床数据、生命体征、遗传信息和病历资料的综合分析，人工智能可以提供疾病风险评估、患者预后预测和流行病预测等信息，为医疗决策提供支持。

第十，医疗机器人与智能设备：人工智能技术还可以应用于医疗机器人和智能设备中，如手术机器人、智能护理设备和远程医疗系统。这些设备可以进行精确的手术操作、远程诊断和监测，提高手术安全性和医疗服务的可及性。

总的来说，人工智能在医疗领域的应用为患者提供了更准确、个性化和高效的医疗服务。它可以辅助医生进行诊断和治疗决策，改善疾病的早期检测和预防，优化医疗资源的分配和管理。但发展智能医疗也存在不少难点，以上场景实现的前提是：必须建立在医疗大数据充分地采集、存储和处理能力之上，以及经过结构化处理打磨的高质量数据基础上。

（四）智慧金融

智慧金融随着人工智能和大数据等先进技术在金融领域中的创新和改进而不断发展，它结合了金融业务和智能技术，旨在提供更高效、更智能的金融服务和解决方案。

智慧金融利用大数据分析、机器学习、自然语言处理和人工智能等技术，处理和分析庞大的金融数据，以帮助金融机构更好地理解市场趋势、风险评估和客户需求。通过智能化的算法和模型，智慧金融可以提供个性化的投资建议、风险管理方案和金融规划策略。

智慧金融还涉及自动化和数字化的金融服务，例如智能理财、虚拟助理、自动化交易和风险控制等。采用智能技术，智慧金融可以提高金融机构的效率和准确性，减少人为错误和操作风险，并提供更快速、便捷的金融服务体验。

移动支付和电子支付普及：中国是全球移动支付领域的领先者，通过智能手机和移动支付应用程序，人们可以方便地进行电子支付、转账和消费。支付宝和微信支付等移动支付平台的智能功能，例如扫码支付和人脸识别支付已经深入人们的生活，成为日常交易的主要方式。

金融科技创新：中国的金融科技公司在智慧金融领域取得了显著的进展。这些公司利用大数据、人工智能和区块链等技术，开发出一系列创新的金融产品和服务。例如，智能投顾平台利用算法和数据分析为投资者提供个性化的投资组合建议，P2P 借贷平台利用大数据评估借贷风险，区块链技术的应用，可以提高金融交易的安全性和效率。

金融科技监管：中国政府积极推动智慧金融的发展，并采取了一系列措施来规范和监管金融科技行业。例如，中国设立了专门的金融科技监管机构，并发布了相关政策和准则，以确保金融科技公司的合规性和风险控制。这种监管环境为智慧金融的健康发展提供了支持和引导。

互联网金融服务的普及：中国的互联网金融服务得到了广泛的普及和应用。通过互联网平台，人们可以方便地进行在线银行业务、理财投资、贷款和保险等金融服务。互联网金融的普及使得金融服务更加便捷和高效，推动了智慧金融的发展。

总的来说，中国智慧金融的发展表现出了移动支付和电子支付普及、金融科技创新、金融科技监管的加强以及互联网金融服务的普及等特点。这些发展表现使得金融服务更加智能化、便捷化和个性化，为金融行业和消费者带来了诸多好处和机遇。

中国在智慧金融方面一直以来都非常重视，并制定了一系列战略布局来推动其发展。

创新引领：支持创新实验区和金融科技孵化器的建设，为创新企业提供优惠政策和资源支持，鼓励技术研发和商业模式创新。数据资源整合：致力于整合各个部门和机构的数据资源，促进跨部门数据共享和合作。通过建设大数据平台和数据共享机制，实现金融数据的整合和加工，提高数据的可用性和应用效果，为智慧金融提供数据支撑。技术推广应用：鼓励金融机构和科技企业推广应用智能技术，包括人工智能、大数据分析、区块链等。通过引入先进技术和算法，提高金融机构的智能化水平，改进金融产品和服务，提升风控能力和客户体验。国际合作与开放：通过与国际组织和其他国家的交流合作，共享经验和资源，推动国际标准和规则的制定，加强跨境数据流动和合作，促进智慧金融的国际交流与合作。

这些战略布局旨在加快智慧金融的发展，推动金融行业的数字化转型和创新升级。中国政府和相关机构将继续加强支持和监管，为智慧金融的发展提供良好的环境和条件。

随着人工智能应用向纵深演进，越来越多的行业实现了智能化升级，除以上应用领域和应用场景，人工智能还在家居、安防、交通、能源、城市建设等各领域发挥重要功能。例如，智能家居可以通过人工智能技术来识别和学习用户的行为习惯和喜好，从而提供更加智能的服务；智能安防利用人工智能系统实施安全防范控制，在当前安全防范意识不断加强的环境下，智能安防市场应用广泛。但面对严峻复杂的国际环境和改革发展稳定的艰巨任务，还需矢志不渝自主创新，各行各业亟须通过人工智能赋能数智化革新，要重视通用人工智能发展，营造创新生态。

三、人工智能的技术创新

人工智能是一种引领未来发展的技术，而机器学习、自然语言处理和深度学习是人工智能的三大核心技术，它们已经广泛应用于各个领域。随着技术的不断发展，这三个领域将会取得更加重大的进步，为人类带来更多福利和便利。

（一）机器学习技术的发展和应用

机器学习（Machine Learning，ML）是人工智能中最基本的技术之一，是指计算机利用数据和算法，通过学习经验改善性能的一种方法。这一概念最早由美国计算机科学家阿瑟·塞缪尔（Arthur Samuel）在1959年提出，他将机器学习定义为“在没有明确编程的情况下，让计算机自动地学习”。机器学习借鉴认知科学、生物学、哲学、统计学、信息论、控制论、计算复杂性等学科或理论的观点，根据归纳、一般化、特殊化、类比等基本方法来探索人类的认知规律和学习过程，对能通过经验自动改进的计算机算法进行研究，使计算机系统能够具有自动学习特定知识和技能的能力，建立面向任务的具有特定应用的学习系统。

机器学习的核心是机器使用算法来分析海量数据，通过学习数据，挖掘数据中存在的潜在联系，并训练出一个有效的模型，将其应用于决定或预测。相比传统编程方式，机器学习更加灵活、高效，可以通过大量数据来提高准确率，不需要人为地编写复杂的程序指令，而是让计算机从大量的样本数据中发现其中隐含的规律，并利用这些规律来对未知的数据进行预测或分类。机器学习涉及多个领域，如概率论、统计学、逼近论、凸分析、计算复杂性理论等，它也与推断统计学密切相关，因此也被称为统计学习理论。机器学习可以被视作一个优化问题的过程，它通过在训练数据上不断地调整模型参数和超参数的方式来最小化误差和提高预测准确率。

机器学习在不断地创新和进步，出现了一些新的技术和方法。例如，在数据方面，出现了半监督学习、主动学习、自监督学习等技术，可以减少对标注数据的依赖，提高数据利用效率；在模型方面，出现了深度学习、生成对抗网络、图神经网络等技术，可以提高模型的表达能力和泛化能力，实现更复杂和更高层次的功能；在算法方面，出现了元学习、迁移学习、多任务学习等技术，可以提高模型的灵活性和适应性，实现更快速和更有效的学习。

机器学习技术的发展历程可以追溯到20世纪50年代，当时提出了感知机、神经网络等概念。20世纪80年代末期，反向传播算法的发明，给机器学习带来了希望，掀起了基于统计模型的机器学习热潮。21世纪以来，随着数据量的增加、计算能力的提升和算法的改进，机器学习技术进入了深度学习时代，取得了令人瞩目的成就。其中，最重要的里程碑之一是1997年国际象棋人机大战，计算机Deep Blue战胜了当时的国际象棋世界冠军卡斯帕罗夫。这一胜利引起了公众和科学界的广泛关注，标志着机器学习取得了重要的进展。不久的将来，机器学习势必能够将人类的认知、学习、思考、推理等结合起来，进一步强化自身的能力。

目前机器学习已经广泛用于图像识别、声音识别、推荐系统等领域，例如自动驾驶、智能客服等都是采用机器学习的技术。在图像识别方面，计算机可以通过大量图片数据来分析特征，并将其应用到类似的图片分类中。在声音识别方面，计算机可以分析语音并转化为文字或其他形式的输出。在推荐系统中，计算机可以根据用户兴趣和行为推荐个性化内容。随着现代计算机的发展，机器学习技术已经成为当今领先科技公司的核心业务之一。

（二）自然语言处理技术的发展和应用

自然语言处理（Natural Language Processing，NLP）是指计算机能够理解、分析和生成自然语言的过程，目的是让机器能够理解人类语言，用自然语言的方式与人类交流，最终拥有“智能”。人工智能时代，我们希望计算机拥有视觉、听觉、语言和行动的能力，其中语言是人类区别于动物的最重要特征之一，故自然语言处理是人工智能的最高境界，被誉为“人工智能皇冠上的明珠”。作为人工智能的一个重要领域，当代自然语言处理技术与人工智能技术的兴起和发展是一致的。1950 年，英国数学家、人工智能之父图灵提出了著名的基于人机对话衡量机器智能程度的图灵测试，这不仅是人工智能领域的开端，也被普遍认为是自然语言处理技术的开端。

自然语言处理是一个涉及语言学、计算机科学和人工智能的交叉领域，旨在构建能够理解人类输入并作出相应响应的数字系统，它在涉及自然语言的信息处理中扮演着重要的角色，如机器翻译、舆情监测、自动摘要、观点提取、文本分类、问题回答、文本语义对比、语音识别、中文 OCR 等方面，主要任务包括语言理解和语言生成，其中语言理解是指让计算机识别和理解人类的语言，而语言生成则是指让计算机能够生成人类理解的语言。

自然语言处理技术经历了近百年的发展。机器翻译、信息检索与过滤、情感分析和文本生成等，在教育、医疗、司法、互联网等行业中得到了广泛的应用，我们平时常用的搜索引擎、新闻推荐、智能音箱等产品，都是以自然语言处理技术为核心的互联网和人工智能产品。近年来，预训练语言模型的提出和算力的快速提升，将自然语言处理技术的发展推向了新的高度，使自然语言处理技术在某些领域达到甚至超越了人类水平。ChatGPT 是一种创新的自然语言处理技术，它利用人工智能技术来理解文本输入，然后以流畅的语言实现智能对话，可以帮助在机器人平台和对话管理等情景中的聊天机器人更快地理解用户语境，应用于聊天机器人、语音助手、语音识别和文本自动生成等多个领域。未来的自然语言处理技术将更加智能化，更加贴近人类语言的习惯和语境，能够更加准确地理解和表达人类语言，为人们提供更加优质、高效、智能的服务。

（三）深度学习技术的发展和应用

深度学习（Deep Learning，DL）是机器学习的一种进阶形式，是一种以人工神经网络（Artificial Neural Network，ANN）为架构，对数据进行表征学习的算法，目标是让机器能够模拟人脑的结构和工作方式。2006 年，加拿大多伦多大学 Geoffrey Hinton 教授开创性地提出了深度信念网络以及逐层贪心算法，为深度神经网络长期以来难以训练的局面提供了有效的解决方案。以此为标志性起点，深度学习的研究和应用开始走进人们的视野，并且逐步成为人工智能领域的研究热点和主流发展方向。

深度学习的核心是深度神经网络，它是由多层非线性变换组成的计算模型，每一层都可以提取数据的不同层次的特征，从低级到高级，从简单到复杂。深度神经网络的结构和参数可以通过大量的数据和强大的计算资源进行自动学习和优化，无须人为地设计和选择特征，这就需要人们具备一定的编程能力，能够编写高效的代码来处理大规模的数据和计算。例如，人们需要使用 Python 等编程语言来编写深度学习模型，并使用 GPU 等硬件加速技术来提高计算效率。只有具备这些编程能力，人们才能够更好地应对深度学习技术的发展。学习本身是人类特有的智能行为，深度学习的最终目标是让机器能够像人一样具有分析学习能力，能够识别文字、图像和声音等数据。通过多层次的神经元模型，深度学习可以更好地模拟人类大脑中的处理过程，它的主要优点是能够实现比传统机器学习模型更高的准确性，特别是对于图像和语音识别等复杂任务。此外，深度学习模型可以自动学习复杂的数据特征，减少对手动特征工程的需求，还可以处理大量数据，并可以在分布式计算系统上进行训练，使其可扩展为大型数据集。

深度学习以深度神经网络为基础，发展出了一系列技术形态，主要包括计算机视觉、文字识别、语音识别、自然语言处理、推荐系统、预测和风险评估、智能监控等技术，在世界上掀起了人工智能技术研究与应用的新浪潮。例如，可以训练深度学习模型来识别图像和语音中的模式，这对于面部识别、语音助理和自动驾驶汽车等应用很有价值。深度学习模型还可以被训练来理解和生成人类语言，这对于语言翻译、聊天机器人和情感分析等应用很有价值。此外，深度学习模型可用于分析医学图像和患者数据，促进疾病诊断、结果预测和制定个性化治疗计划。金融领域也可以利用深度学习模型来分析金融数据和预测市场趋势，帮助投资者作出明智的决策。

香港中文大学的多媒体实验室是最早运用深度学习进行计算机视觉研究的华人团队，在世界级人工智能竞赛 LFW（大规模人脸识别竞赛）上，该实验室曾力压 FaceBook 夺得冠军，使得人工智能在该领域的识别能力首次超越真人。深度学习在各种 AI 震撼人类的事件中扮演了重要角色，从 AlphaGo 击败世界围棋冠军、自然语言处理催生了智能语音助手，到人脸识别等在世界范围内的广泛应用……可以说，深度学习已经渗入人类日常生活，从边缘走到了舞台的中心，正蓄势待发，即将掀起一场惊人的变革。

四、人工智能的未来前景

（一）人工智能发展带来的影响

新时代，作为新的具有颠覆性的生产要素，人工智能在众多研究领域取得了丰硕的成果，在各行各业得到了广泛的应用和推广，从制造业、医疗、金融、交通到能源、零售等各个领域，人工智能技术正为人类创造着更多的价值，影响着人们的生产方式、生活方式、思维方式及交往方式等，给人类生产生活带来深远影响。

1. 生产方式走向精益化

人工智能的进一步发展促使人们的生产方式发生彻底性变革。智能化时代，以新兴的生产要素为代表的智能技术，与社会生产力的深度融合，给社会各领域带来了巨大变化，掀起了社会生产力的新变革。作为新的生产要素，智能化机器的大范围使用，一定程度上将人们的体力、脑力以及智力解放了出来，智能化机器的大规模使用，部分劳动者将被智能机器“替代”，智力劳动、创新劳动开始成为新式的社会生产方式。计算机能力进一步提升、数据爆发式的增长以及社会投资力度的不断加大，促使新一代人工智能快速发展。

目前，人工智能体现出前所未有的发展速度，以更高的发展水准、更有效的发展方式渗透在人们生活生产的各个方面，其影响力及渗透力不亚于18世纪的蒸汽机、19世纪的电力与20世纪的信息技术，给人们的生活创造了无限大的可能，人工智能能够为全球经济发展提供新的发展引擎。人工智能正在构筑经济社会发展的新动能，创业创新日趋活跃。

人工智能时代，社会生产方式日益精益化。智能化技术的普遍应用，使我们的社会日趋智能化，智能化的社会环境和经济环境在潜移默化地重新塑造着新的体力和脑力劳动，随之改变的还有社会的组织形式、组织关系。精益化生产作为一种新的生产方式，通过为消费者的个性化、多样化需求提供产品或服务来获得收益。大数据、智能化的应用，使得生产者可以通过分析消费者行为数据，高效率地为消费者提供多样化的产品与服务。

2. 生活方式更加智能化、精细化

智能技术的普及使人类生活日益朝着智能化、精细化方向发展。随着智能科技的进一步发展，智能产品的普及和使用极大地便利了人们的生活。人工智能技术与人类生产生活工具的结合，改变了人们的传统生活方式，美好的智能新生活也似乎将要成为可能。目前人工智能领域中自动驾驶、智能机器人、智能医疗、智能投顾、智能家居等融合了大数据、语音识别、计算机视觉、机器学习等多项人工智能技术，为人们的生活增添新的色彩，使人们的生活方式智能化、精细化。

人工智能已经在越来越多的领域成为人们的有力助手，如交通出行难已经成为现代都市面临的“通病”，而自动驾驶技术的应用在保证效率的同时也避免了出现疲劳驾驶、超速行驶等导致的交通意外。与此同时，伴随着计算机以及微电子等技术的迅猛发展，机器人智能化程度愈来愈高，已经在工业生产、家庭服务、医学治疗、教育行业、军队事业等诸多领域发挥着极其重要的作用。再者，随着智能家居的进一步发展，远程操控、稳定低耗等，成为各家居品牌的通用特点，智能家居系统趋于完善，智能家居产品将在家庭安全防护、改善生活环境、节能环保等方面发挥重大作用。

智能技术的使用使人们的生活方式便捷化、高效化。人工智能技术通过对人的各种活动的“替代”，不仅能够大大减轻人类的体力负担和脑力负担，甚至可以替代人类完成一些以往需要人类的智能才能完成的工作，从而减少人类体力消耗，减轻人类智力劳动和脑力劳动的压力，使人们的生活更加便捷化，工作效率更加高效化。人工智能给人们的生活带来极大的便利，使得人们可以有更多的时间和精力做更有意义的事情，进一步提高了人们的生活质量、精神境界，智能科技的进一步发展有助于满足人民日益增长的物质需求和精神需求。

3. 思维方式日益全面化

人工智能时代，人们将更加注重精神上的满足。正如蒸汽机会取代马匹成为劳动力来源一样，人工智能作为新的生产力因素，将会从专业性较强的领域逐步拓展到生活的各个领域。而在生产力相对落后时期，人们往往通过单纯追求物质生活资料的富足来奠定自己的社会地位，并由此来衡量生活幸福标准。人工智能时代，随着生产力的进一步发展，人们的物质生活条件逐步改善，人们将更加注重个人的道德品质修养以及寻求精神上的富足。

智能科技的迅猛发展促进了人类思维方式的变革，使人们的思维方式日益全面化。智能产品的大量使用，一方面为人类生活提供了便捷的服务，为人的创新思维能力、认知能力积累了基础，对智能科技的有效使用会使人们更具思考力和创造力。另一方面也会使人们的思维存在钝化的风险，人们的创新思维能力、认知能力和判断是非能力就会被大大地削弱。如智能科技产品对人的思维的影响，使得许多年轻人成为“低头一族”，沉溺于虚拟但便捷的网络世界，从而失去独立思考的能力，对新事物的渴望逐渐丧失。因此，在全球化时代，准确把握世界发展的走向，顺应现代化的大趋势，转变思维方式，提高创新能力是非常必要的。处在智能时代，人们要始终保持对新事物的渴望，增强改造世界的能力与手段，用能动的、辩证的思维全面化地思考、看待问题。人工智能时代，必须要进一步加强培养人类辩证的思维方式，提高全面看待问题的能力，进一步促进社会进步和人类发展。

4. 交往方式日趋多样化

人工智能的进一步发展使得主体间交往手段和交往方式日趋多样化。人工智能影响人们的交往方式主要表现在：首先，人工智能作为新的生产要素，通过新的技术手段使得人与人之间的交往障碍越来越少。翻译系统的完善使得具有不同语言的人们实现快速话语沟通。随着人工智能深层次发展，人与人之间交往的方式将会发生转变，新的交往方式将会出现，由此促进人们交往方式的日新月异，人们的交往方式多样化，将会出现新的特殊符号、肢体交往等新式交往模式。在智能化背景下，智能科技让鲜为人知的远程发展模式，在人类交往中变得越来越普遍化，由此推动了人类发展交往的进程。其次，智能科技的发展加快了个人偏好信息数据的完善、使用，由此降低了交往的成本。当然，这些数据的运用要基于对个人隐私的保护，人工智能时代，我们可以更好、更快地获得交往对象的兴趣爱好，更快地了解交往对象的个人背景，使得人们之间的沟通更为方便，交往效率大大提升，商谈更加便捷、更为有效，在一定程度上节约了沟通的成本。

在人工智能的影响下，人们实现了交往的质的飞跃，交往更加便捷、有效。智能技术的发展取代了先前交往模式中存在的缺陷弊端，取而代之的是新型交流模式，而这些新型交流模式大多是靠智能技术来实现的。

（二）人工智能未来发展趋势

党的二十大报告强调，推动战略性新兴产业融合集群发展，构建新一代信息技术、人工智能、生物技术、新能源、新材料、高端装备、绿色环保等一批新的增长引擎。首先，人工智能的未来发展趋势将继续向着更加智能化的方向发展，随着深度学习、自然语言处理、计算机视觉等技术的不断进步，人工智能将能够更加准确地识别和理解人类语言、行为和情感，并能够自主地进行决策和学习，为人类社会带来更多的便利和创新。其次，人工智能的应用场景将进一步扩大，随着各行各业数字化、智能化程度的不断提高，人工智能将能够更加广泛地应用于医疗、教育、金融、制造等各个领域，为人类社会带来更多的价值和效益。国家将积极探索人工智能技术的应用场景和发展前景，把新一代人工智能作为推动科技跨越发展、产业优化升级、生产力整体跃升的驱动力量，努力实现高质量发展。

1. 人工智能和实体经济融合发展空间大

党的十八大以来，以习近平同志为核心的党中央高度重视智能经济发展，促进人工智能和实体经济深度融合，为高质量发展注入强劲动力。

近年来，我国智能经济蓬勃发展，产业规模快速增长。2021 年人工智能核心产业规模超过 4000 亿元，比 2019 年增长 6 倍多。广义来看，我国数字经济规模从 2017 年的 27.2 万亿元增至 2021 年的 45.5 万亿元，规模稳居世界第二。基础设施更完善。我国已建成全球规模最大、技术领先的网络基础设施，5G 基站超过 185 万个，占比全球总数超过 60%，培育大型工业互联网平台超过 150 家、连接工业设备超过 7800 万台（套）。在全球算力分布统计中，我国智能算力总规模占比为 26%。市场空间更广阔。我国有超过 10 亿的网民，有全球最大、最活跃、最具潜力的数字服务市场。同时，我国是世界第一制造大国，仍有大量处在工业 2.0、3.0 阶段的企业需要向工业 4.0 阶段迈进，人工智能前景看好。创新研发更积极。当前，我国人工智能发明专利授权总量全球排名第一，人工智能领域论文发文量全球领先，图像识别、语音识别等技术创新应用跻身世界先进行列，智能经济创新热情高涨、成果丰硕。

随着人工智能等新技术不断拓展，我国实体经济正加速向数字化、网络化、智能化方向转变，人工智能正由技术研发走向行业应用，形成从宏观到微观各领域智能化新实践，逐步渗透到制造、交通、医疗、金融、零售等多个行业。当前，工业互联网应用覆盖 45 个国民经济大类，创造出大量智慧应用场景。在制造业领域已建成 700 多个数字化车间/数字工厂，实施 305 个智能制造试点示范项目和 420 个新模式应用项目，培育了 6000 多家系统解决方案供应商，智能制造应用规模全球领先。

人工智能与各行各业融合成效初显。2022 年，工信部科技司遴选出 100 个人工智能典型应用场景，涵盖制造、生态农业、医疗健康、金融、交通运输、城市管理、文旅教育、公共安全、能源九大领域，展示了人工智能应用的广阔前景。未来随着人工智能技术发展，人工智能和实体经济深度融合，将驱动人工智能行业进一步发展。

2. 人工智能技术催生新产业、重塑产业链

作为世界第二大经济体，我国拥有 10 亿多互联网用户以及海量大数据资源，这种大国经济特征为深化人工智能应用、加快产业智能化发展提供了丰富的数据支持和广阔的应用场景。我国门类齐全、体系完整和规模庞大的产业体系，更是为产业智能化向广度和深度发展奠定了坚实基础。展望未来，人工智能技术正引领新一轮科技革命和产业变革，人工智能技术将成为未来世界经济和高端制造的主导技术，更会对中国现代化产业体系建设发挥无可替代的作用。

人工智能技术通常以智能机器设备为载体，通过智能化系统实现传统生产环节的智能化改造，在替代劳动力执行生产任务的同时，也会通过创造新生产任务催生相关的新职业和新产业。具体而言，人工智能技术的应用会促进企业突破既有生产边界，向产业链上游延伸或向下游拓展，推动终端设备、产品及服务的智能化，加快技术成果的产业化和商业化，不断衍生出新的行业或新的产品，诸如无人驾驶、无人零售、智能家居等。新产品新产业的涌现，必然会催生大量新的职业。2020 年 2 月 25 日，人力资源和社会保障部与国家市场监管总局、国家统计局联合向社会发布了智能制造工程技术人员、工业互联网工程技术人员、虚拟现实工程技术人员、人工智能训练师等新职业。此外，人工智能技术结合互联网、大数据等数字技术不断催生新行业的同时，也不断淘汰旧行业，引发新旧行业更替，从而重塑现有产业格局。

人工智能技术可以促进产业链纵向延伸，不断延长产业链长度，进而实现产业链重构；人工智能技术可以促进产业链的横向拓展，拓宽产业链的宽度并形成产业集群；人工智能技术可以结合大数据和互联网等数字技术，不断提升产业链的内部关联性与外部协同性，从而全面优化产业链，形成产业链新格局。智能化系统的应用能促使互补型企业更好地关联起来，通过企业合并、重组或集群化发展实现产业链横向拓展；智能化系统的应用能接通散落于不同空间产业链的断环或孤环，形成新的产业链环，增加产业链的整体附加值和韧性，有效提高产业链抵御外部风险的能力。当然，人工智能技术也会打破产业链空间稳态，使一些企业摆脱地理区位和传统生产要素的约束，并通过进退或转移形成新的产业集群，带动新的上下游产业发展，从而引发相关产业链由线状向网状交织模式的演化，进而重塑产业链空间格局。随着人工智能行业的不断发展，人工智能对于传统行业的影响将逐步得到体现。

3. 人工智能将更加注重人机协作

在人工智能发展的过程中，很多人一度怀疑人工智能会彻底替代人工，而人类会面临无事可做的困境，因此对人工智能谈虎色变。其实不然，尽管人工智能从建立之初就致力于用机器模仿人类的感知和行为能力，以替代人类的部分工作，例如环境恶劣、内容重复的工作，都迫切需要人工智能的发展来替代人力。但是，在我们的日常生活中会面临很多复杂的情况，以人工智能现有的技术水平还难以达到高认知型工作的要求，人工智能技术的发展离不开人类的参与和支持，人机协作将是未来工业机器人发展的重要趋势。

人机协作指的是人和自动化机器共享工作空间并同时进行作业的工作场景。由于受工业 4.0 驱动，这种模型可以实现高度灵活的工作过程、最高的工厂可用率和生产力以及经济效率。随着工业机器人技术快速发展，早期市场对于机器人代替简单劳动力的需求已经得到了充分满足，但是随着数字化、智能化进程快速推进，对于机器人运动速度、准确度的要求进一步提高，使得工业机器人控制技术需求持续快速地升级。在自动化生产阶段，“机器换人”强调大规模的机器生产；而伴随着智能化的转变，强调的是机器能够自主配合要素变化和人的工作，人机协作成为新的生产方式。制造业企业推进数字化、智能化进程的核心目的是降本增效，从生产制造全流程看，受工业机器人及相关智能技术的限制，如何最优地搭配人力劳动与工业机器人就成了关键所在，这必然需要人机协作相关技术的持续突破。

人工智能研究的主要驱动力一直是机器与人类认知的协作与竞争，如机器在国际象棋中击败人类或者通过图灵测试，从而证明要么是机器比人类更好，要么是人类在某些领域比计算机做得更好。但是，人工智能总会具有一定的局限性，它不能（可能永远也不会）完全构建人类大脑的功能。要实现有效的人机协作，需要机器使用更智能的方式来识别各种情况的信息，并根据人机协作的客观要求来自动处理。自动识别技术要求计算机必须能够识别和记忆复杂的数据，还需要及时记录信息并在现有系统中形成一个完整的系统，以提高办公效率。机器还需要更好地学会情绪识别和自身诊断，确保它与人类的理解和沟通处于最佳状态。此外，在人机协作的平台上，要构建更灵活、更强大的信息传输管道，以实现人机之间的无缝流转，促进工作的进展。另外，人机协作系统还要设定一套有效的规则，以确保权责清晰，避免意外事件发生。总而言之，人机协作需要机器具有能够辨识信息、识别情绪、自我诊断、不断更新技术、设定清晰的规则等能力。未来，通过深入研究这些方面，将会开启人机协作的新时代，使机器更好地与人类协作，从而提高工作效率和质量。

（三）人工智能应用中的安全、隐私挑战

人工智能的高速发展及应用，使人类正在步入人工智能驱动的时代，新一代人工智能具有高度的自主性、自学习及适应能力，传统的监管模式已难以适应其发展需求。尤其在智能产品应用后果和风险预判、问题责任归属、潜在安全风险管控等方面都面临着新的挑战。同时，数据也已经成为国家、企业与个人的重要资产。如何合理对人工智能进行监管，以确保安全和隐私，成为社会各界和各国政策的关注热点。

1. 安全性挑战

（1）技术滥用引发的安全威胁。人工智能对人类的作用很大程度上取决于人们如何使用与管理。如果人工智能技术被犯罪分子利用，就会带来安全问题，例如，黑客可能通过智能方法发起网络攻击，智能化的网络攻击软件能自我学习，模仿系统中用户的行为，并不断改变方法，以便尽可能长时间地停留在计算机系统中；黑客还可利用人工智能技术非法窃取私人信息；通过定制化不同用户阅读到的网络内容，人工智能技术甚至会被用来左右和控制公众的认知和判断。

（2）技术或管理缺陷导致的安全问题。作为一项发展中的新兴技术，人工智能系统当前还不够成熟。某些技术缺陷导致工作异常，会使人工智能系统出现安全隐患，比如深度学习采用的黑箱模式会使模型可解释性不强，机器人、无人智能系统的设计、生产不当会导致运行异常等。另外，如果安全防护技术或措施不完善，无人驾驶汽车、机器人和其他人工智能装置可能会受到非法入侵和控制，这些人工智能系统就有可能按照犯罪分子的指令，做出对人类有害的事情。

（3）未来的超级智能引发的安全担忧。远期的人工智能安全风险是指，假设人工智能发展到超级智能阶段，这时机器人或其他人工智能系统能够自我演化，并可能发展出类人的自我意识，从而对人类的主导性甚至存续造成威胁。一些研究团队正在研究高层次的认知智能，如机器情感和机器意识等。

2. 隐私保护挑战

大数据驱动模式主导了近年来人工智能的发展，成为新一轮人工智能发展的重要特征。隐私问题是数据资源开发利用中的主要威胁之一，因此，在人工智能应用中必然也存在隐私侵犯风险。

（1）数据采集中的隐私侵犯。随着各类数据采集设施的广泛使用，智能系统不仅能通过指纹、心跳等生理特征来辨别身份，还能根据不同人的行为喜好自动调节灯光、室内温度、播放音乐，甚至能通过睡眠时间、锻炼情况、饮食习惯以及体征变化等来判断身体是否健康。然而，这些智能技术的使用就意味着智能系统掌握了个人的大量信息，甚至比自己更了解自己。这些数据如果使用得当，可以提升人类的生活质量，但如果出于商业目的非法使用某些私人信息，就会造成隐私侵犯。

（2）云计算中的隐私风险。因为云计算技术使用便捷、成本低廉，提供了基于共享池实现按需使用资源的模式，许多公司和政府组织开始将数据存储至云上。将隐私信息存储至云端后，这些信息就容易遭到各种威胁和攻击。由于人工智能系统普遍对计算能力要求较高，目前在许多人工智能应用中，云计算已经被配置为主要架构，因此在开发该类智能应用时，云端隐私保护也是人们需要考虑的问题。

（3）知识抽取中的隐私问题。由数据到知识的抽取是人工智能的重要能力，知识抽取工具正在变得越来越强大，无数个看似不相关的数据片段可能被整合在一起，识别出个人行为特征甚至性格特征。例如，只要将网站浏览记录、聊天内容、购物过程和其他各类别记录数据组合在一起，就可以勾勒出某人的行为轨迹，并可分析出个人偏好和行为习惯，从而进一步预测出消费者的潜在需求，商家可提前为消费者提供必要的信息、产品或服务。但是，这些个性化定制过程又伴随着对个人隐私的发现和曝光，如何规范隐私保护是需要与技术应用同步考虑的一个问题。

当前，人工智能正迎来新一轮发展热潮，为确保机器人和人工智能系统运行受控，且与人类能和谐共处，在设计、研发、生产和使用过程中，需要采取一系列的应对措施，妥善应对人工智能的安全、隐私、伦理问题和其他风险。如加强理论攻关，研发透明性和可解释性更高的智能计算模型；开展立法研究，建立适应智能化时代的法律法规体系；制定伦理准则，规范人工智能技术的研发和使用；提高安全标准，推行人工智能产品安全认证；建立监管体系，强化人工智能技术和产品的监督。2023 年，国家网信办发布了《生成式人工智能服务管理办法（征求意见稿）》，拟进一步强化相关主体责任，内容涉及数据安全、个人信息保护、算法设计、内容合规等多个方面，人工智能服务将迎来监管新规。人工智能的快速发展是全球各国共同面临的问题，应明确科学家共同体、政府与国际组织各自的职责，引导各国积极参与人工智能全球治理，推进人工智能技术标准和安全标准的国际统一，使人工智能科技成就更好地服务于人类社会。

【知识链接】

虚拟数字人

随着 AI、5G 等技术的高速发展，虚拟数字人技术在媒体领域的运用场景在不断丰富、拓展。从无须过多人工介入，只需提前输入文本并生成配套表情和动作，便可进行全天候不间断新闻播报的数字人，如新华社的“新小微”、人民日报“果果”，到更具人格化与交互性的虚拟主播、记者，如湖南卫视于 2021 年 10 月推出的数字主持人“小漾”，在综艺舞台上与诸位主持人、嘉宾动作交互流畅，形象青春靓丽，表情变化自然。2022 年两会期间，央视网《两会 C + 时刻》借助 3D 超写实数字人“小 C”，围绕两会热点与嘉宾进行互动访谈，有效实现了现实世界的真人与数字世界的小C无缝交互，有效赋能节目创新表达，再到能够提供智能问答的交互服务以及为残障人士提供手语解说的数字人，如北京广播电视台推出的时间小妮，提供新闻播报、讲解知识、交互问答、客户服务等多种智媒服务。央视频AI手语主播“聆语”，通过动作、唇动、表情多模态联动，实时地将播报内容转换为手语手势，让听障人士能有更多机会感受冬奥赛事的精彩。虚拟数字人在不断突破人们的常规认知，也将为媒体生产强势赋能。

（资料来源：人民网，http：//finance. people. com. cn/n1/2022/0629/c1004－32460709. html）

【拓展阅读】

技术向“新”产业“智”变
——从第七届世界智能大会一窥人工智能未来

人工智能发展有哪些新趋势？生成式人工智能将带来哪些新机遇？哪些领域将迎来产业新变革？在日前于天津举办的第七届世界智能大会上，与会人士就当下热议的人工智能话题展开探讨，描绘未来发展图景。

布局生成式人工智能“新赛道”

当前，随着以ChatGPT为代表的生成式人工智能产品成为现象级应用，人工智能迈入通用型、工程化的新阶段。生成式人工智能成为本届大会与会人士谈论的焦点话题。

“近一年来，人工智能领域最引人注目的变化，就是生成式人工智能的横空出世。”中国新一代人工智能发展战略研究院执行院长龚克说，生成式人工智能推动了人工智能从区分事物、单任务的辨别式工具，发展到综合理解事物、多任务的生成式工具，为各行各业的智能化提供新动能。

科技部部长王志刚认为，当前全球人工智能发展进入新一轮跃升期，超大规模预训练模型的重大突破实现了人工智能的一次历史性跨越，探索出通往通用人工智能的可能路径，潜在创新发展的空间巨大。

近段时间，不少中国企业加快开展创新研发，积极布局智能化“新赛道”，推出各自的生成式人工智能大模型。

在国家会展中心（天津）展馆，科大讯飞不久前发布的星火认知大模型引起参观群众的围观。一位观众在屏幕前输入一句话：“520表白女孩子，但只有100块钱，怎么表白？”随即，大模型给出了“摆设照片墙”“DIY手工制品”等5个创意。

在360集团的展台上，公司也展出了其大模型产品“360智脑”以及AI生图工具“360鸿图”。“大模型的发展水平关系到国家生产力水平。未来数字化的高峰一定是大模型推动下的智能化，人工智能的指数级跃变将带来巨大发展机遇。”360集团创始人周鸿祎说。

王志刚说，将紧紧把握全球人工智能发展的新机遇，尊重科技创新和人工智能发展的规律，加大人工智能基础理论和前沿技术研发布局，打造一批人工智能区域高地和基础平台，深化企业牵头的产学研用融合，推动人工智能赋能经济社会发展。

释放产业“智变”动能

技术不断创新突破的同时，人工智能赋能经济社会发展的潜力有望进一步释放。

中国科学技术协会主席万钢说，生成式人工智能立足于自身结构的复杂性、参数的庞大和众多用户参与的优势，形成了一个跨领域的泛化应用能力。可以设想，未来生成式人工智能的一些算法可以应用在专用人工智能领域。

“比如在产业领域，生产车间和一个远距离的销售门店联系起来，信息的大模型应用促进数据互通、算力互享，既能够覆盖上游的原材料、装备等供应链，也能够辐射下游的流通、销售、服务环节，从而基于市场的反馈调节上游的研发生产环节，加速产业链、供应链的流程优化。”万钢举例称。

科大讯飞董事长刘庆峰认为，认知大模型正成为通用人工智能的“曙光”，并可以实现在通用领域的“智慧涌现”。它不仅带来了内容的生产和分发方式的全新变化、人机交互的根本性变革，也会给科研、办公、工业、互联网带来全新的颠覆和机遇。

“随着人工智能由单点向通用不断演进，对算力的规模水平、场景适配、资源分配提出更高要求。”中国联通董事长刘烈宏说，云作为算力的高级形态，是满足人工智能对算力需求的“最优解”，人工智能也进一步推动云释放出更先进的“生产力”，两者的深度融合成为数字化网络化智能化转型升级的关键引擎。

穿梭在大会展区内，日新月异的人工智能技术可感可触——依托人工智能的电池研发平台，产品研发实现从盲目试错到理性设计的转变，极大地降低研发成本；“智慧工厂”发动机检测生产线上，AI 算法可以判断发动机表面是否存在划痕等缺陷，发动机下线效率提升了 200%……

“作为渗透面广、带动性强、影响深刻的新兴技术体系，新一代人工智能呈现着产业应用加速叠加、齐头并进的新特征。”万钢认为，要继续以应用市场拓展和产业生态培育为主攻方向，依托我国超大规模市场的优势，吸引全球的创新资源，与我国实体经济深度融合，不断打造产业发展的新态势。

“管”与“促”并重推动健康发展

在与会嘉宾看来，重视人工智能创新发展的同时，也需要进一步关注到技术的两面性。

王志刚说，人工智能的发展还面临底层算法的偏差，高质量数据不足，模型效率有待提高等技术挑战，并给个人隐私、公共安全、教育就业等带来社会挑战，迫切需要与世界各国携手合作，共同推进人工智能持续健康发展。

万钢认为，新一代人工智能的加速发展和广泛应用，将走向人类与人工智能体、人机共生的新时代，智能算法的不断发展带来了智能化时代新的安全和伦理的挑战。

今年 4 月，国家网信办发布《生成式人工智能服务管理办法（征求意见稿）》，对用于生成式人工智能产品的预训练、优化训练数据提出了明确要求。事实上，从《新一代人工智能治理原则——发展负责任的人工智能》到《新一代人工智能伦理规范》，近年来我国一直加强对人工智能行业的规范。

记者获悉，科技部正推动人工智能治理，构建包括政策法规、伦理规范、技术标准等在内的治理体系。

“在感知智能向认知智能演进过程中，我们还要进一步推动科技伦理、规范、标准和技术的融合，为智能体构建与科技向善的人类共同理念相契合的学习、理解和行为模式，以及更具安全性、可靠性、有效性的行为边界，让智能体系能够理解并践行人类社会的共同价值观念。”万钢说。

（资料来源：经济参考报，2023 年 5 月 22 日）

思考题

1. 人工智能作为科技创新的重要领域，是如何不断营造创新生态，引领新一轮科技革命和产业变革的？

2. 如何理解人工智能在制造业、教育、医疗、金融等领域的具体应用？

3. 人工智能时代需要的是什么样的人才？你做好准备了吗？

4. 人工智能未来会取代人类吗？它的发展会威胁人类安全吗？

专题九　新时代全方位推进中国特色大国外交

进入新时代，国际力量对比深刻调整，单边主义、保护主义、霸权主义、强权政治对世界和平与发展威胁上升，逆全球化思潮上升，世界进入动荡变革期。中国与世界的关系也发生深刻变化，我国与国际社会的互联互动空前紧密，实现中华民族伟大复兴进入了关键时期。世界与中国的发展变化同步交织、相互激荡，中国外交站在了新的历史起点上。

党的十八大以来，以习近平同志为核心的党中央领导我国对外工作攻坚克难、砥砺前行，取得了全方位、开创性历史成就，走出了一条中国特色大国外交新路。习近平总书记牢牢把握中国和世界发展大势，积极推进重大外交理论和实践创新，提出一系列新理念新主张新倡议，形成了习近平外交思想，为新时代我国对外工作提供根本遵循和行动指南。

“十个明确”作为习近平新时代中国特色社会主义思想的核心内容，其中第九个明确是“明确中国特色大国外交要服务民族复兴、促进人类进步，推动建设新型国际关系，推动构建人类命运共同体”。党的二十大报告指出，“我们党立志于中华民族千秋伟业，致力于人类和平与发展崇高事业，责任无比重大，使命无上光荣”“中国共产党是为中国人民谋幸福、为中华民族谋复兴的党，也是为人类谋进步、为世界谋大同的党”。这些重要论述旗帜鲜明地阐释了中国共产党的本质属性和使命宗旨，充分彰显了胸怀天下理念，明确了新时代中国特色大国外交的政治立场和历史自觉。党的十八大以来，在习近平总书记擘画引领和亲力亲为下，中国特色大国外交奋进新时代新征程，展现新担当新风范，为服务民族复兴、促进人类进步作出了新的重要贡献。党的二十大报告对中国特色大国外交进行了系统总结和精练概括，又提出了一系列重要论断，并作出了一系列战略部署。我们要认真领悟报告精神，高举习近平新时代中国特色社会主义思想伟大旗帜，进一步学习践行习近平外交思想，在全面建设社会主义现代化国家新征程上，不断开创中国特色大国外交新局面。

党的对外工作是党的一条重要战线，是国家总体外交的重要组成部分，是中国特色大国外交的重要体现。在以习近平同志为核心的党中央坚强领导下，党的对外工作实现高质量发展、取得历史性成就，中国共产党与世界的关系发生历史性变化。

这十年，中国共产党全面深入发展与世界各国政党关系，同世界上600多个政党和政治组织保持着不同形式的联系，同世界马克思主义政党和进步力量的团结合作不断深化，同周边国家政党关系更加稳固，同发展中国家政党交流合作更加密切，同发达国家政党机制化交往日臻成熟，同新兴政党交往不断取得新突破，积极参与国际和地区多边政党对话，努力以建立新型政党关系助力构建新型国际关系，以夯实全球政党伙伴关系网络助力完善全球伙伴关系网络。

建党百年之际，600多个政党和政治组织发来1500多封贺电贺信，共同回顾中国共产党百年历程，感叹“中国共产党象征着理性的力量，为充满混乱和动荡的世界带来稳定”。许多外国政党政要认为，习近平新时代中国特色社会主义思想将经济建设、社会建设等方面的理论成果提升到了人类社会发展规律的层面，为人类和平与进步的崇高事业贡献了智慧和力量。

一、中国特色大国外交的理论渊源和发展历程

中华人民共和国成立70多年来，在中国共产党的领导下，中国人民筚路蓝缕、团结奋进，走过了波澜壮阔的历史征程，取得了举世瞩目的重大成就，中华民族迎来了从“站起来”“富起来”到“强起来”的伟大历史性飞跃，中国特色社会主义进入新时代。外交是内政的延伸，中华人民共和国成立70多年来，我国对外工作围绕各个历史时期党的工作重心，服务于中华民族从站起来、富起来到强起来的民族复兴进程，为维护国家独立、主权和尊严披荆斩棘、不懈奋斗，为改革开放和现代化建设事业保驾护航、勇闯新路，为中国特色社会主义新时期接续奋斗、锐意进取，实现了从巩固国家独立、推进改革开放、积极融入世界到引领时代变革的历史性转变和历史性跨越，为中国日益走近世界舞台中心、实现中华民族伟大复兴提供了重要外部条件和坚实保障。在中华人民共和国成立初期和社会主义建设时期，基于巩固新生的人民政权和服务于“站起来”的战略考量，以毛泽东同志为代表的中国共产党人提出了独立自主、“打扫干净屋子再请客”“三个世界”理论和中、美、苏“大三角”等战略思想，我国外交致力于维护国家主权、安全和发展利益，为我国赢得了生存空间、奠定了发展基础。改革开放后，我国外交工作积极服务于实现“富起来”的战略目标，以邓小平为代表的中国共产党人作出了和平与发展是时代主题的重大政治判断，提出了“不当头”“不扛旗”“韬光养晦、有所作为”重要论断，以江泽民、胡锦涛为代表的中国共产党人先后提出了抓住和维护重要战略机遇期、建设和谐世界等外交战略，维护世界和平、促进共同发展一直是我国外交政策的宗旨，为我国抓住机遇加快发展创造了良好的国际环境。中华人民共和国成立以来，特别是改革开放以来，我国外交服务于“站起来”“富起来”的国家发展的伟大实践和中华民族伟大复兴的战略目标，不断开创外交工作的新局面，形成了不同时期中国化的马克思主义外交理论创新成果，为习近平外交思想的形成发展提供了重要的理论来源和丰厚的实践经验。我国改革开放的实践表明，中国的发展离不开世界，世界的发展需要中国。在中国特色社会主义新时代，作为内政延伸的我国外交必须要有新思路新思想新举措。党的十八大以来，我们党和国家的事业发展取得历史性成就、发生历史性变革，中国特色社会主义进入新时代，我们更有信心和能力实现中华民族伟大复兴中国梦的目标，日益强起来的中国更有信心和能力走近世界舞台的中央，为维护世界和平和推动人类社会发展作出更大的贡献。面对世界多极化、经济全球化、社会信息化、文化多样化的发展趋势和机遇挑战，习近平总书记强调指出：“中国的发展离不开世界，世界的繁荣也需要中国。我们统筹国内国际两个大局，坚持对外开放的基本国策，实行积极主动的开放政策，形成全方位、多层次、宽领域的全面开放新格局，为我国创造了良好的国际环境、开拓了广阔发展空间。”中国特色社会主义事业是广阔的事业，在推进新时代治国理政的伟大实践中，以习近平同志为核心的党中央坚持运用马克思主义的基本原理，准确把握世情、国情、党情的深刻变化，统筹国内国际两个大局，统筹推进改革发展稳定、内政外交国防、治党治国治军各项事业发展，领导全党和全国人民取得了中国特色社会主义建设事业的历史性成就，开创了我国对外开放和外交工作的新局面，为世界和平稳定和人类社会发展进步作出了新贡献。在国际

上，中国的外交政策和外交成就受到广泛赞同和高度赞赏，中国的国际影响力、感召力、塑造力进一步提高，中国有信心、有能力为世界作出更大贡献。伟大的时代产生伟大的思想，伟大的思想引领伟大的实践。中国共产党是一个不断推进理论创新和实践创新的马克思主义政党，是一个为人民谋幸福、为民族谋复兴、为世界谋大同的政党，是一个引领时代潮流和人类社会发展进步方向的政党。习近平总书记强调指出："中国共产党是为中国人民谋幸福的政党，也是为人类进步事业而奋斗的政党。中国共产党始终把为人类作出新的更大的贡献作为自己的使命。""我们党立志于中华民族千秋伟业，致力于人类和平与发展崇高事业，责任无比重大，使命光荣至上。"党的外交实践和外交事业是不断与时俱进的，党的外交理论每前进一步，外交工作就大大推进一步。新时代中国特色大国外交实践，是习近平外交思想形成发展的重要基础，也是在以习近平同志为核心的党中央领导下不断推进的。在中国特色大国外交的理论和实践的双重探索中，在与时俱进地创新发展党的外交思想的基础上，习近平总书记以马克思主义政治家、理论家、战略家、外交家的深邃眼光科学把握世界发展大势，高瞻远瞩地从实现中华民族伟大复兴、维护实现世界持久和平、推动人类社会发展的战略高度，深刻地思考建设一个什么样的世界、如何建设这个世界、构建什么样的国际关系、中国在国际上扮演什么角色、发挥什么作用等重大问题，在多个外交场合和重要国际国内会议上提出并阐发了坚持走和平发展道路、构建人类命运共同体、构建新型国际关系、打造全球伙伴关系、推动"一带一路"建设、参与全球治理体系改革和建设、统筹国内国际两个大局、走中国特色大国外交之路、服务中华民族伟大复兴、促进人类社会全面进步、弘扬全人类共同价值等一系列新思想新观点新论断，创造性地提出并形成了习近平外交思想，中国特色大国外交不断开创新局面、取得了历史性成就，极大提高了中国的国际影响力、感召力、塑造力。

二、准确理解全面推进新时代中国特色大国外交的重大意义

面对复杂严峻的国际形势和前所未有的外部风险挑战，以习近平同志为核心的党中央统筹国内国际两个大局，对中国特色大国外交作出战略谋划，弘扬和平、发展、公平、正义、民主、自由的全人类共同价值，引领人类进步潮流。

（一）新时代中国特色大国外交是推进民族复兴的重要途径

中国共产党自成立之日起，就肩负起了实现中华民族伟大复兴的重大历史使命，中国共产党百年来的奋斗，就是带领全国人民不断为实现中华民族伟大复兴创造社会条件、物质条件、制度基础和精神力量。中国特色社会主义进入新时代，实现中华民族伟大复兴进入不可逆转的历史进程，更需坚持凝聚各方力量形成有效合力。新时代中国特色大国外交是其中的关键一环。以中国特色大国外交服务中华民族伟大复兴，就是要将有利于民族复兴作为制定外交政策决策、规划外交战略方案的基本依据和首要目标。当前，我国发展进入战略机遇和风险挑战并存、不确定难预料因素增多的时期，民族复兴的过程必然伴随具有许多新的历史特点的伟大斗争。我们必须统筹国内国际两个大局，开展更具全球视野、更富进取精神、更有中国特色的大国外交，为实现民族复兴营造和平稳定的国际和地区环境。

（二）推进中国特色大国外交是新时代党和国家事业发展的必然要求

1. 践行党的初心使命，需要推进中国特色大国外交

100多年来，中国共产党始终把为人类作出新的更大贡献清晰地书写在自己的旗帜上，坚定地落实到自己的行动中，赋予中国外交与西方传统大国外交截然不同的底色和特征。党的本质属性决定了中国外交必须始终坚持以中国特色社会主义为根本增强战略自信，坚定捍卫党领导人民选择的社会主义道路；党的使命宗旨决定了中国外交必须始终坚持维护世界和平、促进共同发展，推动构建人类命运共同体；党的价值追求决定了中国外交必须始终坚持独立自主，弘扬公平正义，坚守人间正道。

2. 实现中华民族伟大复兴，需要推进中国特色大国外交

党的十八大以来，我国综合国力和国际地位显著提升，日益走近世界舞台中央，中华民族迈向伟大复兴的步伐不可阻挡。行百里者半九十。越是接近实现目标，越将面临风高浪急，甚至是惊涛骇浪的风险考验。国际体系变革期的不确定不稳定因素日益突出，我国发展进入战略机遇和风险挑战并存、不确定难预料因素增多的时期，伟大复兴必然伴随具有许多新的历史特点的伟大斗争。我们必须统筹国内国际两个大局，开展更具全球视野、更富进取精神、更有中国特色的大国外交，为实现民族复兴营造和平稳定的国际和地区环境。

3. 应对世界百年变局，需要推进中国特色大国外交

当前，国际力量对比和全球格局正在经历深刻演变，世界多极化、经济全球化、国际关系民主化潮流势不可当。同时，单边主义、保护主义、霸权主义依然横行，世界进入新的动荡变革期。习近平总书记强调："世界那么大，问题那么多，国际社会期待听到中国声音、看到中国方案，中国不能缺席。"作为有着5000多年文明积淀的大国，作为联合国安理会常任理事国，我们有必要通过开展具有自身特色的大国外交，履行承担的国际责任与义务，同各国一道走出一条和平发展、合作共赢的新路，弘扬全人类共同价值，携手构建人类命运共同体。

迈入新时代，立足新方位，以习近平同志为核心的党中央高瞻远瞩，胸怀天下，统筹中华民族伟大复兴战略全局和世界百年未有之大变局，指出我国对外工作要"展现新气象，实现新作为，奋力开创新时代中国特色大国外交新局面"，对中国特色大国外交进行了顶层设计和全局谋划。

2014年，习近平总书记在中央外事工作会议上首次提出，中国必须有自己特色的大国外交，使我国对外工作有鲜明的中国特色、中国风格、中国气派。2017年，习近平总书记在党的十九大报告中明确提出"全面推进中国特色大国外交"，并将其纳入新时代坚持和发展中国特色社会主义的指导思想和战略部署。2018年，习近平总书记在中央外事工作会议上强调，我国对外工作要牢牢把握服务民族复兴、促进人类进步这条主线，推动构建人类命运共同体，努力开创中国特色大国外交新局面。习近平总书记这一系列重要论述，明确了新时代中国外交的指导思想、使命任务、战略布局、独特风范，为我们全方位开展中国特色大国外交指明了正确方向、确立了基本方略。

（三）新时代中国特色大国外交是推动建设新型国际关系的重要力量

当前国际力量对比和全球格局正在经历深刻演变，世界多极化、经济全球化、国际关系民主化潮流势不可当。同时，单边主义、保护主义、霸权主义依然横行，世界进入新的动荡变革期。在新的历史时期，构建新型国际关系成为国际社会普遍期待。新时代中国特色大国外交是推动建设新型国际关系的重要力量。面对深刻变动的世界，各国应该如何相处、遵循什么样的规则、形成怎样的关系，这些问题都迫切需要一个符合全人类共同利益与命运的回答与方案。面对如此重大的时代召唤，习近平总书记开创性地提出了推动建设相互尊重、公平正义、合作共赢的新型国际关系，为完成中国特色大国外交的历史使命提供了完全不同于以往国际关系实践的、擘画世界秩序未来方向的中国方案。新型国际关系一方面要求世界各国不分大小、强弱、贫富而一律平等，各国人民自主选择发展道路的权利必须得到尊重，反对一切形式干预别国内政；另一方面要求世界各国应当推动共同发展进而共同享有发展成果，应当坚持共同安全进而共同享受安全保障，应当以合作共赢方式来共同掌握世界以及各国自身的前途与命运。可以说，新时代中国特色大国外交正是秉承“对话而不对抗，结伴而不结盟”的理念，不断推进和完善全方位、多层次、立体化的总体布局，在推动建设新型国际关系中作出重要贡献。

三、新时代中国特色大国外交取得开创性、历史性成就

党的十八大以来，我国改革开放和社会主义现代化建设取得历史性成就，党和国家事业发生历史性变革，中国特色社会主义进入新时代，我们已经踏上了实现第二个百年奋斗目标的新征程。以习近平同志为核心的党中央着眼世界百年未有之大变局和中华民族伟大复兴的战略全局，从容应对国际局势的深刻变化，全面参与全球事务和重大国际行动，发出中国声音，提出中国方案，贡献中国智慧，积极推进外交理论和实践创新，开展了全面、深刻、奋发有为的外交实践和行动，进行了一系列重大外交决策机制和外交政策与策略的改革创新，极大提高了中国的国际影响力、感召力、塑造力，我国对外工作取得了一系列历史性、开创性的重大成就。

（一）党对外交工作的领导全面加强

党的十八大以来，习近平总书记亲自擘画、亲自引领、亲自推动，党在对外工作中不断开创新境界、担当新使命、展现新作为，创立了习近平外交思想，绘就了中国特色大国外交独特而亮丽的风景线。党中央成立中央外事工作委员会，召开两次中央外事工作会议和周边外交工作座谈会，强化对各领域各部门各地方外事工作的统筹协调。党对对外工作的集中统一领导更加坚强有力，对外工作体制机制更加完善，对外工作大协同更加顺畅。以习近平同志为核心的党中央在世界形势深刻变化的历史进程中始终走在时代前列，在应对外部风险挑战的历史进程中始终正确举旗定向，为中国特色大国外交不断走向胜利提供了根本保证。

（二）国际影响力、感召力、塑造力全面提升

党的十八大以来，中国前所未有地走近世界舞台的中央，实现中华民族伟大复兴进入了不可逆转的历史进程。我国以前所未有的广度、深度、力度参与全球治理，成为维护多边主义的中流砥柱，中国负责任大国形象更加深入人心，国际影响力日益增强。我国秉持“和而不同”的思想，倡导国际关系民主化，坚持国家不分大小、强弱、贫富一律平等，

使世界向着公平公正、多元共治、包容有序的格局发展，在全球范围内赢得广泛赞誉，充分彰显了大国外交的感召力。我国关于构建全球治理体系的探索与实践，为人类思考与建设提供了新的路径，越来越多的国家参与其中、共同行动，对新型国家关系的塑造力明显提升。

习近平总书记提出一系列新理念新倡议，回答“世界怎么了、我们怎么办”的时代之问，推动全球治理变革完善，展现负责任大国担当。提出构建人类命运共同体重大理念，为人类向何处去贡献了中国方案。提出共建“一带一路”重大倡议，同149个国家和32个国际组织相继签署合作文件，打造起广受欢迎的全球公共产品和开放合作的国际合作平台。提出全球发展倡议、全球安全倡议，推动全球发展共同体、安全共同体建设，为和平与发展事业注入新的动力。从联合国讲坛到达沃斯论坛，从亚太经合组织北京会议到二十国集团杭州峰会，从应对埃博拉到抗击新冠疫情，中国在国际事务中发挥了砥柱中流作用。

（三）外交布局全面拓展

习近平总书记亲自推进气势恢宏的元首外交，为中国特色大国外交举旗定向，为变乱交织的世界指引方向。新时代中国特色大国外交始终坚持对话而不对抗、结伴而不结盟，构建覆盖全球的伙伴关系网络。近年来，我国推动构建相互尊重、公平正义、合作共赢的新型国际关系，建交国总数不断增加，同世界各国和地区组织建立伙伴关系的数量不断增加，铁杆朋友和战略支点更加巩固。

习近平主席42次出访成果丰硕，足迹遍及五大洲69个国家，在国内接待100多位国家元首和政府首脑，以精彩纷呈的元首外交为外交全局提供战略引领。推动新型国际关系建设，伙伴关系网络覆盖全球，同110多个国家和地区组织建立了不同形式的伙伴关系，铁杆朋友和战略支点更加巩固。构建总体稳定的大国关系框架，中俄新时代全面战略协作伙伴关系更加成熟坚韧，中欧和平、增长、改革、文明四大伙伴关系建设稳步推进，为中美关系指出相互尊重、和平共处、合作共赢的正确方向。周边命运共同体建设深入推进，中国—东盟建立全面战略伙伴关系，澜湄等次区域合作加速发展，《区域全面经济伙伴关系协定》签署生效，中亚成为我国周边首个战略伙伴集群。同发展中国家团结合作持续深化，中非高质量落实“八大行动”、推进“九项工程”，中非命运共同体更加紧密，中阿建立全面合作、共同发展、面向未来的战略伙伴关系，中拉关系进入平等、互利、创新、开放、惠民的新时代。

（四）公平正义全面促进

坚持世界命运应该由各国共同掌握，国际规则应该由各国共同书写，全球事务应该由各国共同治理，发展成果应该由各国共同分享。倡导真正的多边主义，反对一切单边主义、保护主义、霸权主义和强权政治。坚持按照事情本身的是非曲直决定立场，提出并践行中国特色热点问题解决之道，推动伊朗核、朝鲜半岛核、阿富汗、中东等热点问题的政治解决。积极开展南南合作，坚定维护发展中国家的正当权益和发展空间。

（五）国家主权、安全、发展利益和民族尊严全面维护

党的十八大以来，中国以更坚定的意志、更扎实的行动、更有力的举措，构筑起捍卫国家利益和民族尊严的坚强防线，把国家发展和安全主动权牢牢掌握在自己的手中。面对外部遏制打压和无理干涉，我们开展了针锋相对、坚定有力的斗争，国际社会坚持一个中国的格局更加巩固。面对无理讹诈和极限施压，保持战略定力，发扬斗争精神，展示不畏强权的意志决心，坚定维护国家核心利益和民族尊严，牢牢掌握了发展和安全主动权。坚决反制任何侵犯我国主权、干涉我国内政的错误行径，在原则问题上寸步不让，坚定捍卫国家主权、安全、发展利益。

旗帜鲜明捍卫一个中国原则，实现同 9 个国家建交复交，在台湾问题上坚决回击挑衅行径，巩固了国际社会一个中国共识。有力遏阻外部势力干预香港事务，巩固香港由乱及治的良好态势。以事实真相戳穿涉疆谎言，挫败“以疆制华”的政治图谋。连续挫败利用台湾、涉疆、涉港、涉藏、涉疫、人权等问题对我国发动的各种攻击抹黑。稳步推进“南海行为准则”磋商，维护了南海局势总体稳定。抵制疫情政治化、病毒标签化逆流，80 多个国家以致函、发表声明等方式反对将病毒溯源问题政治化。在人权理事会和联大三委连续 7 次挫败反华人权行动，形成近百国支持中国正义立场、反对以人权问题为借口干涉内政的强大声势。经过不懈努力，被非法拘押 1000 多天的孟晚舟平安回到祖国。组织实施 19 次海外公民撤离行动，竭力守护海外同胞生命安全。开展海外公民接种疫苗“春苗行动”，及时救治染疫的中国同胞。开通 12308 全球 24 小时领事保护与服务应急热线，保障海外机构、人员正当合法权益。加快构建海外民生工程，积极践行外交为民理念。

2012 年至 2017 年的 5 年间，中国成功组织 9 次海外公民撤离行动，处理 100 多起中国公民境外遭绑架或袭击案件，受理各类领事保护救助案件近 30 万起。

（六）服务发展全面深化

紧紧围绕党和国家中心工作，为全面深化改革和对外开放提供全方位、高质量服务。着眼构建新发展格局，深化经贸、投资、产能、科技等领域对外合作，以共建“一带一路”推动建设合作共赢的开放体系。构建面向全球的高标准自由贸易区网络，我国已成为 140 多个国家和地区的主要贸易伙伴。新冠肺炎疫情防控中，严守“外防输入”国门关，开设人员往来“快捷通道”，打造货物运输“绿色通道”，保障产业链供应链稳定畅通。通过主场外交、国际展会、全球推介等平台支持地方开放发展。

发展全球伙伴关系，扩大同各国的利益交汇点。2022 年 9 月 15 日，习近平主席在乌兹别克斯坦出席上海合作组织撒马尔罕峰会期间，同白俄罗斯总统卢卡申科举行双边会见。两国元首决定，将中白关系定位提升为全天候全面战略伙伴关系，成为中国发展全球伙伴关系的最新进展。

“志同道合，是伙伴。求同存异，也是伙伴”，习近平主席开创性地提出，坚持以深化外交布局为依托打造全球伙伴关系。坚持对话而不对抗、结伴而不结盟。十年来，中国同各国广交朋友、深化合作，不断扩大与各国的利益交汇点，建设新型国际关系之路越走越宽广。推进大国协调和合作，构建总体稳定、均衡发展的大国关系框架；按照亲诚惠容

理念和与邻为善、以邻为伴的周边外交方针，深化同周边国家关系；秉持正确义利观和真实亲诚理念，加强同广大发展中国家团结合作……新时代，中国对外关系不断拓展深化，全方位、多层次、立体化的对外工作布局日益发展完善。

（七）战略运筹全面增强

增强历史主动精神，面对大是大非旗帜鲜明，面对风险挑战积极化解，团结一切可以团结的力量、调动一切可以调动的积极因素。战略上主动运筹、战术上灵活机动，外交“工具箱”不断充实，开展大国外交的能力不断提升，服务“国之大者”的作用更加彰显。

风云变幻，不改人间正道；沧海横流，更当破浪前行。新时代中国外交在世界变局中砥砺前行，在大国博弈中从容自信，取得一系列来之不易的成果，关键在于习近平总书记作为党中央的核心、全党的核心领航掌舵，在每个重要节点作出正确战略判断和决策部署；关键在于习近平外交思想科学指引，始终从人类发展大潮流和世界变化大格局中准确把握同外部世界关系。

四、新时代中国特色大国外交的根本遵循和行动指南

先进思想辉映非凡事业，科学理论引领伟大实践。习近平总书记站在时代最前沿，直面人类新挑战，提出一系列原创性的外交战略思想和重大理念倡议，创立了习近平外交思想。习近平外交思想是当代中国马克思主义、二十一世纪马克思主义在对外工作领域的最新理论成果，是中华文化和中国精神的时代精华在对外交往中的集中体现，精辟回答了新形势下应推动建设什么样的世界、构建什么样的国际关系，中国需要什么样的外交、发挥什么样的国际作用等一系列重大理论和实践问题，为中国特色大国外交提供了根本遵循和行动指南。

（一）深刻领悟习近平外交思想，把握外交正确方向

1. 习近平外交思想的丰富内涵

习近平外交思想有着坚实的马克思主义理论基础，运用历史唯物主义和辩证唯物主义的立场观点方法，提出了构建人类命运共同体的科学论断，顺应了人类社会发展进步的时代潮流，体现了世界各国的普遍愿望，凸显了中国共产党人为人类进步事业不断奋斗的如磐初心和责任使命。习近平外交思想有着深厚的中华优秀传统文化底蕴，蕴含深厚的优秀传统文化和哲学思想内涵，扬弃了中外传统文化、中外国际关系思想和政治及政治哲学理念、人类共同价值追求等，具有极强的包容性和高度的概括性，提出人类命运共同体、破解四大赤字，中国传统的“和”“合”思想能提供很大启发。习近平外交思想有着广阔的人类命运共同体发展空间，合作共赢应该成为各国处理国际事务的基本政策取向。习近平外交思想深刻体现了我们党的治国理念和执政方略，是习近平新时代中国特色社会主义思想的“外交篇”，是指导中国迎来中华民族伟大复兴并日益走近世界舞台中央的对外政策总方针。习近平外交思想，牢牢把握坚持和平发展、促进民族复兴这条主线，为我国和平发展营造了更加有利的国际环境，为实现“两个一百年”奋斗目标提供了有力保障，充分体现了中国共产党为人民谋幸福、为民族谋复兴、为世界谋大同的使命担当。

习近平外交思想博大精深、内涵丰富、思想深刻、逻辑严密，是一个科学、系统、完备的思想理论体系，深入思考和系统回答了“世界怎么了、我们怎么办”的时代之问，科学回答了建设什么样的世界、构建什么样的国际关系等重大问题，为解决人类面临的共同挑战提供了中国方案，深刻体现了鲜明的中国特色、强烈的时代特征和深邃的战略视野，是党在新时代对外工作的集中体现，是习近平新时代中国特色社会主义思想的“外交篇”。在 2018 年 6 月召开的中央外事工作会议上，习近平总书记发表重要讲话，对新时代中国特色社会主义外交思想做出“十个坚持”的精辟概括：坚持以维护党中央权威为统领加强党对对外工作的集中统一领导，坚持以实现中华民族伟大复兴为使命推进中国特色大国外交，坚持以维护世界和平、促进共同发展为宗旨推动构建人类命运共同体，坚持以中国特色社会主义为根本增强战略自信，坚持以共商共建共享为原则推动“一带一路”建设，坚持以相互尊重、合作共赢为基础走和平发展道路，坚持以深化外交布局为依托打造全球伙伴关系，坚持以公平正义为理念引领全球治理体系改革，坚持以国家核心利益为底线维护国家主权、安全、发展利益，坚持以对外工作优良传统和时代特征相结合为方向塑造中国外交独特风范。这“十个坚持”系统阐述了习近平外交思想的丰富内涵，全面总结了我国外交工作的基本经验，明确提出了面向新时代的中国对外的历史使命、总目标和应当坚持的方针原则，深刻揭示了中国特色大国外交的本质要求、内在规律和前进方向。

2. 习近平外交思想的价值取向

习近平外交思想是以习近平同志为核心的党中央在外交领域的重大理论创新成果，与毛泽东、邓小平、江泽民、胡锦涛的外交思想一脉相承而又创新发展，随着我国改革开放和中国特色大国外交的推进而不断丰富发展，是习近平新时代中国特色社会主义思想的重要组成部分，是马克思主义外交理论在当代中国的创新发展。习近平外交思想深刻体现了以习近平同志为核心的党中央，准确把握中国和世界发展大势，站在外交工作服务推动党和国家事业发展全局、实现中华民族伟大复兴的战略高度，倾听时代声音、把握时代脉搏、紧扣时代主题、揭示时代特征、遵循时代规律、回答时代课题、引领时代发展，集中反映了党的十八大以来我国对外工作取得的历史性成就和发生的历史性变化，深刻回答了新时代我国对外工作的一系列重大理论和实践问题。作为一个博大精深的体系，习近平外交思想进一步明确了新时代我国对外工作的战略目标，确立形成了一整套指导我国新时代外交工作的战略策略和方针原则，丰富发展了中国特色大国外交理论体系，深化完善了中国外交的全方位战略布局，鲜明提出了坚持外交大权在中央、加强党对外交工作的集中统一领导，充分展现了我国作为负责任大国开拓进取和勇于担当的鲜明外交风格等，把中国特色大国外交的理论和实践推进提升到了新高度、新境界。

在新征程上，我们要坚持以习近平新时代中国特色社会主义思想为指导，深刻领悟“两个确立”的决定性意义，增强“四个意识”、坚定“四个自信”、做到“两个维护”，不断坚持和加强党对外工作的集中统一领导，把党的全面领导特别是党中央集中统一领导落实到外交事业各领域各方面各环节。要紧紧围绕服务民族复兴和促进人类进步这条主线，全面把握习近平外交思想的科学性时代性先进性，进一步增强坚定奉行独立自主的和平外交政策的理论自觉和行动自觉，更加主动有为地推进新时代中国特色大国外交，努力为党和国家事业迈上新台阶以及构建人类命运共同体提供坚强后盾。

（二）习近平外交思想是成功推进中国特色大国外交的根本保证

1. 坚持党的全面领导和中国特色社会主义道路，体现中国特色大国外交的根本属性

党的二十大报告指出，“坚持党的全面领导是坚持和发展中国特色社会主义的必由之路，中国特色社会主义是实现中华民族伟大复兴的必由之路”。党的集中统一领导是中国外交的最大政治优势，中国特色社会主义是中国外交的源泉和根基。只有毫不动摇坚持党对一切工作的领导，坚定不移走中国特色社会主义道路，才能始终保持中国外交的政治本色，使中国外交聚焦党和国家中心工作，在错综复杂的国际形势变化中保持定力、把握主动。

2. 坚持走和平发展道路，把握中国特色大国外交的正确途径

党的二十大报告强调：“中国式现代化是走和平发展道路的现代化。我国不走一些国家通过战争、殖民、掠夺等方式实现现代化的老路，那种损人利己、充满血腥罪恶的老路给广大发展中国家人民带来深重苦难。”中国式现代化道路为人类实现现代化提供了新的选择，创造了人类文明新形态。这条道路不是传统大国崛起的翻版，不是国强必霸的再版，而是造福中国、有利于世界的正道。中国外交坚定站在历史正确的一边，站在人类文明进步的一边，高举和平、发展、合作、共赢旗帜，在坚定维护世界和平与发展中谋求自身发展，又以自身发展更好维护世界和平与发展。

3. 推动构建人类命运共同体，彰显中国特色大国外交的世界情怀

党的二十大报告指出，“中国始终坚持维护世界和平、促进共同发展的外交政策宗旨，致力于推动构建人类命运共同体”，并将推动构建人类命运共同体明确为“中国式现代化的本质要求”，进一步阐明了新形势下构建人类命运共同体的时代意义、精神实质和实现路径。万物并育而不相害，道并行而不相悖。人类命运共同体理念明确了中国外交的世界愿景，回应了各国人民求和平、谋发展、促合作的普遍诉求，指明了解决全球性问题的根本路径，成为引领时代潮流和人类前进方向的鲜明旗帜。

4. 推动建设相互尊重、公平正义、合作共赢的新型国际关系，开拓中国特色大国外交的全新实践

习近平总书记曾指出：“我们要坚持对话而不对抗、包容而不排他，构建相互尊重、公平正义、合作共赢的新型国际关系，扩大利益汇合点，画出最大同心圆。”各国不能“身体”进入21世纪，“脑袋”还停留在殖民扩张的旧时代里，停留在冷战思维、零和博弈的老框框内。要以相互尊重超越恃强凌弱，以公平正义超越霸凌霸道，以合作共赢超越以邻为壑，对近代以来的权力政治观念予以扬弃，走出一条国与国交往的新路。

5. 倡导全人类共同价值，构建中国特色大国外交的价值体系

党的二十大报告呼吁，“世界各国弘扬和平、发展、公平、正义、民主、自由的全人类共同价值，促进各国人民相知相亲”。和平与发展是我们的共同事业，公平正义是我们的共同理想，民主自由是我们的共同追求。各国历史、文化、国情不同，但人民心灵相通，都有追求和探索实现全人类共同价值的平等权利。不存在高人一等的“自由民主”，不存在唯我独尊的“普世价值”，把本国价值观强加于人只能增加动荡之源，按意识形态画线极易造成冲突之祸。

6. 展现鲜明的中国特色、中国风格、中国气派，塑造中国特色大国外交的独特风范

习近平总书记曾强调，“坚持以对外工作优良传统和时代特征相结合为方向塑造中国外交独特风范”。新时代中国外交将马克思主义中国化时代化最新成果与当今中国外交实际结合，与中华优秀传统文化结合，与新中国外交优良传统结合，坚持自信自立、守正创新，塑造了中国外交独特风范，实现了历史使命与时代潮流的高度统一、民族精神与国际主义的高度统一、中国气派与世界情怀的高度统一。

7. 坚持走中国人权发展道路，为全球人权治理贡献中国力量

75 年前，《世界人权宣言》在“二战”废墟中诞生。宣言申明对基本人权的尊重和保护，成为国际人权事业的里程碑。30 年前，《维也纳宣言和行动纲领》明确各类人权平等地位，发展促人权、合作促人权的理念日益深入人心。

当前，新冠疫情阴霾未散，全球经济面临衰退风险，粮食和能源危机、产业链断裂、气候变化等全球性问题层出不穷，国际人权事业发展面临严峻挑战。面对新形势新任务，我们必须认真思考：如何更好促进和保护人权？如何加强和改进全球人权治理？中国主张：

（1）坚持走符合各国实际国情的人权发展道路。人人得享人权是全人类共同追求。同时，各国历史文化传统、具体国情、人民诉求千差万别，世界上不存在定于一尊的人权保障模式。各国自主选择人权发展道路的权利必须得到尊重。照搬照抄别国模式只会“水土不服”，强加于人更会贻害无穷。

（2）坚持全面促进和保护各类人权。人权是不可分割的，生存权和发展权是首要基本人权，公民权利和政治权利、经济社会文化权利必须同等重视、系统推进。人人生而平等，各国也都是国际社会平等一员。要更加重视发展中国家面临的人权挑战，更多关注发展中国家的人权诉求。单边强制措施违反国际法，侵害当事国人民基本人权，必须立即无条件取消。

（3）坚持国际公平正义。推进国际人权事业健康发展，需要的是团结而非分裂，是合作而非对抗。任何国家都没有资格当人权“判官”，人权不能成为干涉别国内政、遏制别国发展的借口。各国应恪守联合国宪章宗旨和原则，在平等和相互尊重的基础上开展人权交流与合作，共同反对有的国家将人权问题政治化、武器化、工具化，反对有的国家无视并无力解决本国国内存在的严重人权问题，却到处充当人权“教师爷”，对别国指手画脚。

（4）坚持对话合作。人权理事会应成为建设性对话与合作的大舞台，而不是政治操弄和阵营对抗的角斗场。人权理事会应坚持联合国会员国主导原则。人权条约机构和特别机制要恪守授权，同会员国架起沟通桥梁。只有秉持公正、客观、非选择性、非政治化原则，联合国人权系统才能良好运转，为国际人权事业发展持续注入正能量。

新时代的中国外交坚持和运用习近平新时代中国特色社会主义思想的世界观和方法论，在习近平外交思想科学指引下，以更宽广视野、更开放胸襟、更积极姿态，担当世界和平的建设者、全球发展的贡献者、国际秩序的维护者，开辟了国际关系理论与实践的新境界，书写了人类政治文明进步的新篇章。

五、不断开创中国特色大国外交新局面，推动构建人类命运共同体

习近平总书记在党的二十大报告中强调中国共产党“必须坚持胸怀天下”，指出“我们要拓宽世界眼光，深刻洞察人类发展进步潮流，积极回应各国人民普遍关切，为解决人类面临的共同问题作出贡献，以海纳百川的宽阔胸襟借鉴吸收人类一切优秀文明成果，推动建设更加美好的世界”。

当前和今后一个时期，在以习近平同志为核心的党中央坚强领导下，中国特色大国外交将以习近平外交思想为指导，自信自立、胸怀天下，敢于斗争、善于斗争，知难而进、迎难而上，坚持维护世界和平、促进共同发展的外交政策宗旨，致力于推动构建人类命运共同体，全力推进实现民族复兴和促进人类进步的历史征程。

（一）坚持独立自主，捍卫国际公平正义

党的二十大报告指出：“中国坚定奉行独立自主的和平外交政策，始终根据事情本身的是非曲直决定自己的立场和政策，维护国际关系基本准则，维护国际公平正义。”我们将继续尊重各国主权和领土完整，坚持国家不分大小、强弱、贫富一律平等，尊重各国人民自主选择的发展道路和社会制度，坚决反对一切形式的霸权主义和强权政治，反对冷战思维，反对干涉别国内政，反对搞双重标准。我们将坚决维护国家统一和领土完整，外部势力胆敢玩火挑衅，必将予以迎头痛击。中国的发展是世界和平力量的增长，无论发展到什么程度，永远不称霸、永远不搞扩张。

（二）坚持拓展全球伙伴关系，深化全方位外交布局

新型大国关系的根本创新之处在于，以合作取代对抗，以共赢取代独占，不再搞零和博弈和赢者通吃那一套。要推进大国协调和合作，构建总体稳定、均衡发展的大国关系框架。对于中美关系，两国领导人通过各种场合的会晤，引领中美管控分歧、深化合作、增进互信。对于中俄关系，两国领导人交往频繁，双方在许多大项目方面的合作取得突破性进展，在重大国际和地区问题上密切协调配合，新时代中俄全面战略协作伙伴关系保持高水平运行。对于中欧关系，中国与欧洲国家、欧洲次区域以及欧盟的合作深入发展。总之，发展新型大国关系，需要积极性。中国有句古话，为者常成，行者常至。我们要采取扎实有效的行动，通过创新思维、深化互信、平等互谅、减少误判等，加强在国际和地区问题上的协调，扎实推进构建新型大国关系实践不断取得新成就。

党的二十大报告指出：“中国坚持在和平共处五项原则基础上同各国发展友好合作，推动构建新型国际关系，深化拓展平等、开放、合作的全球伙伴关系，致力于扩大同各国利益的汇合点。”我们将坚持促进大国协调和良性互动，推动构建和平共处、总体稳定、均衡发展的大国关系格局。将坚持亲诚惠容理念和与邻为善、以邻为伴周边外交方针，深化同周边国家友好互信和利益融合。秉持正确义利观，加强同发展中国家团结合作，维护发展中国家共同利益。讲好中国的故事、中国人民的故事、中国共产党的故事，不断增进国际社会对中国的理解和认同，形成同我国综合国力和国际地位相匹配的国际话语权。

（三）坚持对外开放，推动共同发展

党的二十大报告指出："中国坚持对外开放的基本国策，坚定奉行互利共赢的开放战略，不断以中国新发展为世界提供新机遇，推动建设开放型世界经济，更好惠及各国人民。"我们将坚持以高标准、可持续、惠民生为目标，巩固互联互通合作基础，拓展国际合作新空间，推动共建"一带一路"高质量发展。坚持经济全球化正确方向，推动贸易和投资自由化便利化，推进双边、区域和多边合作，促进国际宏观经济政策协调，共同营造有利于发展的国际环境，共同培育全球发展新动能，反对保护主义，反对"筑墙设垒""脱钩断链"，反对单边制裁、极限施压。将加大对全球发展合作的资源投入，致力于缩小南北差距，坚定支持和帮助广大发展中国家加快发展。

（四）坚持共商共建共享，完善全球治理体系

党的十八大以来，中国以前所未有的广度、深度、力度参与全球治理，贡献中国智慧，提供中国方案，展现中国担当，得到国际社会广泛赞誉。

习近平总书记站在人类前途命运高度，在联合国等重大场合提出中国的全球治理观，倡导坚持开放包容、不搞封闭排他，坚持以国际法为基础、不搞唯我独尊，坚持协商合作、不搞冲突对抗，坚持与时俱进、不搞故步自封，引领全球治理体系和国际秩序变革，为充满不确定性的世界注入正能量。

中国忠实履行联合国安理会常任理事国职责与使命，累计派出5万多人次参加联合国维和行动，已经成为第二大联合国会费国、第二大联合国维和摊款国。面对乌克兰危机、朝鲜半岛核、伊朗核、阿富汗等热点问题，中国始终坚持劝和促谈，倡导以和平方式解决争端。中国以促进世界安危与共为己任，提出全球安全倡议，已经得到70多国赞赏和支持。

中国率先实现联合国千年发展目标，带头落实联合国2030年可持续发展议程，对全球减贫贡献率超过70%。中国以自身的新发展为世界提供新机遇，多年来对世界经济增长平均贡献率超过30%。中国提出全球发展倡议，设立中国—联合国和平与发展基金，深化南南合作，为人类发展事业注入强劲动力。

中国坚定落实应对气候变化《巴黎协定》，宣布碳达峰、碳中和目标和国家自主贡献新举措，为合作应对气候变化发挥关键作用。中国成功举办《生物多样性公约》第十五次缔约方大会第一阶段会议，出资成立昆明生物多样性基金，坚定做全球生态环境治理的行动派。

中国积极参与全球数字治理，提出《全球数据安全倡议》，推动全球数字治理体系朝着更加公正合理的方向迈进。不久前，中国就粮食安全、能源安全提出相关倡议，为解决当前世界面临的难题贡献中国方案。

外交部副部长马朝旭强调，中国推动全球治理体系变革，不是什么另起炉灶，而是使其更加公正合理。国际秩序只能以公认的国际法为基础，不能由少数国家制定所谓的规则，更不能把自己的"家规""帮规"强加于人。无论国际风云如何变幻，中国践行真正多边主义的决心不会变，完善全球治理的努力不会变，推动多边合作的行动不会变。

党的二十大报告指出："中国积极参与全球治理体系改革和建设，践行共商共建共享

的全球治理观，坚持真正的多边主义，推进国际关系民主化，推动全球治理朝着更加公正合理的方向发展。”我们将坚定维护以联合国为核心的国际体系、以国际法为基础的国际秩序、以联合国宪章宗旨和原则为基础的国际关系基本准则，反对一切形式的单边主义，反对搞针对特定国家的阵营化和排他性小圈子。推动世界贸易组织、亚太经合组织等多边机制更好发挥作用，扩大金砖国家、上海合作组织等合作机制影响力，增强新兴市场国家和发展中国家在全球事务中的代表性和发言权。积极参与全球安全规则制定，加强国际安全合作，积极参与联合国维和行动，为维护世界和平和地区稳定发挥积极作用。积极参与应对气候变化全球治理，促进人与自然和谐共生。

（五）坚持胸怀天下，推动构建人类命运共同体

党的十八大以来，在习近平外交思想指引下，中国外交以服务民族复兴、促进人类进步为主线，立足中国发展新方位，把握中国同世界关系新变化，坚持立己达人、胸怀天下，坚定不移走和平发展道路，推动构建人类命运共同体，推动构建相互尊重、公平正义、合作共赢的新型国际关系，始终作世界和平的建设者、全球发展的贡献者、国际秩序的维护者。

2022 年 9 月 29 日，中共中央宣传部举行“中国这十年”系列主题新闻发布会。外交部副部长马朝旭在发布会上指出，构建人类命运共同体是新时代中国外交的总目标。习近平总书记率先垂范、身体力行，开展了一系列精彩纷呈、成果丰硕的元首外交。10 年来，习近平总书记 42 次出访，足迹遍及五大洲 69 个国家，在国内接待 100 多位国家元首和政府首脑。曾经一个月四度踏出国门，一周主持近 70 场双多边活动。疫情发生后，习近平总书记积极开展“云外交”，同外国领导人和国际组织负责人通话 181 次，以视频方式出席重大外事活动 78 次。2022 年 9 月中旬习近平总书记中亚之行，停留时间 48 小时，密集出席近 30 场活动，会见 10 国领导人，有力推动上合组织发展，引领中国同有关国家关系迈上新台阶。习近平总书记在国际上广交朋友，讲述中国故事，加深了国际社会对中国的了解，展现了平易近人、以诚相待、重情尚义的领袖风范，彰显了元首外交不可替代的重要作用和战略价值。

构建人类命运共同体日益受到国际社会广泛欢迎和支持，已经实现从“一方领唱”到“众声合唱”的多重跨越。中国秉持全球发展命运共同体理念，坚持共商共建共享推进“一带一路”建设，同 149 个国家、32 个国际组织签署了 200 多份共建“一带一路”合作文件。中国始终站在国际抗疫合作最前线，同 180 多个国家和国际组织分享疫情防控和诊疗方案，向 34 个国家派出 38 支医疗专家组，向 120 多个国家和国际组织提供超过 22 亿剂新冠疫苗，开展中华人民共和国成立以来最大规模的全球紧急人道主义行动，推动构建人类卫生健康共同体。2021 年以来，习近平总书记相继提出全球发展倡议、全球安全倡议，进一步丰富了人类命运共同体理念。人类命运共同体理念在联合国等国际组织文件中得到充分体现，中非命运共同体、中阿命运共同体、中拉命运共同体、中国—东盟命运共同体、中国—中亚命运共同体建设等也在积极推进。

10 年来，中国大力构建全方位、多层次、立体化的外交布局。本着相互尊重、求同存异、合作共赢的精神，中国积极开展对外友好交流合作，不断扩大同各国利益交汇点，逐步构建起以平等、开放、合作为特征的全球伙伴关系网络。中国积极推动构建总体稳定、均衡发展的大国关系框架，深化中俄新时代全面战略协作伙伴关系，推动构建相互尊重、和平共处、合作共赢的中美关系，打造中欧和平、增长、改革、文明四大伙伴关系。按照亲诚惠容理念和与邻为善、以邻为伴的周边外交方针深化同周边国家关系，稳定周边战略依托，推动构建周边命运共同体。秉持正确义利观和真实亲诚理念加强同广大发展中国家团结合作，整体合作机制实现全覆盖。截至目前，中国建交国总数增至 181 个，同 110 多个国家和地区组织建立伙伴关系，打造了遍及全球的“朋友圈”，全方位对外战略布局日益深化拓展。

党的二十大报告指出：“构建人类命运共同体是世界各国人民前途所在。”人类命运共同体理念以和平发展超越冲突对抗，以共同安全取代绝对安全，以互利共赢摒弃零和博弈，以交流互鉴防止文明冲突，以绿色发展呵护地球家园，顺应了世界大势和人心所向。面对层出不穷的全球性挑战，只有各国行天下之大道，和睦相处、合作共赢，繁荣才能持久，安全才有保障。我们愿同世界各国一道，以推动构建新型国际关系为根本路径，以落实全球发展倡议、全球安全倡议为重要依托，以和平、发展、公平、正义、民主、自由的全人类共同价值为价值追求，携手建设持久和平、普遍安全、共同繁荣、开放包容、清洁美丽的世界。

旗帜指引方向，奋斗铸就辉煌。新征程上，我们要更加紧密地团结在以习近平同志为核心的党中央周围，深刻领悟“两个确立”的决定性意义，增强“四个意识”、坚定“四个自信”、做到“两个维护”，深学笃行习近平外交思想，深入贯彻党的二十大精神，全面推进中国特色大国外交，为夺取全面建设社会主义现代化国家新胜利、谱写构建人类命运共同体新篇章而不懈奋斗！

【知识链接】

中国外交理念的集中体现

长期的外交实践孕育了中国特有的外交理念，这些理念是中国对世界外交制度、规范、准则和精神的新贡献，也是全球发展的中国智慧和行动指南。

第一，新型国际关系。中国致力于打造相互尊重、公平正义、合作共赢的新型国际关系。在谈到世界面临分裂对抗风险的问题时，王毅指出，在个别大国企图维护霸权地位、重拾冷战思维、制造对抗的背景下，中国致力于促进和平、团结、开放和合作，推动建立新型国际关系，构建人类命运共同体。中俄不结盟、不对抗、不针对第三方；中美应当求同存异，以合作代替对抗；中欧不针对、不依附、不受制于第三方。对新型国际关系的追求意味着中国反霸权主义、反集团政治、反冷战思维、反零和博弈。

第二，人类命运共同体。王毅在记者会开场白中呼吁各国与中国一道团结合作、应对挑战，推动构建人类命运共同体，并援引习近平主席提出的“190 多条小船”和“一条命运与共的大船”的形象比喻，并表示，“一带一路”在“硬联通”“软联通”和“心联通”方面成效卓著，造福世界，推动共同发展。无论对非洲、拉美、东盟、中亚还是南太平洋地区，中国都奉行人类命运共同体的理念，与各方命运与共，相互支持。

第三，真正的多边主义。在回答关于“印太战略”的问题时，王毅批评美国的“印太战略”打着多边主义的幌子，大搞排他性的俱乐部，拉帮结派，扰乱地区秩序，是一股搞“小圈子”的逆流。应对全球性的挑战需要真正的多边主义，多边主义应当是开放自由的，而不是封闭霸道的，是平等协商式的，而不是胁迫命令式的；应当是以联合国和《联合国宪章》的权威性为基础的，而不是以霸权国意志为基础的。

第四，全人类共同价值。习近平主席多次阐述了和平、发展、公平、正义、民主、自由的全人类共同价值。王毅在答记者问时呼吁各国倡导全人类共同价值。全人类共同价值意味着要对不同文明、不同发展道路的包容理解和尊重，反对借民主自由之名，行干涉之实；要为人类进步事业作出贡献。处理与发展中国家的关系时应秉承正确的义利观，尊重各国的历史国情，尊重文明的多样性。

第五，独立自主的和平发展政策。中国坚持独立自主的和平外交政策，走和平发展道路。王毅在记者会上多次强调独立自主的重大意义，独立自主成为记者会上的“高频词”。在回答关于乌克兰危机和中俄关系时，他表示中国会在乌克兰问题上根据是非曲直独立自主作出判断，“中俄关系具有独立自主价值”。在中印、中欧、中拉、中国与中东关系问题上，他表示印度、欧洲国家、拉美国家和中东国家都应当独立自主，只有独立自主才能掌握自己的命运。中国希望世界各国都能走出自己的道路，制定自己的政策，不受干扰、强迫、霸凌、挑拨和阻挠。

第六，公平正义的全球治理体系。在回答有关金砖国家、亚太经合组织和二十国集团等组织的问题时，王毅指出，全球治理体系的变革应以公平公正为理念依据，新兴市场和发展中国家应当扮演越来越重要的角色，国际秩序应当公正合理，全球化应当“开放、包容、普惠、平衡、共赢”。

第七，坚守国家核心利益。在回答中美关系和台湾问题时，王毅指出有些政客大谈乌克兰主权和领土完整，却在台湾问题上损害中国的主权和领土完整，是典型的双重标准。中国尊重和维护《联合国宪章》规定的主权原则，同时也完全有权利捍卫自身权益，中国核心利益不容挑战。

（资料来源：中国社会科学网. 为中国和世界谋福祉：中国外交迈向新征程，http：//www. cssn. cn/gjgxx/gj_ bwsf/202204/t20220408_5402628. shtml）

【拓展阅读】

外交外事战线扎实开展主题教育——以实干担当不断开创中国特色大国外交新局面（学思想 强党性 重实践 建新功）

学习贯彻习近平新时代中国特色社会主义思想主题教育开展以来，外交外事战线认真学习贯彻习近平总书记重要讲话精神和党中央部署要求，全面准确把握目标要求，紧密联系实际，精心组织、周密部署，紧密结合外交中心工作开展主题教育，坚持学思用贯通、知信行统一，把习近平新时代中国特色社会主义思想转化为坚定理想、锤炼党性和指导实践、推动工作的强大力量，以实干担当不断开创中国特色大国外交新局面。

中央外事工作委员会办公室把开展主题教育作为重要政治任务，紧扣“学思想、强党性、重实践、建新功”总要求，围绕党的创新理论开展大学习，围绕更好履职尽责开展大调研，围绕提高工作质效开展大练兵，围绕检视出的问题加强整改整治，努力在以学铸魂、以学增智、以学正风、以学促干方面取得实实在在的成效。聚焦党的创新理论学习，举办5期全员轮训读书班，组织系列专题辅导报告会，集体学习和研讨交流结合，推动全体党员干部进一步学懂弄通做实习近平新时代中国特色社会主义思想特别是习近平外交思想。以强化理论学习指导发展实践，以深化调查研究推动解决发展难题。聚焦外交外事工作战略性长远性和重点难点问题，精心研究制定工作方案，大兴调查研究；突出实践导向，把开展主题教育同推动对外工作结合起来，以新气象新作为履行党中央外交外事参谋助手职责。

外交部牢牢把握主题教育总要求，坚持高起点起步、高质量推进、高标准落实。外交部党委第一时间召开会议，深入学习领会习近平总书记重要讲话精神。开设部党委读书班，安排14个半天集中读书，领学带学促学。针对外交战线摊子大、分布广的情况，部党委派出5个巡回指导组，对36个部内部属单位和265个驻外使领馆党委开展主题教育情况进行督促指导。坚持调研开路，运用党的创新理论研究新情况、解决新问题。外交部增强做好调查研究的思想自觉、政治自觉、行动自觉，聚焦外交工作中的堵点难点，确定10个方面调研课题。部党委委员带头示范，结合分管工作分头认领，坚持采取“四不两直”等方式开展调研，把功夫下到察实情、出实招、办实事、求实效上。

中共中央对外联络部把推动党的对外工作高质量发展、更好服务新时代党和国家工作大局作为开展主题教育的出发点和落脚点，坚持在干中学、学中干。部领导班子充分发挥领学示范作用，在开展好部理论学习中心组专题学习基础上，举办部领导班子读书班。部内各单位开展形式多样的学习活动，结合红色资源深化学习感悟。局处级干部分3批开展为期7天的读书班，完完整整、原原本本研读必读书目。围绕28个具体研讨题目，开展42次专题研讨，在交流中加深对党的创新理论的理解、领会和把握。以“深、实、细、准、效”为标准开展调查研究，中联部制定明确调查研究工作方案和任务分工，形成调研课题实施计划详案，对党中央明确的12个方面调研内容做到全覆盖。重视实践，通过走访、召开座谈会、协调会等方式，利用同外国政党交往渠道，充分征求各方的意见建议，加强对自身发展和国际形势等问题的把握。

国家国际发展合作署把开展主题教育同学习贯彻习近平总书记对援外工作的重要指示批示精神、同推动援外事业改革发展结合起来，将学习成果转化为推动高质量共建“一带一路”、落实全球发展倡议等工作的强大动力，服务好国家对外工作总体布局。制定印发主题教育大型调查研究工作方案，署领导班子成员带头赴援外执行部门、企业、援建项目一线等深入调研，推动解决援外工作堵点难点；组织国际机构工作人员和外国驻华使节赴地方考察，助力国际发展合作，服务高质量发展和高水平开放；结合外事部门特点大力开展对外宣介，扩大和提升中国主张和中国倡议的国际影响力。

中国人民对外友好协会坚持把学习贯彻习近平新时代中国特色社会主义思想特别是习近平外交思想融入主题教育各项任务和民间外交具体实践中，积极发挥民间外交引领作用、公共外交骨干作用、城市外交桥梁作用，深入开展丰富多彩的“请进来、走出去”系列活动，广泛同世界各国各界交往交流，积极对外宣介党的二十大精神和习近平外交思想，促进中外人民相知相亲，为服务中国特色大国外交、推动构建人类命运共同体夯实民意基础。

中国人民外交学会把开展主题教育同推进人民外交工作结合起来，深入学习贯彻习近平新时代中国特色社会主义思想的世界观和方法论，全面推进新时代人民外交。积极开展外交配套活动，接待外国政要和前政要等来访，积极开展多个二轨对话，举办大型国际论坛……以民间叙事讲好中国故事，讲好中国共产党故事，扩大知华友华民意基础，以民相亲推动国之交，为服务国家总体外交、扎实推进中国式现代化作贡献。

（资料来源：国家国际发展合作署，http：//www. cidca. gov. cn/2023 –05/24/c_1212191410. htm）

思考题

1. 推进中国特色大国外交的意义有哪些？
2. 进入新时代，我国外交取得了哪些成就？请举例说明。
3. 习近平外交思想对开创中国特色大国外交新局面有什么重要作用？

专题十　世界能源安全危机和我国能源安全战略

能源是工业的粮食、国民经济的命脉。2023 年，在地缘冲突、气候变化、汇率波动等多种因素共同影响下，全球能源安全不确定性将继续存在。这场从 2022 年开始的严重能源危机延续至今，引发一些国家燃料短缺、企业倒闭、经济运行放缓，不仅迫使很多国家调整能源政策，而且可能促使国际能源格局发生深刻变化，给世界经济发展和全球能源安全蒙上巨大阴影。面对当前全球能源安全危机，我们要在习近平总书记提出的国家能源安全新战略指引下，深入推进能源革命，实现能源高质量发展，支撑社会主义现代化强国建设。

一、世界能源安全危机警报仍未解除

2022 年，俄乌冲突、美西方制裁等事件频出，全球能源供需矛盾不断加剧，国际能源价格波动频繁，市场行情充满不确定性。国际能源署在 2023 年初发布的《世界能源展望》报告中指出，这是第一次真正意义上的全球性能源危机，冲击的广度和复杂性前所未有。2023 年，在地缘冲突、气候变化、汇率波动等多种因素影响下，全球能源安全不确定性依然存在。国家高端智库中国石油集团经济技术研究院在 2023 年 3 月下旬发布的《2022 年国内外油气行业发展报告》中指出，2022 年是全球油气供需和贸易格局深刻调整的一年，国际油气价格剧烈波动，全球在能源安全与低碳转型中寻求平衡发展。对于 2023 年，不确定性、不可预知性因素仍将持续，全球能源市场将在动荡中进一步深刻调整，全球能源发展呈现新态势。

（一）能源危机引发连锁反应

作为世界第三大石油生产国、第二大石油出口国和世界第二大天然气生产国、第一大天然气出口国，俄罗斯在全球能源市场中举足轻重。乌克兰危机升级后，美西方对俄发起多轮严厉制裁，导致世界能源供应遇阻、价格飙涨并引发严重通货膨胀等连锁反应。欧洲智库布鲁盖尔研究所不久前发布的统计数据显示，欧洲电力和天然气批发价格与 2021 年相比上涨高达 15 倍，如果仅靠政府补贴而不采取其他措施应对，在能源价格回落前欧洲国家补贴费用或将高达 1 万亿欧元。

国际能源供应结构的脆弱性在这次危机面前充分暴露。比如天然气市场，由于来自俄罗斯的天然气锐减，欧洲进口液化天然气的比重显著升高。但由于欧洲国家习惯通过管道进口天然气，短时间内并没有足够的液化天然气储存设施。俄乌冲突升级前，欧盟 30% 的石油、45% 的天然气和 46% 的煤炭来自俄罗斯，欧洲一直受益于俄罗斯廉价而又稳定的能源供应，但地缘冲突让一切化为乌有，稳定的能源供应不再，全球能源版图急剧重构。欧盟想要改变这种能源供应结构，并非短期内就能实现。国际能源署执行董事法提赫·比罗尔在 2023 年日本 G7 峰会间隙接受采访时表示，自俄乌冲突引发能源危机以来，尽管欧洲在减少对俄油依赖、缓解能源危机方面已经做得很好，但仍未能真正摆脱困境。欧洲能源市场面临的另一个关键挑战是，它们对俄罗斯天然气的依赖尚未完全消除，然而供应前景也不确定，现在国际上有一种声音就是欧洲能源危机最坏情况仍未到来。

能源价格飙升不仅困扰欧洲，更引发了全球连锁反应。液化天然气价格飙升，日韩等经济体想方设法节电的同时，考虑重启核电；印度煤炭进口数量一度创历史最高纪录；不少能源严重依靠进口的新兴经济体、欠发达经济体不得不与发达经济体在世界范围内高价竞购能源。这种状况进一步引发全球能源市场激烈重构，美国能源出口激增、获利丰厚，北非等天然气储量较高的地区也在试图增加出口份额。欧洲能源危机及其连锁反应加剧了全球大宗商品价格波动，很多国家通货膨胀率飙升，一些国家经济发展进一步陷入困境。

（二）能源价格短期或保持高位

除非地缘政治因素和全球供求关系出现根本性变化，否则未来能源价格仍将在一段时间内保持高位浮动，能源供应紧张局面将持续下去，2023 年石油和天然气的供应都将偏紧。5 月 16 日，国际能源署公布了最新全球石油市场月报，预计 2023 年全球石油需求将增长 200 万桶/日，达到创纪录的 1.019 亿桶/日。与此同时，供应增长幅度有所落后，2023 年全球石油供应增长将放缓至 100 万桶/日，主要受俄罗斯出口减少影响，而西方国家对俄罗斯施加的一系列制裁措施可能会让石油供应面临更多风险。

国际能源署预计，全球原油市场供应可能在 2023 年第三季度出现大幅短缺的局面，带动布伦特原油期货价格升至每桶 100 美元左右。此外，欧盟 2023 年可能面临约 270 亿立方米的天然气缺口，约占欧盟天然气总需求的 6.8%。世界银行发布的《大宗商品市场展望》显示，2023 年全球原油、天然气和煤炭等主要能源价格将有所下降，但仍将远高于过去 5 年的平均水平。美国标普全球商品洞察公司日前发布的《2023 年能源展望》报告提到，尽管天然气、煤炭、原油等能源大宗商品价格 2023 年将有所下滑，但欧洲电力市场紧张局面不会有明显改善，电力市场结构性改革将成为欧洲各国 2023 年重要议程。

未来数年，俄罗斯油气生产和出口受限将导致全球天然气供应持续处于短缺状态，加之碳达峰碳中和行动引发的化石能源投资意愿低迷，以及可再生能源比重上升，全球能源供应的稳定性将明显降低，甚至会频繁出现轻度供应短缺危机。高昂的能源成本或将推动不少欧洲国家能源密集型企业减产、停产或转移生产。德国伊弗经济研究所工业经济中心负责人奥利弗·法尔克表示：“如果能源价格长期保持高位，一些行业将离开德国。”

（三）能源转型远水难解近渴

能源价格飙升迫使欧洲加快能源转型，“被动”引入更多绿色能源，但能源转型眼下还难以根本化解能源危机。2022 年 5 月，欧盟宣布将在 5 年内增加 2100 亿欧元投资，支持加快绿色能源发展。该方案的内容包括推动节约能源、能源供应多元化、加速可再生能源发展等。这一方案还提出将欧盟 2030 年的能效目标从 9% 提高到 13%，同时到 2030 年将可再生能源在欧盟能源消费中的比重从 40% 提高至 45%。英国《经济学人》刊文表示，大多数国家在 2023 年将采取措施，短期内加大针对传统化石能源的投资，以确保能源供应安全，同时采取长期措施，调整国家主导的产业政策，加速可再生能源的发展。

国际能源署 2023 年年初发布的《2022 年可再生能源》报告预计，受能源危机推动，各国可再生能源设备安装明显提速，未来5年全球装机增量有望接近此前5年增量的两倍，其中光伏发电和风能发电将贡献新增发电能力的90%以上，当下的能源危机或将成为全球能源系统更清洁、更安全的历史转折点。

不过，也有专家认为，尽管能源价格飙升在一定程度上能够加速向可再生能源转型，但就目前能源危机状况而言，可再生能源目前仍难以挑起大梁，而且供应也不稳定，短期内对传统能源的依赖有可能不降反增。从目前的情况来看，未来很长一段时间世界仍将依赖化石能源。IEA预计，到2050年，化石燃料在全球能源结构中的占比可能会从目前的80%降至略高于60%的水平。整体来看，能源转型是一场“持久战”，绿色可再生能源“远水解不了近渴”。

（四）能源发展出现新态势

能源清洁化低碳化已成必然。在全球应对气候变化、推动能源结构转型的大背景下，能源行业清洁化、低碳化已成为共识，各国都在加速向清洁低碳的新能源转型，并制定了发展战略。截至2021年6月底，已有至少145个国家颁布了可再生能源支持政策。同时，越来越多的国家制定了100%的可再生能源或可再生能源电力目标。风力发电和光伏发电已成为全球成本下降最快、平均成本最低的可再生能源发电方式。在许多国家和地区，可再生能源已开始对化石能源发电的存量进行替代。在我国，2022年，可再生能源发电累计装机容量已突破12亿千瓦大关，全国可再生能源发电量达2.7万亿千瓦时，占全国发电量的31.6%、占全国新增发电量的81%，已成为我国新增发电量的主体，但从总体占比来看仍难挑大梁。

石油美元体系受到冲击，能源货币体系显现多元化趋势。在金融市场国际化和各国普遍开放金融市场的大背景下，油气资源演变为投资商品，其本身被赋予了金融属性。自1974年以来，美国通过建立石油美元体系进而在全球范围内形成以石油定价权为战略支撑的金融霸权。随着美国因“页岩气革命”逐步走向“能源独立”，美国与其他油气供应国从贸易伙伴关系转变为竞争关系。美国的能源战略重点也转变为控制美元走势，通过控制美元汇率，在维持油气控制的基础上促进本国经济发展。石油定价被大量金融因素左右，处于历史上价格波动最为动荡的时期。在此背景下，各产油国为摆脱美元剥削开始尝试“去美元化”。比如伊朗、委内瑞拉等产油国，已率先在石油交易中采用人民币结算，伊朗、俄罗斯、中国等国的商品交易所相继推出本币结算或计价原油期货。

电力系统中可再生能源比例不断提升，能源系统数字化、网络化将成发展大势。在未来的能源系统中，具有分布式特点的可再生能源将占主导位置。分布式发电和智能电网的发展带来了电网与客户、客户与客户之间电力和信息的双向流动，电力系统内在的能量流、信息流对各环节和各组件的控制难度与复杂度要求越来越高。利用数字技术、智能化管理模式可使分布式能源生产、输送、交易和消费等环节得以高效运转，实现光伏、风电、核电等清洁能源健康有序发展。目前，各国纷纷采取措施推动能源数字化进程，能源系统数字化已是大势所趋。

二、全球能源治理面临巨大挑战

俄乌冲突爆发后，美欧西方对俄罗斯能源制裁不断升级，导致欧洲等地能源危机进一步加剧，推动国际能源价格高位震荡。与此同时，逆全球化愈演愈烈，美欧积极推动能源经济“脱钩”，国际能源政治化趋势明显。这不仅对国际能源安全环境构成诸多新挑战，还使全球能源治理出现一定程度的倒退，石油市场一体化终结，能源合作阵营化凸显。为推进绿色低碳稳步转型，保证全球经济增长，国际社会需要加强能源生产国和消费国战略对话与合作，积极推动国际能源去政治化，反对能源武器化，深化全球能源治理改革，充分发挥新兴经济体作用，共同促进能源全球化，维护国际能源市场稳定。

（一）国际能源政治生态退变

随着全球化出现倒退和民族主义抬头，大国竞争和地缘政治博弈明显加剧，能源的政治和安全属性再度凸显。美欧为实现地缘和战略目标频繁对能源输出国挥舞制裁大棒，推动与部分特定国家能源经济脱钩，将大国竞争向能源领域延伸，致使能源贸易全球化出现倒退，世界市场被割裂，国际能源合作政治化和阵营化趋势凸显。

1. 能源政治化趋势增强

美国是当今世界唯一超级大国，也是名副其实的全球“制裁超级大国”，经常利用自己强大的综合国力，动辄向别国挥舞制裁大棒，一些产油国深受其害。近年来，美国在以能源制裁等为手段谋取国家战略利益方面变本加厉。美国前总统特朗普任内曾多次指责石油输出国组织（欧佩克）推高油价，威胁要制定《禁止石油生产或出口卡特尔法案》（NOPEC）并对沙特等欧佩克成员国实施制裁。在俄欧能源博弈中，美国自“北溪－2”管道项目酝酿之日起就极力施压、层层阻挠。乌克兰危机爆发后，欧洲能源危机的加重从根本上讲是美欧不断升级对俄能源制裁的结果。2022 年，国际能源署发布“欧盟降低对俄能源依赖的 10 条建议”，其中主要是非市场措施，许多跨国公司也只能选择牺牲商业利益，服从政治意志。

大国竞争背景下，美西方“去全球化”及“脱钩”趋势也波及清洁能源领域。中美清洁能源合作受到较大冲击，之前的可再生能源、能效等方面的许多合作项目都已受到干扰甚至不复存在。美国大力渲染中国在清洁能源产业链的优势和对美西方构成的所谓“威胁”，积极推动在相关领域与中国“脱钩”。2021 年，美国禁止向中国出口重水和核电站关键部件，以“强迫劳动”为借口禁止进口新疆生产的光伏组件。2022 年 2 月，美国能源部发布《美国实现清洁能源转型的供应链保障战略》，以维持其清洁能源制造和创新的全球领先地位。欧盟也呼吁加强清洁能源技术保护和审查，甚至有舆论把摆脱对华清洁能源依赖与摆脱对俄能源依赖相提并论，认为“今天的俄罗斯能源，可能是下一次冲突中中国的绿色高科技”。

2. 能源博弈全方位反弹

随着美欧对俄能源制裁不断升级，俄欧能源关系也在持续恶化，俄美欧能源地缘政治博弈进一步加剧。2022 年 9 月 27 日，“北溪－1”和“北溪－2”管道发生海底爆炸，俄美欧能源地缘矛盾更趋复杂化，北溪管道被炸也成了罗生门事件。欧洲为摆脱对俄能源依赖而积极开拓新的进口渠道，则进一步加剧了与亚洲等能源买家在能源市场上的竞争。

在能源地缘上，俄美欧能源博弈日趋复杂。美国施压欧洲升级对俄能源制裁，推动欧洲加速摆脱对俄能源依赖，俄欧能源合作持续削弱，对俄能源支持阵营中仅剩匈牙利等少数国家。乌克兰危机爆发后，美国先是施压欧盟升级对俄能源制裁，随后又联合欧盟、七国集团等对俄油价设限。而俄罗斯则加快能源战略“东移”和“南进”步伐，反制力度空前。2022 年 12 月 27 日，俄罗斯总统普京签署总统令，针对西方对俄油限价采取特别经济措施。此外，关键矿产等新型能源地缘竞争加剧，清洁能源供应链和技术竞争更加激烈。

在能源贸易上，亚欧能源贸易竞争升级。欧洲加速寻找替代能源来源，与亚洲买家竞争日趋激烈。2020 年到 2021 年，亚洲曾占美国液化天然气出口量的一半，但 2022 年前 4 个月，美国对亚洲液化天然气出口量下降了 51%。同时，发展中国家能源短缺加剧。欧盟在世界各地寻找俄罗斯能源替代品，推动能源成本攀升，加剧了部分发展中国家的供应缺口。斯里兰卡、巴基斯坦等国在价格上无力与欧洲竞争，不可避免陷入能源经济困境。

3. 能源合作日趋阵营化

俄乌冲突爆发后国际格局加速演变，使全球能源贸易流向生变，出现阵营化趋势。俄罗斯能源出口从欧洲向亚太转移，美国能源更多流向欧洲，中东、澳大利亚等对欧能源供应显著增加。能源消费国与输出国集团博弈升级，一些国家出现根据政治立场选边站队的能源合作新趋势。

首先，跨大西洋伙伴关系更加紧密。在美国促压之下，欧盟与俄罗斯能源“脱钩”提速，美欧能源合作急剧升温。欧盟与美国共同发布数个能源合作联合声明，从与俄能源合作转向对美能源依赖，通过跨大西洋伙伴关系和北约建构能源利益共同体。2022 年 1—10 月，美国对欧盟出口液化天然气（LNG）480 亿立方米，比 2021 年全年多出 260 亿立方米，出口原油同比增加超过 50%。德国等曾对美国阻挠“北溪－2”管道、强行推销 LNG 不满，但乌克兰危机迅速拉近美欧能源合作，而随着美国在全球能源市场的影响力日益增强，美欧有望组成更紧密的能源阵营。其次，美国打压欧佩克的力度更大。2022 年 5 月 5 日，美国参议院通过了一份针对欧佩克的反垄断立法草案《禁止石油生产或出口卡特尔法案》，拟在联邦法院对欧佩克成员国提起诉讼。5 月中旬，美国总统拜登访问意大利，两国提议成立一个石油消费“卡特尔”。7 月，拜登访问沙特等中东国家，施压产油国增产。第三，石油输出国联盟（欧佩克＋）合作机制日趋完善。乌克兰危机爆发后，欧佩克国家在对俄制裁问题上保持中立，多次拒绝美欧增产及选边站队等要求，坚持自己的立场与节奏。阿联酋在联合国安理会谴责俄罗斯的决议中投了弃权票，明确表示俄罗斯“永远是欧佩克＋”的一部分。2022 年 7 月中旬，沙特在拜登访问后表示会继续与俄罗斯等非欧佩克产油国合作。

（二）全球能源治理体系受严重冲击

美国现任总统拜登延续了特朗普时期的单边主义和贸易保护主义，加上新冠疫情爆发，进一步推动了逆全球化进程，日益激烈的大国竞争使得各国难以开展合作以应对共同挑战。在逆全球化大潮和大国竞争加剧的背景下，全球能源治理也面临更严峻的挑战。许多国际能源危机应对机制严重失位、失效，国际能源秩序剧烈动荡。作为影响力最大的国际能源治理机构，国际能源署的表现令人失望，在应对低碳转型进程中的欧洲能源荒和乌克兰危机背景下的全球能源危机方面均无实质性作为，面对当前国际能源武器化和阵营化趋势更是无能为力。相对活跃的“欧佩克＋”受到美欧多方打压。全球能源治理仍在很大程度上受制于逆全球化趋势下的全球治理困局，治理体系改革仍然任重道远。

1. 能源治理全球化趋势倒退

近年来，页岩革命的成功和消费放缓使美国成为能源出口大国，美国对能源供应安全的需求和关注显著下降。欧盟自20世纪90年代中后期以来能源需求增长放缓甚至下降，能源安全焦虑也大大降低。在此背景下，美欧全球能源治理的关注点更多转向气候谈判和全球减排，能源安全在一定程度上成为全球能源治理的次要目标。新冠疫情爆发加剧了经济民族主义和逆全球化趋势，此前取得积极进展的全球能源治理在某种程度上出现了严重倒退，无论是欧佩克限产保价，还是国际能源署释放产能，作用越来越小，生产国和消费国之间有效合作不足。在欧洲等地能源危机应对中，被认为是全球能源治理领头羊的国际能源署作为乏善可陈，不仅未反思欧洲的激进能源转型，反而把责任推给能源出口国。

2. 全球气候治理阻力增大

自《巴黎协定》签署以来，气候变化及低碳转型受到国际社会越来越多的关注，成为全球能源治理的焦点。乌克兰危机虽然增强了欧洲等发展可再生能源的迫切性和主动性，但总体上使能源安全重要性凸显，这导致全球气候治理议题在一定程度上被边缘化。肯尼亚国际问题学者卡文斯·阿德希尔表示，欧盟对俄制裁“弄巧成拙”，其为寻求能源安全转向化石能源，与全球气候行动背道而驰。乌克兰危机后，许多国家将更多政治资源用于解决冲突相关问题及能源安全问题，气候变化议程优先位置受到冲击。在欧盟，民众对碳交易体系改革、碳边境税实施等议题的关注度明显下降。美欧应对能源危机政策摇摆不定，扰乱了低碳转型进程，损害全球气候治理。与此同时，一些欧洲国家重启煤电等推高温室气体排放。美国能源信息署预测，煤炭产量在2022年增加2200万吨，且将至少持续增长至2027年。英国能源智库估计，欧洲多国“重启”煤电将导致额外燃烧煤炭1300万吨，二氧化碳排放增加8亿吨，相当于英国和印尼年排放量总和。此外，部分国家低碳转型步伐放缓。关键矿产价格上涨使清洁能源和新能源汽车等发展成本显著增加。制裁使俄罗斯经济发展受挫，未来将更加依赖化石能源。天然气争夺加剧推动亚洲等地供热和发电厂燃料现货价屡创新高，部分国家被迫转向煤炭等高排放燃料，低碳转型步伐放缓。

3. 国际能源安全环境恶化

俄美欧能源地缘博弈加剧了欧盟能源困境，种种外溢效应对国际能源安全环境产生诸多负面影响。美西方对俄制裁一定程度上标志着能源自由贸易的终结，区域性能源供需失衡。国际能源署原署长特别助理、北京国际能源专家俱乐部总裁陈新华指出，欧洲经济与俄罗斯能源是互存关系，欧洲追随美国寻求摆脱对俄能源依赖、追求“绝对安全”而不断升级对俄能源制裁，但“政治正确”强行撕开了本来互为依赖的两个经济体，不仅导致欧洲深陷能源危机，还将严重影响国际能源市场的稳定。

首先，能源市场稳定面临新挑战。能源政治化扭曲了国际能源价格，破坏了全球能源产业链和供应链的稳定。乌克兰危机爆发后，美欧对俄能源制裁加剧了国际能源秩序割裂，使自由流动性降低，长距离能源运输大幅增加，“廉价能源时代”或一去不返。美国能源问题专家丹尼尔·耶金指出，欧洲对俄罗斯的石油禁令，叠加美欧对俄油价设限，标志着全球石油市场的终结，取而代之的是一个割裂的市场。欧亚集团能源气候和资源主管亨宁·格洛伊斯坦表示，全面禁止从俄罗斯进口石油可能对市场造成“真正的破坏”，制裁及对能源自由贸易的限制成为引发国际市场不稳定的新干扰因素。

其次，制裁使油气产能增加受限。一定程度上，美欧等消费大国对产油国的能源经济制裁已超过产油国的石油禁运或局部战争，成为影响当今国际能源供应安全的重要因素。国际能源论坛秘书长约瑟夫·麦克莫尼格尔指出，对俄实施制裁会让俄削减石油产量，最终导致全球石油短缺。如果欧盟对俄石油禁令完全生效，将有每日410万桶的石油供应被限制进入欧洲市场，加上美对俄石油禁令（60万桶/日），意味着约470万桶/日的俄油将被排除在国际石油市场之外。目前对俄石油禁运尚未完全实施，俄罗斯石油产能受损低于预期。

（三）推动国际能源政治与治理回归理性

面对全球能源治理的倒退和僵局，国际社会需加强能源消费国同输出国对话与合作，减少能源贸易和投资壁垒，反对绿色贸易保护主义，抵制气候能源问题政治化、贸易工具化以及地缘武器化的倾向，强化全球能源治理体系应对危机事件的能力，推动构建多元、公平、有效的全球能源治理体系。

1. 深化国际共识，积极推动国际能源去政治化

“能源政治化”从根本上违背市场和经济规律，最终会对推动者造成反噬。美国以美元为武器对产油国实施制裁，一定程度上加速了能源贸易去美元化。对华光伏设备零配件和材料进口进行限制，使美国太阳能新增装机容量显著减少。欧洲把商业行为政治化、动辄与“民主”等问题挂钩，特别是德国跟随美国叫停“北溪-2”管道项目，令沙特等中东产油国心有余悸。美国能源问题专家盖尔·拉夫特表示，将能源政策政治化无助于解决任何问题。

乌克兰危机爆发后，为维护国际市场的稳定和全球能源安全，许多国家积极提倡国际能源对话与合作，反对能源“政治化”和“武器化”。2022年3月，欧佩克秘书长巴尔金多在美国剑桥能源周会议上重申，能源政治化冲击市场稳定，呼吁不要把能源政治化。2022年7月，沙特在拜登访问后承诺维持全球能源市场稳定，但强调石油是商品，将依据市场基本因素而非地缘政治做决定，反对将价值观强加他国。2022年10月，“欧佩克+”做出减产决定后，沙特等国多次表示其减产动机纯粹来自经济因素，与政治无关。针对美国对购买俄油的指责，印度方面指出，合法能源交易不应被政治化。

2. 推进治理体系改革，构建新的国际能源秩序

为维护全球能源市场稳定，国际社会需要推动更大范围、更深层次的能源开放，加强能源输出国和消费国对话，减少能源贸易和投资壁垒。推动传统能源治理机制相关结构性改革，协商共建新的能源合作平台，推动构建更加公平公正、均衡普惠、开放共享的全球能源治理体系。

坚持多边主义，推动能源治理架构更加有序、包容。各主要国家应以人类命运共同体理念和全球发展倡议、全球安全倡议为指引，努力推进能源领域的合作和共同安全，形成通过对话协商解决能源矛盾的共识，坚持合作共赢，通过发展共同应对能源领域的各类挑战。各国需加大开放力度，积极推动落实全球发展倡议，推进国际能源贸易、投资合作，维护大宗商品市场和能源供应链稳定，保障低收入国家能源供给，共建全球能源利益共同体。

协作创新，推动相关国际能源治理机制改革。在积极推动国际能源署、国际能源宪章组织等机制改革的同时，推动G20等成为更有权威性和国际影响力的全球能源治理平台。

充分发挥上海合作组织、东亚峰会、亚太经合组织等机制在能源治理中的作用，推动金砖机制下能源合作走深走实，深耕“一带一路”能源合作。筹划新的能源治理平台，推进能源贸易自由化便利化。加强可再生能源技术合作，深化全球清洁能源合作伙伴关系。

3. 充分发挥新兴经济体在全球能源治理中的作用

近年来，发展中国家特别是新兴经济体能源需求大增，亚太能源消费占全球比重不断提高，但与当前全球治理体系无法完全反映国际力量对比变化相似，在发达国家主导的现有能源治理架构内，新兴市场国家和发展中国家话语权不足。新格局下，发展中国家和新兴经济体应积极参与全球能源治理体系变革，借助 G20 等全球性平台发挥更大作用。2022 年 9 月 17 日，上海合作组织成员国元首理事会发布维护国际能源安全的声明，倡议减少贸易壁垒，共同建设开放、透明、高效的国际能源市场。支持能源生产国、过境国、消费国加强协作，畅通国际产供链，鼓励减少技术壁垒。2022 年，中方同印度尼西亚、塞尔维亚等 6 个伙伴国一道发起“构建稳定和富有韧性的产业链供应链国际合作倡议”，同多个国家一道倡导建立全球清洁能源合作伙伴关系。2023 年 5 月《中国—中亚峰会西安宣言》声明稳定的能源供应对发展经贸投资合作的重要性，支持建立中国—中亚能源发展伙伴关系，扩大能源全产业链合作，加快中国—中亚天然气管道 D 线建设。

2021 年 5 月 19 日，习近平主席在田湾核电站开工仪式上强调，坚持战略协作，推动全球能源治理体系协调发展，推动建设更加公平公正、均衡普惠、开放共享的全球能源治理体系。2022 年 11 月，习近平主席在二十国集团领导人第十七次峰会上指出，当前危机根源是供应链出了问题、国际合作受到干扰，解决之道在于加强市场监管合作，构建大宗商品合作伙伴关系，建设开放、稳定、可持续的大宗商品市场。要坚决反对将粮食、能源问题政治化、工具化、武器化。2022 年 12 月 9 日，习近平主席在首届中国—阿拉伯国家峰会上提出，中方愿同阿方加强能源政策协调，推动建立公平公正、均衡普惠的全球能源治理体系。同日，在《中华人民共和国和沙特阿拉伯王国联合声明》中，中沙双方强调加强能源政策协调，推动包容、普惠的全球发展，维护全球能源市场稳定。这一切都是中国促进能源全球化、推动全球能源治理的铿锵声音和有力行动。

三、坚决打赢我国能源安全主动战

能源是人类文明进步的基础和动力，攸关国计民生和国家安全。党的十八大以来，习近平总书记站在统筹中华民族伟大复兴战略全局和世界百年未有之大变局的高度，统筹国内国际两个大局、发展安全两件大事，提出了“四个革命、一个合作”能源安全新战略，围绕推动能源消费革命、能源供给革命、能源技术革命、能源体制革命，全方位加强国际合作，实现开放条件下能源安全等一系列新理念新观点新要求，为新时代中国能源高质量发展提供了根本遵循，推动我国能源发展取得巨大成绩，将能源的饭碗牢牢端在自己手里，并积极为世界能源安全作出重大贡献。

（一）我国能源安全新战略主要内容

1. 推动能源消费革命，抑制不合理能源消费

坚持节能优先方针，完善能源消费总量管理，强化能耗强度控制，把节能贯穿于经济社会发展全过程和各领域。坚定调整产业结构，高度重视城镇化节能，推动形成绿色低碳交通运输体系。在全社会倡导勤俭节约的消费观，培育节约能源和使用绿色能源的生产生活方式，加快形成能源节约型社会。

2. 推动能源供给革命，建立多元供应体系

坚持绿色发展导向，大力推进化石能源清洁高效利用，优先发展可再生能源，安全有序发展核电，加快提升非化石能源在能源供应中的比重。大力提升油气勘探开发力度，推动油气增储上产。推进煤电油气产供储销体系建设，完善能源输送网络和储存设施，健全能源储运和调峰应急体系，不断提升能源供应的质量和安全保障能力。

3. 推动能源技术革命，带动产业升级

深入实施创新驱动发展战略，构建绿色能源技术创新体系，全面提升能源科技和装备水平。加强能源领域基础研究以及共性技术、颠覆性技术创新，强化原始创新和集成创新。着力推动数字化、大数据、人工智能技术与能源清洁高效开发利用技术的融合创新，大力发展智慧能源技术，把能源技术及其关联产业培育成带动产业升级的新增长点。

4. 推动能源体制革命，打通能源发展快车道

坚定不移推进能源领域市场化改革，还原能源商品属性，形成统一开放、竞争有序的能源市场。推进能源价格改革，形成主要由市场决定能源价格的机制。健全能源法治体系，创新能源科学管理模式，推进“放管服”改革，加强规划和政策引导，健全行业监管体系。

5. 全方位加强国际合作，实现开放条件下能源安全

坚持互利共赢、平等互惠原则，全面扩大开放，积极融入世界。推动共建“一带一路”能源绿色可持续发展，促进能源基础设施互联互通。积极参与全球能源治理，加强能源领域国际交流合作，畅通能源国际贸易、促进能源投资便利化，共同构建能源国际合作新格局，维护全球能源市场稳定和共同安全。

（二）我国能源发展成就显著

1. 能源绿色低碳发展迈出坚实步伐

深入贯彻习近平生态文明思想，坚定不移走生态优先、绿色低碳的高质量发展道路。能源结构调整加快推进，可再生能源发电装机增长了近 3 倍，装机规模稳居世界第一，煤炭消费比重年均下降超过 1 个百分点，全球非化石能源增量中我国贡献超过 40%。能源利用效率显著提升，单位 GDP 能耗累计下降约 27%，降幅约为同期世界平均水平的 2 倍多。化石能源清洁高效利用水平世界领先，建成全球清洁化程度最高、规模最大的煤电体系，污染物排放量比 10 年前下降近 90%。经过 10 年发展，我国走出了统筹能源高质量发展与生态环境高水平保护的新道路，能源绿色发展实现历史性、转折性、全局性变化，为我国天更蓝、山更绿、水更清作出了重要贡献。

2. 能源安全得到有力有效保障

坚定不移贯彻总体国家安全观，全面推进能源供给侧结构性改革。聚焦增强国内资源生产保障能力，持续增加高质量有效供给，能源生产总量增长 30% 左右、稳居世界首位，建成横跨东西、纵贯南北、覆盖全国、连通海外的能源基础设施网络，能源自给率始终保持在 80% 以上，成功经受住疫情和重大自然灾害等严峻考验，有力保障了我国能源供需和能源价格总体稳定。经过 10 年发展，我国建立了煤、油、气、核、可再生能源多轮驱动的能源供应体系，能源安全得到有效保障，有力支撑了经济快速发展和社会长期稳定。

3. 能源技术创新取得重大成果

坚持将创新作为第一动力，充分发挥新型举国体制优势，加快推进能源科技自立自强，形成了全球领先的清洁能源产业体系。风电、光伏发电等新能源技术处于国际先进水平，百万千瓦级水电机组建造能力领跑全球，核电形成了自主品牌的“华龙一号”“国和一号”等三代大型先进压水堆技术，千万吨现代化煤矿、大容量超低排放煤电机组、特高压输电等领域产生了一批领跑世界的工程技术，新型储能、氢能等前沿领域研发应用不断取得突破进展。经过10年发展，我国能源自主创新能力和产业链现代化水平显著提升，科技创新成为能源高质量发展的主要推动力。

4. 能源体制革命取得显著成效

坚持市场化改革的总方向，着力破除体制机制制约，加快现代能源市场建设。能源领域“放管服”改革、新一轮电力体制改革、油气体制改革深入推进，全国统一电力市场体系、油气全国一张网建设取得重要进展，取消、下放72%的行政审批事项，“获得电力”指标上升至世界第12位，电力市场化交易电量占比超过60%。经过10年发展，能源领域基础性制度框架基本建立，有效市场和有为政府实现了更好结合，为社会主义市场经济体制改革增添了能源活力。

5. 能源国际合作不断开创新局面

坚定不移推进高水平对外开放，促进全球能源可持续发展，维护全球能源安全。统筹用好两个市场两种资源，核电、特高压输电、水电、新能源等一批重大工程项目出口成效显著，四大油气进口战略通道和五大国际油气合作区进一步巩固完善；全面发展同世界各国能源交往合作，“一带一路”能源合作伙伴关系成员国达到33个，建立了中俄能源商务论坛、“一带一路”能源部长会议、国际能源变革论坛等合作交流平台。经过10年发展，能源领域国际循环质量和水平进一步提升，有力维护全球能源格局和贸易关系的稳定，为建设持久和平、普遍安全、共同繁荣、开放包容、清洁美丽的世界注入了中国力量。

（三）中国积极维护世界能源安全

1. 做全球能源安全的守护者

近年来，世界能源供需格局和安全环境发生重大变化，各国特别是发展中国家普遍面临空前严峻的能源安全形势。中国一方面坚持立足国内、补齐短板、多元保障、强化储备、推动节约，加快规划建设新型能源体系，以自身能源供应稳定、可靠、安全为世界能源安全作出贡献；另一方面依托能源领域先进技术、先进理念、产业优势、资金资源，推动核电、特高压输电、水电等一批重大工程项目出口，助力相关国家提升能源生产供应保障能力，切实维护世界能源安全。

2. 做全球能源转型的践行者

中国把促进新能源和清洁能源发展放在更加突出的位置，推动能源技术革命，10年来中国可再生能源发电装机增长了近3倍，规模稳居世界第一位。中国在新能源领域拥有全产业链优势和丰富的项目实施经验，与有关国家合作互补优势突出、潜力巨大，新能源合作日益成为中外能源合作的新亮点和新动能。2014—2020年，“一带一路”项目中可再生能源投资占比提升了近40%，超过对化石能源的投资。中国将在对外合作中持续深化政策沟通协调，加强关键技术创新协作，夯实绿色金融服务支撑，务实推动合作项目落地，助力各国共同实现能源绿色低碳转型。

3. 做全球能源治理的引领者

作为全球能源治理的重要行为体，中国始终坚持真正的多边主义，积极参与全球能源治理体系改革和建设，完善能源领域的全球治理架构，一方面积极参与联合国、二十国集团、金砖国家、国际能源署等多边机制下的能源国际合作，另一方面推动构建“一带一路”能源合作伙伴关系，提出“一带一路”绿色发展伙伴关系倡议，创办上海合作组织能源俱乐部和亚太经合组织可持续能源中心等新平台，为深化国际能源合作、促进绿色发展提供公共产品。立足于构建人类命运共同体，着眼于提升全球能源治理水平，中国将携手各国提升共识、拓展合作，为全球能源市场稳定、能源绿色发展持续注入原动力和正能量，让和平的薪火代代相传，让发展的动力源源不断，让文明的光芒熠熠生辉。

中国已经开启全面建设社会主义现代化国家的新征程，中国的发展已经进入了一个新的阶段，中国将继续坚定不移推进能源革命，加快构建清洁低碳、安全高效的能源体系，为2035年基本实现社会主义现代化、21世纪中叶全面建成社会主义现代化强国提供坚强的能源保障。

面对全球能源危机形势，需要各国团结合作，共同应对挑战。中国将秉持人类命运共同体理念，继续与各国一道，深化全球能源治理合作，推动全球能源可持续发展，维护全球能源安全，努力实现更加普惠、包容、均衡、平等地发展，建设更加清洁、美丽、繁荣、宜居的世界。

【知识链接1】

化石能源和可再生能源

化石能源是一种碳氢化合物或其衍生物。它由古代生物的化石沉积而来，是一次能源。化石能源所包含的天然资源有煤炭、石油和天然气。化石燃料不完全燃烧后，都会散发出有毒的气体，却是人类必不可少的燃料。

再生能源包括太阳能、水能、风能、生物质能、波浪能、潮汐能、海洋温差能、地热能等。它们在自然界可以循环再生。是取之不尽，用之不竭的能源，不需要人力参与便会自动再生，是相对于会穷尽的非再生能源的一种能源。

碳达峰和碳中和

碳达峰（peak carbon dioxide emissions）是指在某一个时点，二氧化碳的排放不再增长达到峰值，之后逐步回落。碳达峰是二氧化碳排放量由增转降的历史拐点，标志着碳排放与经济发展实现脱钩，达峰目标包括达峰年份和峰值。

碳中和（carbon neutrality），节能减排术语。碳中和是指国家、企业、产品、活动或个人在一定时间内直接或间接产生的二氧化碳或温室气体排放总量，通过植树造林、节能减排等形式，以抵消自身产生的二氧化碳或温室气体排放量，实现正负抵消，达到相对“零排放”。

碳达峰与碳中和一起，简称“双碳”。2020 年 9 月 22 日，中国政府在第七十五届联合国大会上提出：“中国将提高国家自主贡献力度，采取更加有力的政策和措施，二氧化碳排放力争于 2030 年前达到峰值，努力争取 2060 年前实现碳中和。”

（资料来源：百度百科）

【知识链接 2】

国际能源机构（International Energy Agency），亦称“国际能源署”。经济合作与发展组织的辅助机构之一。1974 年 11 月成立。现有成员国 31 个，即澳大利亚、奥地利、比利时、加拿大、捷克共和国、丹麦、爱沙尼亚、芬兰、法国、德国、希腊、匈牙利、爱尔兰、意大利、日本、韩国、立陶宛、卢森堡、墨西哥、新西兰、挪威、波兰、葡萄牙、斯洛伐克共和国、西班牙、瑞典、瑞士、荷兰、土耳其、英国、美国，总部设在法国巴黎。它的宗旨是：协调各成员国的能源政策，减少对进口石油的依赖，在石油供应短缺时建立分摊石油消费制度，促进石油生产国与石油消费国之间的对话与合作。最高权力机构为理事会，由成员国部长或其他高级官员 1 人组成。秘书处负责处理日常事务。该机构实质上是与第三世界产油国相对抗的一个石油消费国的国际组织。成立以来，在石油市场、节能、新能源的开发利用等方面一直采取共同对策。

（资料来源：百度百科）

【拓展阅读】

2023 中关村论坛丨科技支撑碳达峰碳中和

“二氧化碳排放力争于 2030 年前达到峰值，努力争取 2060 年前实现碳中和”，2020 年 9 月，碳达峰碳中和概念出炉。在业内研究人士看来，碳达峰碳中和研究迫切需要跨领域综合交叉，突破技术瓶颈，与各类创新体紧密合作，形成全面支撑我国实现双碳目标的技术体系。

5 月 27 日，在 2023 年中关村论坛上召开的第二届碳达峰碳中和科技论坛上，我国在碳达峰碳中和领域科技创新成果和规划对外披露，能源低碳、零碳、负碳、清洁能源等关键技术的应用情况也得到详尽解释。科学技术部副部长张雨东在致辞中表示，截至 2022 年底，我国光伏风电装机容量已突破 7 亿千瓦，光伏和风电发电装机均居世界第一。

加快实施一批国家重大科技项目

“截至 2022 年底，我国光伏风电装机容量已突破 7 亿千瓦，光伏和风电发电装机均居世界第一，光伏组件、风力发电机等关键零部件出口占全球市场份额的比重提高至 70%，我国风电光伏产业国际竞争力大幅提升，燃煤发电技术水平世界领先。”5 月 27 日，在第二届碳达峰碳中和科技论坛上，张雨东在致辞中介绍了我国在可再生能源领域的新情况。张雨东表示，科技部高度重视碳达峰碳中和领域科技创新，坚持完整、准确、全面贯彻新发展理念。

碳达峰碳中和概念提出以来，实践双碳发展路径成为社会各界共同的追求目标。此后随着“1 + N”政策体系的逐步确立，我国生态环境工作进入了“降碳为主、减污降碳协同增效”的新阶段。也是在这一过程中，传统能源转向绿色、可再生能源升级，有效降低环境污染并提高能源利用率，高能耗企业也在追求节能减排中找到新的发展机会，由此实现双赢。

而谈及能源产业的演变，也离不开科技创新成果的支撑。国家能源局总工程师向海平在论坛上表示，高水平科技自立自强是深入推进能源革命、加快规划建设新型能源体系的关键，能源行业要围绕国家能源重大战略需求，瞄准世界科技前沿，加强能源领域原创性引领性技术攻关，加快实施一批具有战略性全局性前瞻性的国家重大科技项目，增强自主创新能力，夯实能源产业发展基础。

“要发挥我国能源市场空间大、工程实践机会多的优势，依托能源重大工程推动绿色低碳新技术、新模式、新业态加快发展，为我国积极稳妥推进碳达峰碳中和工作提供坚实的科技支撑。”向海平补充道。

发展超低碳炼铁技术减碳

按照碳达峰碳中和“1 + N”政策体系的总体安排，2022 年 8 月，科技部会同国家发改委、工信部等九部门发布《科技支撑碳达峰碳中和实施方案》，统筹提出支撑 2030 年前实现碳达峰目标的科技创新行动和保障举措，也充分肯定了科技创新在双碳领域的突出作用。

本次论坛上，能源低碳、零碳、负碳等多个方面关键技术的布局及成果也被广泛讨论，其中包括未来社会发展中化石能源用量和排放分析、可再生能源及核能关键技术攻关、二氧化碳捕集利用和封存等。

多位与会专家的发言中均提到了我国当前碳排放的具体情况。中国工程院院士、苏州国家实验室主任徐南平介绍称，我国工业碳排放量占全球工业排放量三分之一以上，接近我国碳排放总量的二分之一，钢铁、水泥、化工等流程工业是未来开展深度减排的“主战场”。具体来看，我国钢产量占全球钢产量的 57%，相应的二氧化碳排放占全国总量的 15%；我国水泥产量占全球水泥产量的 58%，相应的二氧化碳排放占全国总量的 14%；碳酸盐原料煅烧产生的二氧化碳排放是减排难点。

中国科学院过程工程研究所副所长朱庆山同样提到，实现双碳目标首先需要能源革命，而在工业化过程中，钢铁在我国所有行业中碳排放量最大，约占所有工业碳排放量的 30% 以上。

鲜明的数据面前，传统工业产业想要加快实现减碳目标，离不开科技助力。例如，在钢铁工业方面，朱庆山便建议，需要坚持传统的减碳方式以降低对粗钢的需求，积极利用废钢生产钢铁产品。同时应发展和采用“氢冶金”“电冶金”等超低碳炼铁技术减碳。

徐南平预计，到 2060 年，在水泥减量的前提下，通过原料和燃料替代等技术革新，水泥行业仍然有部分二氧化碳需要碳捕集利用技术实现碳中和。

而张雨东也在论坛上强调，下一步，科技部将深入贯彻党的二十大关于积极稳妥推进碳达峰碳中和的决策部署，大力抓好科技支撑碳达峰碳中和实施方案落地落实。

具体包括以下三方面：一是统筹协同相关部门以及地方进行低碳科技创新部署，建立碳达峰碳中和科技创新监测评价机制，促进各方面力量形成合力；二是营造适宜碳达峰碳中和发展的科技环境，加大对低碳、零碳、富碳技术知识产权的保护力度，加强低碳科普；三是加强科技成果转移转化和产业化，形成促进经济社会低碳发展的新动能。

核能有望成为电力系统基荷能源

为什么要实施双碳政策？徐南平在论坛上给出了自己的答案。在徐南平看来，它既是一个严峻的挑战，也是一个重大的战略机遇。“就我个人而言，我觉得是机遇大于挑战。”徐南平说道。

徐南平进一步解释道，从全球范围来说，中国实现碳达峰碳中和将是对人类命运共同体的重大贡献。对我国而言，实现碳中和至少能解决中国发展中面临的三个严峻问题，分别为能源安全问题、依赖化石能源不可持续发展问题以及环境污染问题。

2020 年以来，受到新冠疫情、地域冲突以及极端天气等突发状况影响，全球能源向可再生能源转型的进程受到一定阻碍，能源危机也为双碳转型增加了难度。而科技助力双碳目标，还体现在提高可再生能源的利用率这一部分。

在未来，哪些可再生能源能在技术引导下发挥作用，与会专家们也给出了建议。徐南平指出，零碳能源是碳中和的基石与先导，零碳能源成本是国家竞争力和行业减排新技术应用的主要推动力。建议重点发展光伏、绿氢、大规模长时化学储能三大标杆技术，构建光电－储能－输电和制氢－储氢－运氢技术与装备体系。

徐南平认为，零碳流程再造是中国碳中和的重点领域，需要长期战略规划，构建基于低成本零碳能源的新型流程工业体系。技术发展方向包括在电气化、节能、燃料替代等流程再造技术。需要技术创新和政策引导与政策约束双轮驱动。

中国科学院院士、中国科学院原副院长詹文龙表示，核能作为一种低碳的清洁能源，相比风能、氢能等其他可再生能源，最显著的优势是稳定性强、功率密度高、经济性好。利用好核能，在实现“双碳”目标的过程中至关重要。我国描绘的 2060 年碳中和图景中，核能有望成为电力系统的基荷能源。

“目前，在储能、光伏、加速器驱动核能、量子信息、电动汽车等领域，我国均处于国际先进水平。随着近年来整体科研环境的改善、科研投入的增加，我国未来的科技发展速度和效能将进一步提升。”詹文龙如是说道。

（资料来源：北京商报网，https：//www. bbtnews. com. cn/2023/0527/477336. shtml）

思考题

1. 当前世界能源危机体现在哪些方面？
2. 全球能源治理面临哪些挑战？
3. 我国能源安全战略的主要内容是什么？

参考文献

［1］中共中央宣传部，教育部．新时代学校思想政治理论课改革创新实施方案，2020-12-18. http：//www. moe. gov. cn/srcsite/A26/jcj_ kcjcgh/202012/t20201231_ 508361. html? ivk_ sa=1024320u.

［2］教育部．教育部关于加强新时代高校“形势与政策”课建设的若干意见，2018-04-12．http：//www. gov. cn/xinwen/2018-04/27/content_5286310. htm.

［3］陈凯龙．自信自强、守正创新，凝心聚力、埋头苦干——学习贯彻2023年全国两会神［QL］．宣讲家网，http：//www. 71. cn/2023/0417/1197991. shtml.

［4］郭媛媛．团结奋斗 勇毅前行——学习贯彻2023年全国两会精神［QL］．宣讲家网，http：//www. 71. cn/2023/0419/1198144. shtml.

［5］顾严．牢牢把握高质量发展这个首要任务［J］．红旗文稿，2023（6）．

［6］何自力．加快构建新发展格局是推动高质量发展的战略基点［J］．红旗文稿，2023（7）．

［7］宋协娜．以深化调查研究推动解决发展难题［J］．红旗文稿，2023（8）．

［8］中国人民政治协商会议全国委员会常务委员会工作报告［R］．共产党员网，https：//www. 12371. cn/2023/03/12/ARTI1678583052206894. shtml.

［9］习近平在参加江苏代表团审议时强调 牢牢把握高质量发展这个首要任务［QL］．共产党员网，https：//www. 12371. cn/2023/03/05//ARTI1678028796585740. shtml.

［10］2023年第8号国务院公报．政府工作报告——2023年3月5日在第十四届全国人民代表大会第一次会议上［R］．中国政府网，https：//www. gov. cn/gongbao/content/2023/-content_5747260. htm.

［11］习近平在看望参加政协会议的民建工商联界委员时强调 正确引导民营经济健康发展高质量发展［QL］．共产党员网，https：//www. 12371. cn/2023/03/06/ARTI1678114214594240. -shtml.

［12］全国人民代表大会常务委员会工作报告［R］．共产党员网，https：//www. 12371. cn/-2023/03/16/ARTI1678964474118706. shtml.

［13］习近平出席解放军和武警部队代表团全体会议并发表重要讲话［QL］．共产党员网，https：//www. 12371. cn/2023/03/08/ARTI1678277271198747. shtml.

［14］十四届全国人大一次会议选举产生新一届国家领导人［QL］．中国政府网，https：//www. gov. cn/xinwen/2023-03/10/content_5745910. htm.

［15］习近平在第十四届全国人民代表大会第一次会议上的讲话［QL］．共产党员网，https：//www. 12371. cn/2023/03/13/ARTI1678708218319642. shtml.

［16］中共中央、国务院印发《党和国家机构改革方案》［QL］．共产党员网，https：//www. 12371. cn/2023/03/16/ARTI1678963267097677. shtml.

［17］习近平．在学习贯彻习近平新时代中国特色社会主义思想主题教育工作会议上的讲话［J］．求是，2023（9）．

［18］蔡奇．蔡奇同志在学习贯彻习近平新时代中国特色社会主义思想主题教育工作会议

上的总结讲话［J］．党建研究，2023（5）．
［19］本报评论部．学思想，把握党的创新理论的世界观方法论——牢牢把握主题教育总要求①．人民日报，2023－4－11．
［20］本报评论部．强党性，始终保持共产党人的政治本色——牢牢把握主题教育总要求②．人民日报，2023－4－12．
［21］本报评论部．重实践，推动中国式现代化取得新进展新突破——牢牢把握主题教育总要求③．人民日报，2023－4－14．
［22］本报评论部．建新功，创造经得起历史和人民检验的实绩——牢牢把握主题教育总要求④．人民日报，2023－4－18．
［23］本报评论部．坚持学思用贯通、知信行统一——紧紧锚定开展主题教育的目标任务①．人民日报，2023－4－20．
［24］本报评论部．凝心铸魂筑牢根本——紧紧锚定开展主题教育的目标任务②．人民日报，2023－4－24．
［25］本报评论部．锤炼品格强化忠诚——紧紧锚定开展主题教育的目标任务③．人民日报，2023－4－27．
［26］本报评论部．实干担当促进发展——紧紧锚定开展主题教育的目标任务④．人民日报，2023－5－4．
［27］本报评论部．践行宗旨为民造福——紧紧锚定开展主题教育的目标任务⑤．人民日报，2023－5－8．
［28］本报评论部．廉洁奉公树立新风——紧紧锚定开展主题教育的目标任务⑥．人民日报，2023－5－11．
［29］刘一丁．习近平总书记的实践观［J］．瞭望，2023（5）．
［30］学习小组．习近平调查研究“五字诀”｜跟总书记学调研①．学习小组微信公众号，2023－04－09．https：//mp. weixin. qq. com/s/8EDj1bKxgQYAaE_Yqpv8VQ.
［31］中共中央．中共中央关于在全党深入开展学习贯彻习近平新时代中国特色社会主义思想主题教育的意见［J］．党建研究，2023（5）．
［32］蒲小平．“一带一路”十年建设的成就及时代内涵［J］．国际论坛，2023（3）：49．
［33］苑希，孟寒，祁欣．共建“一带一路”十周年：成就、经验与展望［J］．国际贸易，2023（4）：69．
［34］吕越，马明会，李杨．共建“一带一路”取得的重大成就与经验［J］．管理世界，2022（10）：45．
［35］“一带一路”简明知识手册，知识点必备．中国一带一路网，https：//www. yidaiyilu. gov. cn/sy/zlbw/86670. htm.
［36］已同中国签订共建“一带一路”合作文件的国家一览．中国一带一路网，https：//www. yidaiyilu. gov. cn/xwzx/roll/77298. htm.
［37］孟佳、王晓昆．“一带一路”引领新型全球化发展．中国一带一路网，https：//www. yidaiyilu. gov. cn/ghsl/gnzjgd/82531. htm.

[38] 新征程上推动共建“一带一路”更上层楼．中国一带一路网，https：//www. yidaiyilu. gov. cn/info/iList. jsp? cat_id = 10002&info_id = 298587&tm_id = 126.
[39] 林永亮．“一带一路”建设的世界意义［J］．当代世界，2017（1）.
[40] 张辉．“一带一路”为提升全球价值链提供强劲动力．中国一带一路网，https：//www. yidaiyilu. gov. cn/ghsl/gnzjgd/97037. htm.
[41] 聚焦丨“十四五”时期，如何推动“一带一路”高质量发展．中国一带一路网，https：//zhuanlan. zhihu. com/p/393226529.
[42]“一带一路”产能合作持续深化．中国侨网，http：//www. chinaqw. com/m/ydylpc/2023/04 – 30/357258. shtml.
[43] 杨春华．扎实推进宜居宜业和美乡村建设［J］．红旗文稿，2023（2）.
[44] 彭超．扎实推进宜居宜业和美乡村建设［J］．中国发展观察，2022（12）.
[45] 金文成．贯彻落实党的二十大精神建设宜居宜业和美乡村［J］．农业发展与金融，2023（1）.
[46] 张琳．以党的二十大精神为指引全面提升和美乡村质量［J］．中国农业科技，2023（2）.
[47] 胡春华．建设宜居宜业和美乡村［N］．人民日报，2022 – 11 – 15.
[48] 杨涛．共同富裕目标下全面推进乡村振兴的逻辑机理、现实挑战与实践进路［J］．西安财经大学学报，2023（6）.
[49] 王凡．向海图强，实现中华民族海洋强国梦［N］．光明日报，2021 – 06 – 10.
[50] 中央广播电视总台．建设海洋强国，共创航运新未来［N］．学习强国，2021 – 07 – 11.
[51] 求是网评论员．建设海洋强国是实现中华民族伟大复兴的重大战略任务［N］．求是网，2022 – 04 – 18.
[52] 中国海洋强国战略体系的成形经历三个阶段［N］．中国海洋发展中心，2018 – 12 – 05.
[53] 王琪，曹文健．新中国成立以来中国海洋战略的制度轨迹及变迁形态：海洋战略的“变”与“不变”［J］．中国海洋大学学报，2022（6）.
[54] 郑卫东．加快建设海洋强国是中国式现代化的必然选择［N］．光明日报，2022 – 11 – 11.
[55] 金永明．中国海洋强国战略三步走［N］．东方早报，2013 – 08 – 12.
[56] 习近平．向海洋进军，加快建设海洋强国［N］．环球网，2022 – 06 – 08.
[57] 王凡．向海图强，实现中华民族海洋强国梦［N］．光明日报，2021 – 06 – 10.
[58] 唐玉．推动海洋文化繁荣发展 为加快建设海洋强国提供支撑［N］．人民日报，2021 – 12 – 23.
[59] 建设海洋强国，习近平从这些方面提出要求［N］．中国共产党新闻网，2019 – 07 – 11.
[60] 王宏．深入学习贯彻党的二十大精神 在新征程上奋力谱写建设海洋强国新篇章［N］．形势政策网，2023 – 04 – 20.
[61] 林建华，尹思迪，何雨璇．论目的手段视域下海洋强国战略的实践路径［N］．中国海洋发展中心，2023 – 05 – 04.
[62] 丁磊．向海图强 坚决扛起建设海洋强国的历史使命［N］．瞭望，2023 – 04 – 13.
[63] 习近平．高举中国特色社会主义伟大旗帜 为全面建设社会主义现代化国家而团结

奋斗——在中国共产党第二十次全国代表大会上的报告. 新华网，http：//www. news. cn/politics/leaders/2022－10/25/c_1129079429. htm.
[64] 肖文，谢文武. 当前民营经济发展的新特征与新挑战［J］. 人民论坛，2023（07）.
[65] 夯实 AI 新型基础设施 加快科技自立自强步伐. 人民网，http：//finance. people. com. cn/n1/2023/0206/c1004－32618538. html.
[66] 王政. 向智能制造要质量要增量［N］. 人民日报，2023－04－26.
[67] 曲立. 人民日报新论：以智能制造赋能高质量发展［N］. 人民日报，2020－12－03.
[68] 智慧医疗应以人为本，10 位院士齐聚共话智慧医疗. 健康时报网，http：//www. jksb. com. cn/index. php? m＝wap&a＝show&catid＝607&id＝155181.
[69] 张立新，陈倩倩. 博弈与权衡：智能教育算法的规制性与人的自主性［J］. 现代教育技术，2023，33（04）：32－39.
[70] 叶雨婷. 智慧教育将突破学校教育的边界［N］. 中国青年报，2023－02－14.
[71] 张丽平. 运用智慧教育思路改进课堂教学［N］. 中国教育报，2021－12－01.
[72] 推进教育数字化. 求是网，http：//www. qstheory. cn/qshyjx/2023－04/27/c_1129569715. htm.
[73] 大力推进教育数字化. 求是网，http：//www. qstheory. cn/qshyjx/2022－12/05/c_1129184472. htm.
[74] 以数字化网络化智能化助力中国式现代化［N］. 求是网，http：//www. qstheory. cn/dukan/hqwg/2023－02/27/c_1129399693. htm.
[75] 研究资讯丨应用视角 人工智能在智慧金融领域的应用. 搜狐网，http：//news. sohu. com/a/573376281_121299481.
[76] 习近平主持中共中央政治局第二次集体学习并发表重要讲话. 中国政府网，https：//www. gov. cn/xinwen/2023－02/01/content_5739555. htm.
[77] 谭铁牛. 人工智能的历史、现状和未来［J］. 求是，2019（4）.
[78] 外交部党委. 推进新时代中国特色大国外交的科学指南［N］. 人民日报，2020－08－18.
[79] 习近平外交思想重要论述. 学习强国，https：//article. xuexi. cn/news/index. html? study_ comment_ disable＝1&study_ style_ id＝feeds_ pure&showmenu＝false&ref_ read_ id＝96f5b0bc－f41d－4dd3－98f3－688ee31e99f2_ 1685111635719&pid＝&ptype＝－1&source＝share&share_ to＝wx_ single#/special－topic/32706460962181604.
[80] 习近平. 习近平谈治国理政（第三卷）［M］. 北京：外文出版社，2020.
[81] 王少伯. 学思想 强党性 重实践 建新功——学习贯彻习近平新时代中国特色社会主义思想主题教育党课特辑（上）［J］. 党课参考，2023（Z1）.
[82] 杨金卫. 中国特色大国外交的理论创新和实践进路［J］. 东岳论丛，2023，44（03）.
[83] 张子正，胡文利. 为践行中国特色大国外交贡献青年智慧和力量［N］. 中国青年报，2023－04－28.

[84] 赵可金，赵丹阳．中国特色大国外交的理论基础［J］．世界经济与政治，2022（01）．

[85] 陈云．中国特色大国外交的理论创新和责任之举［J］．人民论坛，2022（06）．

[86] 新时代的中国能源发展．新华网，http：//www.xinhuanet.com/politics/2020－12/21/c_1126887608.htm.

[87] 余国，陆如泉．2022年国内外油气行业发展报告［M］．北京：石油工业出版社，2023.

[88] 章建华．深入学习贯彻习近平新时代中国特色社会主义思想 以能源高质量发展支撑中国式现代化建设［J］．当代世界，2023（2）．

[89] 国家能源局2023年二季度新闻发布会文字实录，http：//www.nea.gov.cn/2023－04/27/c_1310714655.htm.

[90] 国务院新闻办就“全面落实党的二十大精神 深入推进能源高质量发展”举行发布会，中国政府网，https：//www.gov.cn/lianbo/2023－04/13/content_5751284.htm.